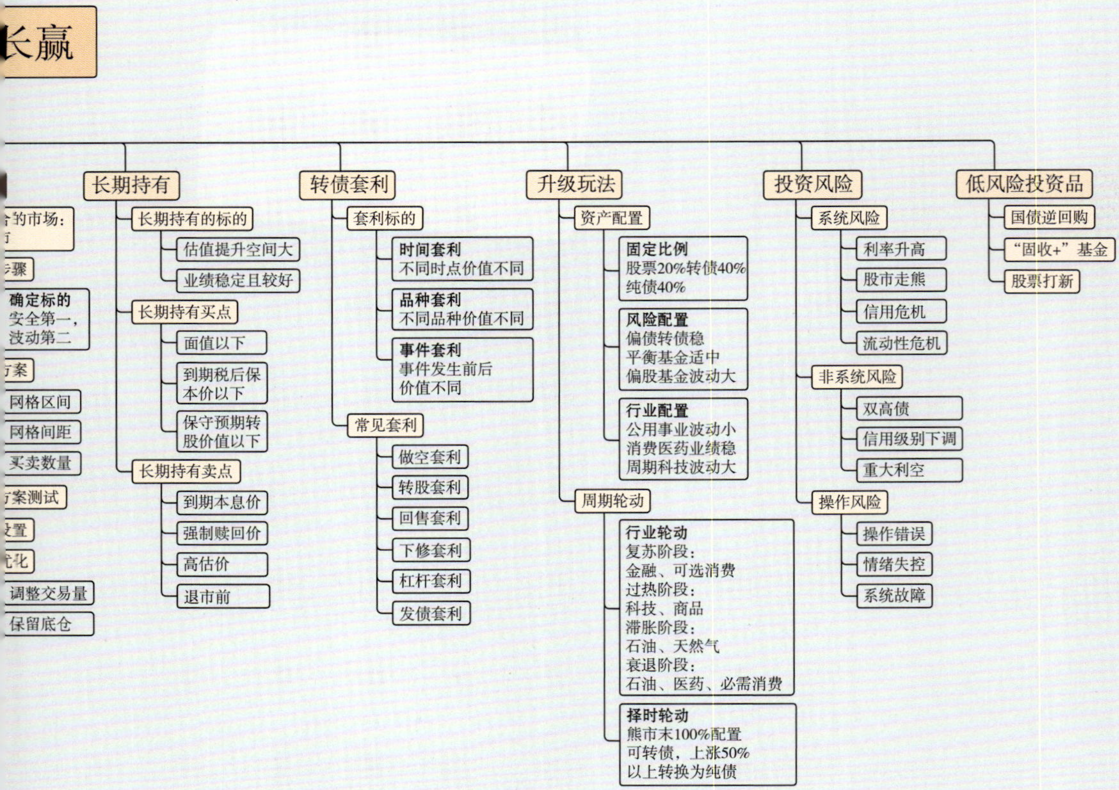
长赢
长期持有
长期持有的标的
估值提升空间大
业绩稳定且较好
长期持有买点
面值以下
到期税后保本价以下
保守预期转股价值以下
长期持有卖点
到期本息价
强制赎回价
高估价
退市前
转债套利
套利标的
时间套利
不同时点价值不同
品种套利
不同品种价值不同
事件套利
事件发生前后价值不同
常见套利
做空套利
转股套利
回售套利
下修套利
杠杆套利
发债套利
升级玩法
资产配置
固定比例
股票20%转债40%纯债40%
风险配置
偏债转债稳
平衡基金适中
偏股基金波动大
行业配置
公用事业波动小
消费医药业绩稳
周期科技波动大
周期轮动
行业轮动
复苏阶段：
金融、可选消费
过热阶段：
科技、商品
滞胀阶段：
石油、天然气
衰退阶段：
石油、医药、必需消费
择时轮动
熊市末100%配置可转债，上涨50%以上转换为纯债
投资风险
系统风险
利率升高
股市走熊
信用危机
流动性危机
非系统风险
双高债
信用级别下调
重大利空
操作风险
操作错误
情绪失控
系统故障
低风险投资品
国债逆回购
“固收+”基金
股票打新
确定标的
安全第一，
波动第二
网格区间
网格间距
调整交易量
保留底仓

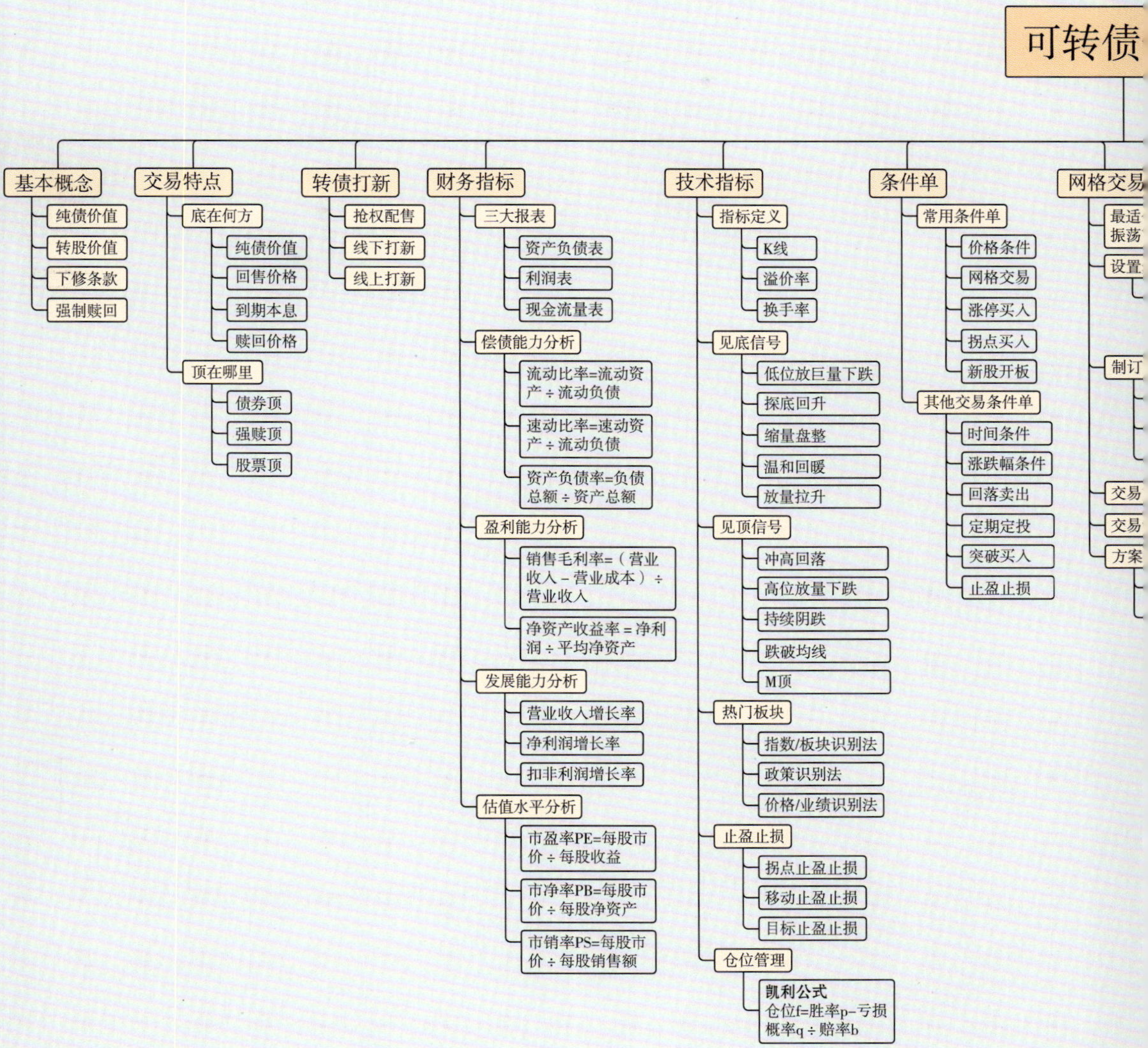

可转债
基本概念
纯债价值
转股价值
下修条款
强制赎回
交易特点
底在何方
纯债价值
回售价格
到期本息
赎回价格
顶在哪里
债券顶
强赎顶
股票顶
转债打新
抢权配售
线下打新
线上打新
财务指标
三大报表
资产负债表
利润表
现金流量表
偿债能力分析
流动比率=流动资产÷流动负债
速动比率=速动资产÷流动负债
资产负债率=负债总额÷资产总额
盈利能力分析
销售毛利率=（营业收入－营业成本）÷营业收入
净资产收益率＝净利润÷平均净资产
发展能力分析
营业收入增长率
净利润增长率
扣非利润增长率
估值水平分析
市盈率PE=每股市价÷每股收益
市净率PB=每股市价÷每股净资产
市销率PS=每股市价÷每股销售额
技术指标
指标定义
K线
溢价率
换手率
见底信号
低位放巨量下跌
探底回升
缩量盘整
温和回暖
放量拉升
见顶信号
冲高回落
高位放量下跌
持续阴跌
跌破均线
M顶
热门板块
指数/板块识别法
政策识别法
价格/业绩识别法
止盈止损
拐点止盈止损
移动止盈止损
目标止盈止损
仓位管理
凯利公式
仓位f=胜率p−亏损概率q÷赔率b
条件单
常用条件单
价格条件
网格交易
涨停买入
拐点买入
新股开板
其他交易条件单
时间条件
涨跌幅条件
回落卖出
定期定投
突破买入
止盈止损
网格交易
最适
振荡
设置
制订
交易
交易
方案

CONVERTIBLE
BOND
INVESTMENT

可转债长赢

可转债投资从入门到精通

基少成多◎著

中国经济出版社
CHINA ECONOMIC PUBLISHING HOUSE
北 京

图书在版编目（CIP）数据

可转债长赢：可转债投资从入门到精通 / 基少成多著. -- 北京：中国经济出版社，2022.6

ISBN 978 - 7 - 5136 - 6942 - 9

Ⅰ.①可… Ⅱ.①基… Ⅲ.①可转换债券 - 债券投资 - 基本知识 Ⅳ.①F830.91

中国版本图书馆 CIP 数据核字（2022）第 096806 号

责任编辑 燕丽丽 吴 楠
责任印制 马小宾
封面设计 久品轩

出版发行 中国经济出版社
印 刷 者 北京富泰印刷有限责任公司
经 销 者 各地新华书店
开　　本 710mm × 1000mm 1/16
印　　张 19 彩页 0.25
字　　数 254 千字
版　　次 2022 年 6 月第 1 版
印　　次 2022 年 6 月第 1 次
定　　价 68.00 元
广告经营许可证 京西工商广字第 8179 号

中国经济出版社 **网址** www.economyph.com **社址** 北京市东城区安定门外大街 58 号 **邮编** 100011
本版图书如存在印装质量问题，请与本社销售中心联系调换（联系电话：010 - 57512564）

前言

PREFACE

可转债为什么是投资界的“万人迷”?

“股神”巴菲特说过一个投资秘籍：第一是保本，第二是记住第一条。

其实这代表着投资人最希望获得的投资效果，即先不要亏损，然后再谈回报。有调研机构发现，我国高达60%的家庭不愿承受任何投资亏损。

具备不亏损特征的产品主要是债。借入钱的是债务人，需要按期付息，到期还本；借出钱的是债权人，负责按期收息，到期拿回本金。但是很多具备不亏损特征的产品，收益率非常低。典型的如银行活期存款，2022年1月人民币活期存款基准利率为0.35%，一年期定期存款基准利率为1.5%，均显著低于通货膨胀水平。这样的收益尚不能跑赢物价上涨，本质上投资人还是亏了，购买力不断下降。

从各国各类投资品的回报来看，能长期跑赢通胀的产品是股票、房产和黄金。其中，投资门槛最低、流动性好且没有保存成本的是股票。股票代表上市公司的所有权，有机会提供远高于物价上涨水平的投资收益。投资者可以借助企业的经营杠杆、财务杠杆以及企业员工的人力杠杆，获取更高回报。

但是股票投资风险很大，并不适合一般投资者“玩耍”。A股长期流传着“七亏两平一赚”的投资规律——直接投资A股的普通散户，往往有高达七成会亏钱，只有一成左右能赚钱。

那么散户还有更好的赚钱手段吗？这里就不得不提到一种产品——可转债。

可转债是可转换债券的简称，即在特定的情况下，这种债券可以转换为股票。作为债券，它保本保息；作为股票，它叱咤风云，提供跑赢通胀的机会。正是这样的双重特性，注定了可转债一生不凡，“引无数英雄竞折腰”。

宁稳网数据显示，2000年1月1日—2021年12月31日，22年间，已经退市的可转债（含可交换债）共有290只，其中有283只退市前最高价格达到130元。

这290只可转债的平均存续年限为1.96年，退市均价为163.14元。如果按照面值买入，投资的复合年化收益率达28.37%，显著高于很多投资品。当然，2019—2021年的结构性牛市中，大量可转债退市放大了相应的收益率，未来上述高收益率较难维持。

我第一次对可转债有深刻印象是在2014年。那年国庆节回家，爸爸说家里有笔定期存款到期了，准备重新存进去。我说：“存银行的收益跑不赢物价，表面看是稳赚，其实是稳亏。现在股票和债券市场都不错，不如拿去买基金。”爸爸听了觉得有道理，就让我拿去打理。

我觉得买股票基金风险有点大，买债券基金收益又太低。思来想去，就想到了同时具备股票和债券特征的可转债基金。

可转债相当于送“彩票”的债券，平时可以像债券一样获得利息，到期能保本；如果股票市场行情好，投资者可以将送的“彩票”兑现，赚取更大收益。当时可转债已经在低位徘徊了近两年，向下的空间非常有限，“彩票”可能会带来不小的惊喜。

到年底，惊喜果然出现了。仅仅一个季度，那只可转债基金竟然盈利了近50%。爸爸听到后惊喜不已，感慨在基金上“存”半年，赶得上在银行存几十年，之前存错了地方。

我还在证券账户投资了一只可转债分级B类基金——转债进取，该基金一个季度上涨了近300%。2014年9月—2015年6月，该基金前复权最大涨幅超过10倍，创下了基金行业的短期最大涨幅纪录。这张送的“彩票”实在够大！

其后，由于市场由牛市转为熊市，可转债也遭遇较大的下跌，很多不熟悉该类产品的投资者蒙受了不小的损失。

不少人还纳闷儿：为什么可转债不再保本了？

其实，可转债只有在合理的价格范围内才会保本。如果价格太高，远超过债券本身的价值，可转债就会从“债券+彩票”变成“赌大小”，保本的属性消失殆尽，亏损变成家常便饭。

2019年，随着市场见底走牛，可转债市场再次显露勃勃生机。特别是可转债打新，就像派发的一个个红包，参与就有机会捡到，捡到的绝大多数能赚钱，于是参与可转债打新的人日益增多。有位网友这样总结2019年的可转债：“天下谁人不识君？”

但是，作为见证多轮市场周期的投资老兵，我明白这种产品的特点，知道它有时候是天使，有时候是恶魔。我们需要了解它的秉性，利用它天使的一面，而回避恶魔的一面。

希望这本汇聚可转债投资知识和策略的书，可以帮助你把握可转债的“天使”机遇，规避它的“魔鬼”陷阱，获取更好的投资收益。

本书写作时间跨度偏长，使用的部分数据为历史数据，但仍可以作为资料，指导实际投资。在写作中，我借鉴了部分网友的投资研究结论和经验，在此表示衷心的感谢。同时也对支持我写作的各位粉丝、出版社编辑、家人等表示深深的谢意。

如果对本书有任何意见和建议，欢迎发到邮箱27901351@qq.com。希望我们可以在投资的道路上携手共进，共同富裕！

目录
CONTENTS

01

可转债的基本概念

概念是术语，相当于可转债的语言。只有了解、熟悉这门语言，才能与它们找到共同话题、打成一片，发现更多投资机会。现在让我们开始吧！

常用术语

1. 可转债

可转债（Convertible Bond，CB）的全称为“可转换公司债券”，它本身是债券，同时附带一项权利，允许购买人在规定的时间内，将债券按照约定价格转换为公司股票。这种权利也被称为“期权”，即在未来指定期限才拥有的权利。与一般的债券相比，可转债的利率比较低，但实际价格可能高于同品质的纯债，差值相当于期权的价值。可以将可转债价值表述为

$$可转债价值 = 债券价值 + 期权价值$$

期权的价值与股价同向变动。当可转债对应的公司股价上涨时，可转债的期权价值增加，可转债价值一般也会跟随上涨，具体幅度取决于可转债所处的价格区间和转股溢价等情况。

可以将期权看成一张彩票，股票价格越高，这张彩票可以开出的奖越大，也更有价值。最差的情况是这张彩票的价值为零，此时可转债与同样质地的债券价格一样，相当于白送一张可以兑奖的彩票。

对上市公司而言，可转债相当于“低息借款 + 股票增发”。持有人一直持有可转债时，上市公司只需要支付远低于普通债券的利息。如果股票价格大幅上涨，超过一定幅度，可转债的持有人会将其转换为股票，成为股东。上市公司相当于额外发行了一部分股票，不需要偿还本金。

如果发行可转换债券的公司破产，在清偿顺序上，可转债与普通公司债券、长期负债（如长期银行贷款）等具有同等追索权利，优先于股票。

2. 可交换债

可交换债券（Exchangeable Bond，EB）同样是可以在特定条件下转换为上市公司股票的债券。与可转债的差异是，发行可交换债券的公司是可转换股票的股东，主要目的是减持上市公司股票，或者进行抵押融资。如果投资者将债券转换为股票，可交换债发行人相当于减持了股票；如果投资者一直持有可交换债，发行人相当于进行了一次债券融资。

可交换债有两种发行方式：一种是面向少数机构投资者发行，称为私募 EB；另一种是面向社会公众发行，称为公募 EB。

私募 EB 对公司的盈利和资产规模甚至评级等均无明确要求，主要是民营企业使用。私募 EB 的流动性比较差，因此，其对应的转股门槛比较低，或是给的利率比较高，目的是提高吸引力。公募 EB 要求比较高，发行人主要为国有企业，票面利率普遍不高，最主要的收益来自于正股的上涨。

投资者可以通过可交换债的相关条款，判断发行人的目的。

为了减持股票发行的可交换债，往往票面利率比较低，向下修正转股价格的条件比较宽松，甚至满足一定条件就可以自动下修转股价格。

为了融资发行的可交换债，给出的票面利率往往偏高，初始转股溢价比较高，下修条款、赎回条款等设置得较为严格，甚至没有设置。

3. 面值

面值是指债券票面记录的价值，相当于原始投资者投入的本金，也是债券计息和还本的参考基准。每张可转债和可交换债的面值均为 100

元。如果我们通过证券账户参与可转债打新，中签后，每张需要按照100元缴款，中10张（又称1手）就需要缴款1000元。这就是按照面值支付的金额，相当于我们拿到每张可转债的成本是100元，10张的成本是1000元。

4. 票面利率

票面利率是指可转债约定的付息率，也是持有可转债每年按照面值计算得到的回报率。

可转债每年的利息收入 = 持有的可转债面值 × 当年票面利率。例如，浦发转债（110059）约定的票面利率为第一年0.20%、第二年0.80%、第三年1.50%、第四年2.10%、第五年3.20%、第六年4.00%，见图1－1。

浦发转债基本资料

浦发转债 (110059 上海)	正股：浦发银行 (600000 上海)	行业：金融—银行行业
发行日期：2019-10-28	转债现价：104.5	转股价值：64.42
到期日期：2025-10-28 剩余4年27天	债券评级：AAA 主体评级：AAA	转股溢价：62.2%
股票现价：9 较转股价低-35.6%	发行金额：500亿元	纯债价值：103.43 折现率3.3%
转股价格：13.97	剩余金额：499.99亿元 占市值18.9%	回售价值：无权
转股起始日：2020-05-04 (说明)	今日成交：11,185万元 换手率0.2%	税前到期收益率：3.04%
各期利息：0.2，0.8，1.5，2.1，3.2，4	回售起始日：0000-00-00 无权	税后到期收益率：2.24%
到期还本（不含息）：106 本息共117.8	回售转债价：应计利息+100	税前回售收益率：无权

下修条件：连续30个交易日中至少15个交易日收盘价格低于当期转股价格的80%

强赎条件：连续30个交易日中至少15个交易日收盘价格不低于当期转股价格的130%，或者余额小于3000万元

回售条件：无股价下跌的回售权利

担保：无

图1－1 浦发转债基本资料

资料来源：宁稳网。

可转债的利息计算起始日为可转债发行首日（如浦发转债对应2019年10月28日），以后会在每满一年的当日按约定付息。如果遇到法定节假日或者休息日，会顺延至下一个交易日付息，顺延期间不计算

利息。

假定在付息债权登记日（确认债权人身份的日子）持有面值为10万元的浦发转债，第一年末可以获得的利息收入为100000×0.2%＝200元。

付息债权登记日为每年约定付息日的上一个交易日。如果在付息债权登记日之前已经将持有的可转债转换为公司股票，则公司不再支付利息。

因为可转债本身送了一张有价值的“彩票”，所以其票面利率通常低于同类型的债券。

5. 纯债价值

如果按照同信用级别、同期限企业债券的市场利率，将可转债的未来现金流折算为现值，对应的价值即为可转债的纯债价值，是可转债最坚实的底部。

现值即未来资金对应现在的价值。例如，将100元存到银行，年利率是1.5%，1年后本息合计101.5元，则1年后的101.5元对应的现值就是100元，1.5%也被称为“折现率”。1年后同样价值的债券，折现率不同，对应的现值也会有差异。未来的价值一定时，折现率越高，现值越小。

体现在价格上，由于期权“彩票”的价值大于零，可转债的价格正常情况下会高于它的纯债价值。例如，2021年9月30日，浦发转债的纯债价值为103.43元，可转债价格为104.5元，可转债价格高出纯债价值的1.07元就相当于“彩票”的价值。

6. 纯债溢价率

可以使用纯债溢价率衡量可转债作为债券的性价比，纯债溢价率较低时，可转债更为安全。

$$纯债溢价率 = (可转债价格 - 纯债价值) \div 纯债价值$$

纯债溢价率越低，可转债的债性越强，波动越小；纯债溢价率越高，可转债的债性越弱、股性越强，走势更容易受正股涨跌影响。

当纯债溢价率为零时，可转债价格与其纯债价值相同，可转债就跌到了理论最低点，但是依然有可能继续下跌。

历史上，绝大多数可转债下跌至纯债价值附近都会见底。但需要提防的是，如果可转债的信用级别有下调预期（偿债能力下降）或者市场利率走高，可转债的纯债价值会下降，反映未来预期纯债价值的降低。

7. 转股价格

转股价格是指可转债约定的转换为每股股票所支付的价格。

转股数量的计算公式为

$$Q = V \div P$$

计算出来的数字以去尾法取一股的整数倍。

其中，V 为可转债持有人申请转股的可转债票面总金额，注意此处使用的是可转债的面值，不是按照价格计算的市值；P 为申请转股当日有效的转股价格。

对于转股时不足一股的余额，公司将在可转债持有人转股当日后的 5 个交易日内，以现金兑付该余额及其所对应的当期应计利息。

例如，浦发转债的转股价格为 13.97 元，在约定的转股期限内，可转债的持有人可以按照 13.97 元/股的价格，将可转债转换为上市公司的股票。一张可转债可以转换的股票数 = 100 ÷ 13.97 ≈ 7.16 股。

需要说明的是，如果正股分红、转增股本、配股或者增发新股，可转债的转股价格也会发生变化，可以用公式概括为

$$P1 = (P0 - D + A \times k) \div (1 + n + k)$$

其中，P1 为调整后转股价格，P0 为调整前转股价格，D 为每股派

送现金股利，A 为增发新股价或配股价，k 为增发新股或配股率，n 为送股或转增股本率。

转股价格采用四舍五入法，计算结果保留至小数点后两位。

简单来说，如果因为分红、转增、配股或增发等导致原有股东的权益被稀释，转股价格会同步调整，保证可转债的转股价值不发生变化。

对于分红较多的正股，可转债的转股价格随着分红不断下降，可转债持有人也相当于享受到了每年的分红收益，而且免征所得税。

需要说明的是，如果股票发生注销（股票总量减少），可转债的转股价格会上调。蓝帆转债（128108）就曾经因为正股回购注销，转股价格出现上调（见图 1 -2）。

公司于 2021 年 5 月 17 日召开第五届董事会第十五次会议，于 2021 年 6 月 8 日召开 2020 年年度股东大会，审议通过了《关于重大资产重组标的业绩补偿方案的议案》以及《关于提请股东大会授权公司董事会全权办理重大资产重组标的业绩补偿后续事项的议案》，同意公司分别以 1 元总价回购注销业绩承诺方淄博蓝帆投资有限公司持有的公司 23,361,227 股股份、业绩承诺方北京信聿投资中心（有限合伙）持有的公司 24,787,109 股股份。公司于 2021 年 6 月 23 日在中国证券登记结算有限责任公司深圳分公司办理完成上述合计 48,148,336 股业绩补偿股份的回购注销手续，为此，公司相应将“蓝帆转债”的转股价格由 17.79 元/股调整为 18.64 元/股，调整后的转股价格自 2021 年 6 月 25 日起生效。

图 1 -2　蓝帆转债转股价格调整公告

8. 转股价值（转债平价）

即可转债转换为股票后对应的股票总价值。换算公式为：转股价值 =［可转债面值（100 元）÷转股价格］× 当前正股价格。

转股价值又被称为转债平价，相当于转股没有折价和溢价。

经常有投资者问：因分红下调转股价格，对可转债是利好还是利空？

对于短期没有破产风险的正股，其股票价值主要由未来的现金流和折现率决定，分红后，正股的价值也会同步降低，这也被称为“除权”。

假设企业分红前后，其市净率（PB）估值保持不变，那么分红前的每张可转债的转股价值 = 100 ÷ P0 × P = 100 × P ÷ P0。其中，P0 为调整前转股价，P 为股票市价。

假设每股分红 D 元，则分红后的转股价格 P1 = P0 − D，同时股票市价除权，价格变为 P − D。

此时每张可转债的转股价值 = 100 ÷（P0 − D）×（P − D）= 100 ×（P − D）÷（P0 − D）。根据数学规律，在分子、分母全部为正数的情况下：

如果 P > P0，减去相同的正数 D 后，数值会变大，即股票市价高于转股价格时（对应的转股价值大于 100），分红会提升可转债的转股价值。

如果 P = P0，减去相同的正数 D 后，数值不变，即股票市价等于转股价格时（对应的转股价值等于 100），分红后可转债的转股价值不变。

如果 P < P0，减去相同的正数 D 后，数值会变小，即股票市价低于转股价格时（对应的转股价值小于 100），分红会降低可转债的转股价值。

对于多数可转债而言，分红相对于正股而言很少，实际的影响可以忽略不计。

9. 转股溢价/折价

转股溢价/折价（率）= 可转债价格 ÷ 转股价值 − 1

若结果大于零称为转股溢价，否则称为转股折价。

相对于股票，可转债能够按期拿到利息收入，同时到期还本，相当于买了“保险”的股票。所以在绝大多数情况下，可转债都呈现转股溢价。此外，在转股期，如果存在转股折价，套利资金会买入可转债，申请转股并卖出进行套利。

可转债的转股溢价有如下规律：

第一，可转债价格越低，到期还本越保险，相应的“保费”越高，转股溢价越高。

第二，可转债价格超过强制赎回价格时，就会面临低价强制赎回的可能。原先的“保险”变成了“炸弹”，可转债会出现折价。多数可转债的强制赎回价格为 130 元，超过 130 元的可转债，不少会出现溢价消失的现象，且存在大小不等的折价。其中在转股期的，因套利资金存在，折价非常小，未达到转股期的往往折价比较大。

但是当市场极度看好某只正股的表现时，一些不能购买正股的机构或产品，会争相买入对应的可转债，使其持续溢价。当可转债处于阶段性高点时，可转债的溢价可能在较长时间内存在，甚至普遍偏高。

10. 下调转股价条款

下调转股价条款是指约定在何种条件下可以将可转债转股价格下调的相关条款。下调转股价格就是将可转债的转股价格调低，通过提高可转债“彩票”部分对应的价值，增加可转债本身的价值，促使可转债价格上升。

例如，浦发转债在公开发行可转债的募集说明书摘要中[①]，这样约定下调转股价条款：

本次可转债发行方案规定在本次发行的可转债存续期间，当本公司普通股票在任意连续三十个交易日中有十五个交易日的收盘价低于当期转股价格的 80% 时，本公司董事会有权提出转股价格向下修正方案并提交本公司股东大会审议表决。上述方案须经参加表决的全体股东所持

---

① 在上海证券交易所官网中可以找到上海浦东发展银行股份有限公司（600000）发布的公司公告全文，详情可参考：http://static.sse.com.cn/disclosure/listedinfo/announcement/c/2019-10-24/600000_20191024_2.pdf。

表决权的三分之二以上通过方可实施。股东进行表决时，持有本次发行的可转债的股东应当回避。

上文揭示，转股价格能否下调，取决于以下三点：

第一，公司普通股票满足条件，即在任意连续30个交易日中有15个交易日收盘价低于当期转股价格的80%；

第二，公司董事会提出转股价格下调；

第三，转股价格下调获得全体股东所持有表决权的2/3以上同意。

其中第二条和第三条表明，转股价格下调需要公司的大股东支持才有机会获得通过，否则希望不大。

此外，下调转股价格还受其他因素制约，如浦发转债这样进行约定：

修正后的转股价格应不低于审议上述方案的股东大会召开日前二十个交易日和前一个交易日本公司普通股股票交易均价，同时修正后的转股价格不低于最近一期经审计的每股净资产和股票面值。

即修正后的转股价不低于如下几个价格：

①审议股东会召开前20个交易日的股票均价；

②审议股东会召开前1个交易日的股票均价；

③最近一期每股净资产；

④最近一期股票面值。

其中条件①和②在熊市或正股下跌阶段较容易满足；条件③需要修正后转股价格对应的市净率大于1，这个值越高，理论下调空间越大；条件④对应的股票面值固定不变，多数为1元，转股价格越高，相应的下调空间越大。

11. 强制赎回

强制赎回是指股价满足一定条件时，发行人可以强制将可转债按照约定的价格“收回”。下面，我们就以浦发转债为例看看赎回方式。

强制赎回通常分为两种。一种是价格太高时（通常为较长时间市价超过转股价格的130%），为了促进持有人尽快转换为股票进行的强制赎回；另一种是剩余的可转债数量太少（通常是流通的可转债面值不足3000万元），为了防止流动性变差导致价格被少量资金操纵进行的强制赎回。是否进行强制赎回的权利在发行人一方。浦发转债的相关条款如下：

在本次发行可转债的转股期内，如果本公司普通股股票连续三十个交易日中至少有十五个交易日的收盘价格不低于当期转股价格的130%（含130%），经相关监管部门批准（如需），本公司有权按照债券面值加当期应计利息的价格赎回全部或部分未转股的可转债；此外，当本次发行的可转债未转股的票面总金额不足人民币3000万元时，本公司有权按面值加当期应计利息的价格赎回全部未转股的可转债。

当期应计利息的计算公式为

$$I = A \times i \times t \div 365$$

其中，I为当期应计利息；A为本次发行的可转债持有人持有的、将赎回的可转债票面总金额；i为可转债当年票面利率；t为计息天数，即从上一个付息日起至本计息年度赎回日止的实际日历天数（算头不算尾）。

12. 回售

当可转债发行人的某些行为“违约”，即违反发行约定时，可转债的持有人可以选择要求发行人将可转债按照约定价格买回去，该权利是否行使取决于可转债的持有人，称为“回售”。浦发转债的相关条款如下：

为保护可转债持有人的利益，本次可转债设置了法定回售条款，即：若本次发行可转债募集资金运用的实施情况与本公司在募集说明书中的承诺相比出现变化，且该变化被中国证监会认定为改变募集资金用途的，可转债持有人享有一次以面值加上当期应计利息的价格向本公司回售本次发行的可转债的权利。在上述情形下，可转债持有人可以在本公司公告后的回售申报期内进行回售，该次回售申报期内不实施回售的，自动丧失该回售权。

简单理解就是，浦发转债将改变可转债募集资金的用途作为“违约”条件，若该条件被触发，在指定的申报期限内，可转债的持有人可以按照面值加上应计利息的价格将可转债卖给发行人。

需要说明的是，如果回售价格低于可转债的市价，选择回售则会造成损失，并不划算。

比较典型的案例是久其转债（128015）。如图1－3所示，久其转债在2021年9月10日—16日进行回售申报，但是其间可转债价格一直在103元以上，高于回售价格100.386元。选择回售反而会造成损失。

证券代码：002279　证券简称：久其软件　公告编号:2021-064
债券代码：128015　债券简称：久其转债

北京久其软件股份有限公司

关于“久其转债”回售的第三次提示性公告

本公司及董事会全体成员保证公告内容的真实、准确和完整，没有虚假记载、误导性陈述或者重大遗漏。

重要提示：

- **回售价格：100.386元人民币/张（含息税）**
- **回售申报期：2021年9月10日至2021年9月16日**
- **发行人资金到账日：2021年9月23日**
- **回售款划拨日：2021年9月24日**
- **投资者回售款到账日：2021年9月27日**

图1－3　久其转债回售提示公告

从公告的结果来看（见图1－4），仅有少量不熟悉规则的投资者选择了回售，回售总金额仅4万元出头，远小于可转债的余额7.8亿元。

证券代码：002279　　证券简称：久其软件　　公告编号:2021-067
债券代码：128015　　债券简称：久其转债

北京久其软件股份有限公司

关于“久其转债”回售结果的公告

本公司及董事会全体成员保证公告内容的真实、准确和完整，没有虚假记载、误导性陈述或者重大遗漏。

重要提示：

- **回售价格：100.386 元人民币/张（含息税）**
- **回售申报期：2021 年 9 月 10 日至 2021 年 9 月 16 日**
- **回售有效申报数量：402 张**
- **回售金额：40,355.13 元（含息税）**
- **投资者回售款到账日：2021 年 9 月 27 日**

图 1－4　久其转债回售结果公告

13. 到期赎回价

可转债到期后，发行人会按照稍高于面值的价格赎回，该价格同时包含最后一期的应付利息，以及高于面值的“补偿”。例如浦发转债到期的赎回价格为 110 元，其中包含本金 100 元，最后一期的应付利息 4 元，以及“补偿”6 元。

这个“补偿”相当于补贴持有人的长期持有。但由于只有极少数可转债在到期时才赎回，上述“补偿”的形式意义大于实际意义，一般情况下持有人无法拿到。

14. 转股期限

转股期限是指可转债可以转换为股票的期限，一般为可转债发行期结束后满 6 个月的第一个交易日至到期日，即如果一只可转债的期限为 6 年，那么转股期限对应的时间为 5.5 年。在转股期限内，只要可转债存在转股折价，就存在套利的机会。此时股性较强的可转债价格走势与正股走势高度一致，受正股影响较大。

15. 信用评级

可转债作为一种债券，专业机构根据未来还本付息的可靠程度，会给出评级。常见评级中，AAA 为最高级，C 为最低级，中间从高到低依次为 AA、A、BBB、BB、B、CCC、CC 等。不同机构的评级略有差异，本书以中证鹏元出具的胜蓝转债的评级报告为例，具体评级对应的含义如表 1 - 1 所示。

表 1 - 1 常见的可转债评级

级别	定义
AAA	债务安全性极高，违约风险极低
AA	债务安全性很高，违约风险很低
A	债务安全性较高，违约风险较低
BBB	债务安全性一般，违约风险一般
BB	债务安全性较低，违约风险较高
B	债务安全性低，违约风险高
CCC	债务安全性很低，违约风险很高
CC	债务安全性极低，违约风险极高
C	债务无法得到偿还

资料来源：胜蓝转债信用评级报告，详见 http://static.cninfo.com.cn/finalpage/2022-03-29/1212710156.PDF。

注：除 AAA 级，CCC 级（含）以下等级外，每一个信用等级可用“+”“-”符号进行微调，表示略高或略低于本等级。

评级越高，代表评级机构认为该可转债的还款能力越强，市场要求的付息利率越低。例如，AAA 级的浦发转债自发行持有到期的本息合计为每张 117.8 元（含税），而 A + 级别的迪贝转债（113546）自发行持有到期的本息合计为每张 121.1 元（含税）。后者信用级别较低，发行时会给予持有人更多利息“奖励”。

发行门槛

可转债的发行需要证监会核准。根据证监会2020年2月14日修订的《上市公司证券发行管理办法》，以及2021年2月26日公布的《公司债券发行与交易管理办法》，相关的公开发行门槛主要包括以下几条：

第一，最近三个会计年度加权平均净资产收益率平均不低于百分之六。扣除非经常性损益后的净利润与扣除前的净利润相比，以低者作为加权平均净资产收益率的计算依据。

第二，发行后累计公司债券余额不超过最近一期期末净资产额的百分之四十。

第三，最近三个会计年度实现的年均可分配利润不少于公司债券一年的利息。

第四，公开发行可转换公司债券，应当提供担保，但最近一期期末经审计的净资产不低于人民币十五亿元的公司除外。

简单来说，可转债的发行门槛还是挺高的。有机构测算，我国上市公司中只有一半左右的企业符合发行可转债的条件，这部分企业整体的偿债能力较强，违约风险较低。截至2022年1月底，已经发行的可转债尚未出现违约情况。

2017年2月17日，证监会发布新规，从发行数量、时间间隔、定价机制等方面对上市公司定向增发进行规范。相较增发和配股等方式，可转债发行没有最短间隔18个月的限制。如果大股东参与配售，可以实时减持。在再融资渠道中，可转债发行门槛比增发和配股低，对企业也比较有吸引力。正是政策的变动，推动了可转债发行量的快速增长。

发行流程

可转债的发行需经如下流程或节点：

①董事会预案（25 日[①]）；

②股东大会公告（113 日）；

③发审委审核（38 日）；

④证监会核准（18 日）；

⑤发行公告（1 日）；

⑥优先配售股权登记日（1 日，T－1 日[②]）；

⑦优先股配售、网上及网下申购日（12 日，T 日）；

⑧上市日（发行后 26 日）。

正常一只可转债从发行公告预案之日起至发行完毕，大约需要 6～10个月。也有企业因为种种原因，中途出现变故，终止发行。

---

① 此处的时间为尚普咨询统计的本环节至下一环节所需的历史平均交易日，非法定要求，下同。

② T 日为网上打新交易日。全书所涉及“日”的表述无特殊说明均指交易日。

退市方式

可转债最终退市的方式包括强制赎回、到期还本和破产清算等。

集思录数据显示，2011 年 1 月 1 日—2022 年 1 月 31 日，已经退市的 225 只可转债（含可交换债）中，尚未出现破产清算的可转债。有 15 只为到期还本，9 只为剩余规模低于 3000 万元，另外 201 只触发强制赎回，占比高达 89.33%。

基于历史数据，投资者如果按照面值购买，高达 95% 的可转债，在退市前提供了 30% 或更高的盈利空间。

信息查询方式

常见的可转债相关信息可以通过如下渠道查找。

1. 东方财富网

依次点击数据中心—新股数据—可转债数据，可以查看可转债发行、上市、转股价值、转股溢价率等信息。①

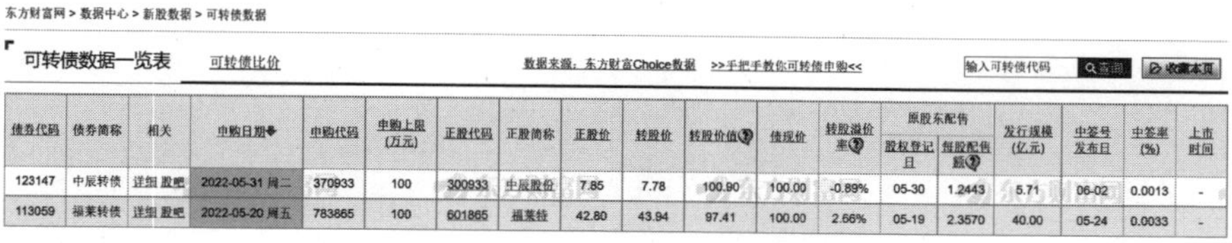
东方财富网 > 数据中心 > 新股数据 > 可转债数据

可转债数据一览表 可转债比价 数据来源：东方财富Choice数据 >>手把手教你可转债申购<< 输入可转债代码 查询 收藏本页

债券代码	债券简称	相关	申购日期	申购代码	申购上限(万元)	正股代码	正股简称	正股价	转股价	转股价值	债现价	转股溢价率	原股东配售 股权登记日	原股东配售 每股配售额	发行规模(亿元)	中签号发布日	中签率(%)	上市时间
123147	中辰转债	详细 股吧	2022-05-31 周二	370933	100	300933	中辰股份	7.85	7.78	100.90	100.00	-0.89%	05-30	1.2443	5.71	06-02	0.0013	-
113059	福莱转债	详细 股吧	2022-05-20 周五	783865	100	601865	福莱特	42.80	43.94	97.41	100.00	2.66%	05-19	2.3570	40.00	05-24	0.0033	-

图1－5 东方财富网可转债数据页面示意图

2. 集思录

依次点击实时数据—可转债，可以查看已经上市可转债的价格、涨跌情况、回售触发价、强赎触发价、剩余年限、到期时间、到期收益率等数据，并支持按照价格区间、成交额、溢价率、到期收益率和评级进行筛选。②

① 东方财富网可转债数据一览表的具体网址为 http://data.eastmoney.com/kzz/default.html。网址后期可能发生变化，下同。

② 集思录可转债数据的具体网址为 https://www.jisilu.cn/data/cbnew/#cb。

可转债(手动刷新 30秒自动刷新) 数量:30个；规模:562.71亿；存量:398.

代码	转债名称	现价	涨跌幅	正股名称	正股价	正股涨跌	正股PB	转股价	转股价值	转股溢价率	纯债价值	债底溢价率	债券评级	期权价值	正股波动率	回售触发价	强赎触发价	转债占比	基金持仓	到期时间	剩余年限	剩余规模(亿元)	成交额(万元)	换手率	到期税前收益	回售收益	双低
127064	杭氧转债	100.000	0.00%	杭氧股份 R	33.11	6.91%	4.24	28.69	115.41	-13.35%	会员	-	AA+	增强	会员	20.08	37.30	3.60%	会员	28-05-18	5.953	11.370	0.00	0.00%	2.03%	增强	86.65
123070	鹏辉转债	236.143	1.55%	鹏辉能源	48.20	1.26%	7.36	20.08	240.04	-1.62%	会员	-	AA	增强	会员	14.06	26.10	3.50%	会员	26-10-19	4.373	5.572	2982.62	2.27%	-15.43%	增强	234.52

图 1－6　集思录可转债数据页面示意图

3. 宁稳网

点击转债，可以看到可转债实时统计、个性化筛选、可转债行情、纯债价值、申购数据、强赎条款及触发情况、回售条款及触发情况、下修条款及触发情况等内容。①

可转债数据（简表）　上午和下午收盘后更新，不提供盘中即时数据

用法（必看！）　回头看 2022-06-06 09:33:08 ☑含强赎 ☐含未上市 ☐含EB ☑含CB ☐看自选 所有行业 所有价格 所有评级 转股溢价

到期收益 转债余额 正股市值 MA20乖离 刷新 共412只 代码/拼音/ 下载本表 指数：0.54%/0.18%/1.05%/0.16%/0.91% VIP资源

序号	转债代码	转债名称	转债价格	涨跌	股价	涨跌	转股价格	转股溢价率	转股价值	剩余年限	转债余额	转债成交额	转债换手率	余额/市值	股票市值	P/B	税前收益率	税前回售收益	回售价值	纯债价值	弹性	信用
343	128062	亚药转债!	99.778	-0.02%	5.08	-1.93%	16.25	219%	31.26	2.82年	9.62	15	1.6%	35.3%	27	13.58	6.29%	3.92%	87.52	76.67	0.00	B
281	128100	搜特转债!	99.13	-0.03%	1.27	-1.55%	1.62	26.4%	78.40	3.76年	7.98	21	2.7%	20.3%	39	52.92	4.41%	1.91%	79.86	71.50	0.59	BB

图 1－7　宁稳网可转债数据页面示意图

① 宁稳网可转债数据的具体网址为 https://www.ninwin.cn/index.php?m=cb&show_cb_only=Y&show_listed_only=Y。

02

可转债为什么人见人爱？

日常大家旅游或者出差，最喜欢的长途交通工具是什么？

估计多数人给出的答案是高铁。高铁可以说是综合了传统火车和飞机这两大交通工具的优点，准点率高、行驶平稳、速度快。

在投资工具中，债券类似于传统火车，虽然表现平稳，但是上涨速度慢；股票类似于飞机，虽然上涨速度快，但是涨跌起伏大，甚至可能发生毁灭性事故；可转债则类似于高铁，平稳性、速度和危险系数等介于以上两者之间。这样想来，就不难理解为何可转债人见人爱了。

对于投资者来讲，大家追求的是收益，希望避免的是风险，能够明确知道风险和收益的产品最适合投资。同时具备债券和股票特点的可转债，既有底，能提供稳定的盈利；又上不封顶，可以带来可观的回报。掌握一定的技巧，即可稳定获利，相对而言最适合投资。作为债券，它在每个时点都有明确的纯债价值，这是它最坚实的底部。随着时间的流逝，这个纯债价值逐步走高，向到期回售价格靠拢，收益非常确定。作为股票，它带有“保险”，可以清晰地看到底，同时在股价上涨时，它会以稍微落后的节奏跟随上涨。绝大多数可转债在到期日前可以涨到130元以上，这个“红包”可以说是非常确定，对投资者的吸引力非常大。

总结一下，可转债的魅力是“下有保底，上不封顶”。

可转债的底在何方？

可转债向下是有底的，这是股票所不具备的，也是该品种最大的魅力之一。可转债的底对应的保护伞不止一把，本节我将详细盘点它的四把保护伞。

1. 最坚实的保护伞——纯债价值

把可转债当成一种企业债券，按照同期限、同信用等级的债券收益率折算它目前值多少钱，这是理论上可转债跌不破的底。历史上，曾经有部分可转债下跌到该价位附近，趋势很快见底，其后出现大涨。

优质转债中，以隆基转债（113015）为例，其存续期间最低收盘价格为 2018 年 10 月 18 日的 92. 68 元，对应的纯债价值为 87. 914 元，最低收盘价略高于纯债价值。

再以质地较差的亚药转债（128062）为例，截至 2021 年 9 月 30 日，其最低收盘价格为 2021 年 1 月 13 日的 66. 666 元，低于当时的纯债价值 99. 117 元，但这主要是市场预期其信用评级会下调造成的。从后续的情况来看，2021 年 5 月 24 日，该转债的信用评级从 BBB 调整为 BB，纯债价值下跌至 52. 672 元，当日对应的可转债收盘价为 79. 102 元，依然高于纯债价值。

多数可转债的底部在 75 ~ 100 元。可转债的票面利率通常低于同类型的债券，折现时使用同信用级别的普通债平均利率，因此到期时间越长的可转债，纯债价值越低；到期时间越短的可转债，纯债价值越高。

2. 最仁慈的保护伞——下修条款

当股价持续下跌时，可转债转股无望，但是发行公司又不想还钱，这时会提议下调转股价格。如果转股价格下调，那么可转债期权部分的价值就会提升，相当于“赠送”了一部分价值，可转债的底部也会提升。需要注意的是，转股价格一般不会低于每股净资产，所以转股价格距离每股净资产越近，“赠送”价值的可能性越小。

以曾经两次下调转股价格的搜特转债（128100）为例，从业绩走势来看，每次董事会提议下修后，可转债价格均会出现跳涨，并在股东大会通过后达到阶段性新高。

例如2021年7月30日，董事会提议下修搜特转债的转股价格。下一个交易日，搜特转债直接从78.22元跳涨至86.042元。2021年8月16日董事会通过转股价格下调后，下一个交易日其价格已上涨至97.7元。短短半个月左右的下修期，搜特转债累计上涨了24.90%，提供了非常丰厚的回报（见图2-1）。

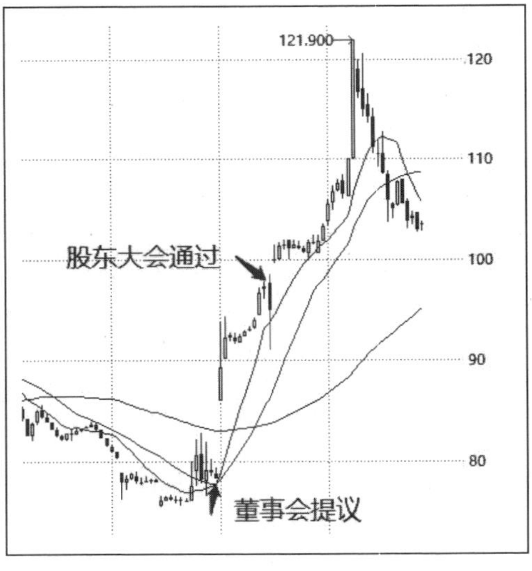

图2-1 搜特转债价格走势

3. 最可怜的保护伞——回售条款

一般在满足一定条件时，可转债的持有人有权以可转债的面值加当期应计利息的价格将可转债卖给公司。以顺丰转债（128080）为例，其回售条款为：到期前两年，股价在任意连续30个交易日低于转股价格的70%，可转债持有人可以将持有的可转债全部或部分回售给公司；其中持有人每年在首次满足回售条件时享受一次回售权，在年度公告回售期内没有回售的，该计息年度不再享有回售权。

浦发转债的回售条款为：债券存续期间，公司被证监会认定改变募集的资金用途，可转债持有人享有一次以面值加当期应计利息的价格回售的权利。

可转债利息比较低，如果按照这种情况回售，赚取的收益低于同质地的债券，对持有人不利。

但并非所有回售都是不利的。我参与了辉丰转债（128012）的回售。预判到企业会触发可转债回售条款后，我于2020年4月下旬可转债价格低于面值时买入。同年7月下旬公司公布了回售方案，8月上旬回售资金到账，前后耗费约3.5个月，实际收益约为2.5%（已经扣税），年化收益率超过8%，尝到一些甜头。

由于不同券商对应的回售菜单不同，参与回售的投资者，需要提前通过在线客服或者客户经理了解清楚操作方式。

4. 最危险的保护伞——赎回条款

在到期日之前，如果可转债触发强制赎回条款，发行公司可以选择按照面值加应计利息的价格强制赎回可转债。以顺丰转债为例，强制赎回条款具体包括如下任一情形：一是连续30个交易日中，有15个交易日股票收盘价不低于转股价值的130%（含）；二是剩余未转股的可转债面值不足3000万元。其实这代表可转债已经提供了非常丰厚的利润，通常在30%以上，如果还不转股，上市公司就要继续承担付息义务。为了让可转债持有人少薅一些羊毛，上市公司做了上述强制规定。

持有人需要留意，此时转股或者卖出的收益会比赎回高很多，一定要记得转股或者抛售。

可转债的顶在哪里?

既有债性又有股性的可转债有如下三个顶。

1. 债券顶

作为债券，可转债的顶为持有到期可以获得的利息与赎回价之和，其中利息部分需要缴纳20%的利息所得税。

以浦发转债为例，转债的利率信息详见图1-1。如果自发行期初持有，6年期的税后利息收入 = 11.8 ×（1 - 20%）= 9.44元，不含利息的到期赎回价 = 110 - 4 = 106元，利息加到期赎回价 = 9.44 + 106 = 115.44元。如果在中间买入，对应的顶需要扣除已经支付的利息。例如浦发转债支付第一年利息后，对应的债券顶部价值需要扣减的已经支付的税后利息 = 0.2 ×（1 - 20%）= 0.16元。

2. 强赎顶

如果可转债在存续期间出现强制赎回条款中约定的情况，发行人有权强制赎回，赎回价为可转债的面值加上当期应计利息，我们称为强赎低顶。

可转债的面值都是100元，假定某可转债在强制赎回时，应计税后利息为2元，那么该可转债的强赎低顶就是102元。

有强赎低顶就有强赎高顶，这个高顶取决于可转债强制赎回条款的具体约定。以浦发转债为例，该可转债约定其中一个强制赎回条款为

“可转债的转股期内，本公司普通股股票连续三十个交易日中至少有十五个交易日的收盘价格不低于当期转股价格的 130%（含 130%）”。由于可转债的走势与正股的相关性比较强，当正股价格达到转股价格的 130% 时，可转债的价格正常也会触及 130 元。对于多数可转债，强赎高顶为 130 元；还有部分为 125 元，例如国轩转债（128086）。

3. 股票顶

前文提到可转债“上不封顶”，意思是说可转债对应的正股价格超过转股价后，正股上涨多少，可转债一般也上涨多少，这个幅度是不固定的。

我国历史上价格最高的一只可转债——英科转债（123029）退市时价格达到 1380 元。在 22 个月的时间内，它的价格相对面值上涨了 1280%，最高价创下 3618.188 元的纪录（见图 2－2），成为十倍牛债。这个收益绝对可以说是“亮瞎眼”！

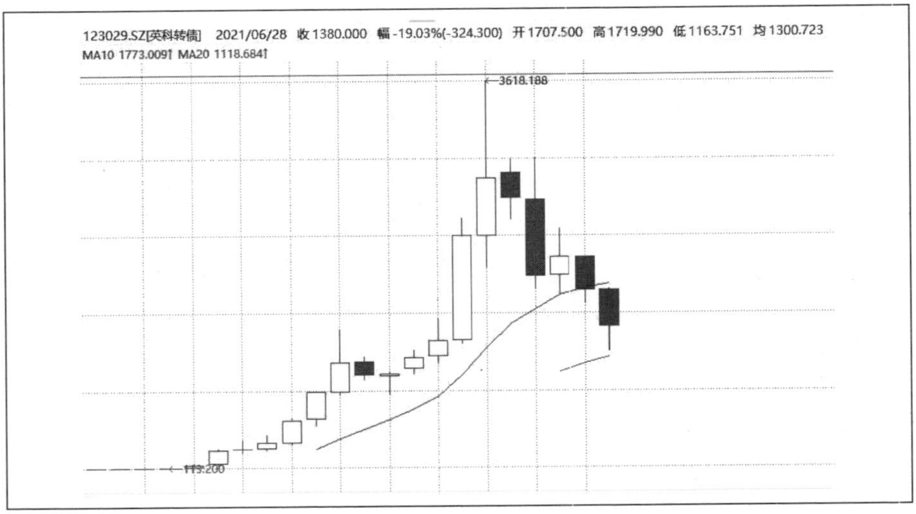

图 2－2 英科转债月线走势

以上的几个顶中，从高到低依次为股票顶、强赎高顶、强赎低顶、债券顶。

可转债有哪几种投资方法？

投资可转债有以下几种盈利途径。

1. 可转债打新

可转债打新主要赚取的是打新至上市之间的收益差，可以通过抢权配售、线下打新和线上打新三种方式参与，在可转债上市首日卖出。

抢权配售需要在股权登记日收盘后持有可转债对应的正股，承担正股波动的风险，适合能承受一定波动且看好正股表现的投资者。

线下打新需要拥有不低于 1000 万元的资金和不少于两年的证券交易经验，通过企业账户参与。一般可以申购的金额在 1000 万元到 16 亿元之间，中签率高，收益可观，但门槛也较高。

线上打新是普通机构和个人账户参与的打新，需要开通证券账户和可转债交易权限方可参与。中签后再缴款，中签率偏低，收益却相对可观。

2018 年可转债上市的平均收益率为 2.34%；2019 年可转债上市开盘平均上涨 8.94%，中签的投资者平均一签可以盈利近 90 元；2020 年可转债上市开盘平均上涨 20.15%，中签的投资者平均一签可以盈利 201 元；2021 年可转债上市开盘平均上涨 20.18%，中签的投资者平均一签可以盈利近 202 元。

由于可转债存在特殊性，多数可转债上市开盘价都高于面值，特别是在牛市。2018 年约一半的可转债打新盈利；2019 年 90% 以上的可转债上市价格高于面值，AA 级别以上的可转债只有 1 只开盘价低于 100 元，但当日收盘前即涨到 100 元以上；2020 年上市的 203 只可转债中，仅 2 只开盘价低于 100 元，且不久这 2 只可转债都成功站上 100 元；2021 年上市的 104 只可转债中，仅 1 只开盘价低于 100 元，且不久这只可转债也成功站上 100 元。

从已经发行的可转债上市后的表现来看，信用级别越高的可转债，破发比例越小，平均收益越高。

2. 可转债套利

可转债套利正常是在可转债存在转股折价的时候，买入可转债后转换成正股抛售，这样承担的风险比较小，收益比较确定。此外，还有一种特殊的套利方式：沪深主板市场和中小板等股票的涨停板为 10%，沪市和深市的可转债涨停限制为 20%，当正股刚涨停时，买入对应的可转债有机会赚取后续上涨带来的收益。由于可转债支持 T+0 交易，投资者可以在买入当天卖出。更多的套利相关知识，详见本书第 10 章。

3. 二级市场买卖

如果投资者看好某只正股的表现，可以在二级市场买入对应的可转债，再择机卖出。常见的策略有如下两种。

一是网格式交易。以某个价格为中轴，低于该价格时逐步买入，高于该价格时逐步卖出，赚取可转债波动的收益。可转债本身的顶和底比较确定，又支持 T+0 交易，因此非常适合用来做网格式交易。

二是买入后持有至一定价格再卖出。例如多数可转债在转股期内会突破 130 元，投资者就可以选择买入低于 130 元的可转债，持有至 130 元以上卖出。如果看好某可转债的长期表现，也可等待正股明显高估后，采取自高点回落的方式卖出。

以上方式的详细操作，我会在后面的章节逐一展开介绍。

03

稳赚的可转债打新

可转债的买卖场所可以分为一级市场和二级市场。一级市场的交易类似于批发，投资者从发行人手中按照面值买入可转债，这个过程称为打新。

可转债转股后持有人会变为股东，相当于企业的股票数量增加了。参与利润分配的人多了，会摊薄原有股东的利益。为了维护老股东的利益，可转债发行时，会先给原有股东安排一个配售额。

例如浦发转债将500亿元拟发行可转债中的52.72%配售给老股东，老股东放弃配售或缴款的部分在线上和线下进行发售，“批发”给打新的投资者。

二级市场相当于零售市场，由参与配售的股东和中签的打新者转售可转债，其他可转债持有人也可以在二级市场进行转让。

打新即从一级市场批发，到二级市场出售，赚取中间的差价，是一种风险较低的投资行为。可转债相当于带有“彩票”的债券，正常的定价高于面值，因此参与打新的投资者在多数情况下能获得不错的收益。

从打新到上市有26个交易日左右的间隔，如果其间正股上涨，打新还能享受额外的收益，多拿一份“红包”，因此很受市场欢迎。下面我们就一起来详细了解可转债打新吧。

可转债打新的条件

前文提及，可转债打新有三种参与方式，下面我们就对这三种方式进行详细讲解。

1. 股东配售

这种方式最为确定，持股达到最低标准就可以保证100%中签。例如浦发转债的发行公告中称，在原股东优先配售股权登记日（T－1日，2019年10月25日）收市后，登记在册持有浦发银行普通股的股东，均可以按照每股配售1.703元面值可转债的比例，计算可配售的转债金额，然后按照1000元/手计算手数，1手（10张）为一个申购单位，不足1手的取整数。

浦发银行当天的收盘价为12.9元，如果持有600股浦发银行股票，获得配售的可转债手数＝600×1.703÷1000＝1.0218，取整后为1手。

如果在股权登记日持有的浦发银行股票数量不低于600股，当晚清算后（一般券商为20时以后）投资者将会在账户中看到带“浦发配债”字样的品种，并带有分配的手数。下一交易日（T日，2019年10月28日）的交易时间内，投资者可以看到可转债打新菜单，显示享受优先配售权。准备好足额资金，选择“立即购买”，即会扣款。

部分证券公司的软件没有这种提示，那么点击买入或者卖出按键，输入配售代码和配售数量并提交，即可完成扣款。需要说明的是，配售代码与认购代码不一致，配售代码为“××配债”对应的代码，可以在证券账户或第 1 章提到的可转债信息查询途径中找到。

若配售成功，投资者可以在账户看到“浦发转债”和对应的确认配售数量。

此外，投资者如果看好某些估值不高的正股未来的表现，也可以借机在 T－1 日收盘前买入正股，享受可转债配售带来的福利，后期再择机卖出正股。

对于限售股股东，则需要在 T 日 15 时前向主承销商提供网下优先认购表，并足额缴纳申购资金。

需要说明的是，参与了配售的股东，还可以参与线上或线下打新，相当于有两次打新的机会，只是股东配售需要在打新当日缴款，而线上或线下打新是中签后才缴款。

对于之前没有持有老股，只是希望在中短期持有正股以获得可转债配售资格的行为，我们称为抢权配售。对于这种操作，投资者最关心的问题有如下几个。

（1）最低买入多少正股才能确保配售？

沪市的可转债配售单位是手，深市的单位是张，达到上述最小整数单位才能获得配售资格。

每股配售额＝可转债发行额÷总股本。例如浦发银行可转债发行额为 500 亿元，企业的总股本为 293.52 亿股，每股配售额＝500÷293.52＝1.703 元（取三位小数），与公告完全一致。

由于对应的正股浦发银行为沪市股票（代码为 6 开头），最低配售单位为 1 手，对应面值 1000 元，则确保配售需要购买的正股数量＝1000÷1.703＝587.20 股。由于正股最小购买单位为 100 股，则需要购买 600 股才能确保获得配售资格。

有部分投资者投机取巧，希望采用进一法后配售 1 手，他们的购买量＝587.20 股×0.5＝293.6 股，取整后为 300 股。

但是根据不足 1 手按照精确算法原则取整，这样操作不能确保投资者获得配售资格。

精确算法原则具体是指，优先按照手进行分配后，对不足1手的部分（尾数保留三位小数），将所有账户按照尾数从大到小的顺序进位（尾数相同则随机排序），直至每个账户获得的可认购转债数量加总与原普通股股东可配售总量一致。

举个例子，假设按手分配后还剩下2手可转债，此时，不足1手的配售尾数从大到小排序分别为A账户0.8手、B账户0.6手、C账户0.55手、D账户0.4手……

此时，剩余的2手会依次分配给A账户和B账户，C账户虽然四舍五入也是1手，但是可配售的可转债已经被分配完，所以并不能获得配售资格。

（2）怎样判断值不值得参与抢权配售？

抢权配售要承受正股的波动，有一定风险，并不能保证每次都盈利，建议风险承受能力偏弱的投资者不要参与。

根据以往的规律和经验，如果正股比较强势或者市场整体处于上升阶段，参与抢权配售正股获利的概率较大。投资者需要避免在市场整体下跌阶段或正股暴跌期间参与抢权配售。

考虑可转债打新的收益，投资者可以测算配售可转债的收益与正股的可能损失，在两者合计为正时参与。具体内容比较复杂，这里仅提供一种计算方式供参考。

$$可转债预期收益 = 可转债配售额 \times 预期收益率$$

其中，可转债配售额参照上文方法计算，预期收益率参考同类可转债测算（下文会详细展开）。

正股可能的损失可以取最近一周正股的平均每日涨跌幅，或者参考最近一周的最低价进行测算。

当可转债预期收益与正股预期最大损失的差大于零时，投资者可以考虑参与抢权配售，差值越大越安全。

如果正股财务质地优良（年度盈利稳定，或者业绩已经处于拐点向上阶段），且投资者看好其中长期的发展，则可以在估值适中或偏低时参与抢权配售。这类正股，只要不出现“黑天鹅”，最多是实现盈利所需的持有时间长些，不容易套人。

（3）抢权配售的正股何时买卖？

理论上，对于波动较大的正股，持有时间越短越安全。按照交易规则，最理想的情况是在 T－1 日收盘前 3 分钟买入，而在打新的 T 日开盘时卖出，这样只需承担隔夜的风险。

但是，隔夜抢权的资金较多，正股经常在 T－1 日拉升，而在 T 日开盘大跌，这样操作反而容易出现损失。

比较稳妥的方式是，在可转债获得证监会核准或同意注册之后，即对其进行跟踪观察。这类可转债需要在核准后 12 个月内发行，其中在核准后 1～6 个月发行的概率较大。投资者可以在核准后正股出现短期见底形态时提前买入，避免在发行公告发布后与主流资金一起参与抢权配售，造成交易拥挤，出现损失。

卖出方面，如果正股在可转债发行公告发布后出现较快上涨，投资者可以在 T－1 日收盘前卖出获利。这样虽然不能通过配售转债获利，但是可以分享抢权资金“抬轿子”带来的好处。如果正股在发行公告发布后波动不大，我们可以在 T 日开盘后找机会卖出。若开盘正股短时间内下跌较多，可以等股价企稳再卖出。

相关的见底和企稳技术分析，会在第 6 章集中介绍。

2. 线下打新

线下打新是面向满足一定门槛的机构或者大户的打新方式，只要是机构投资者注册的证券账户，均可参与线下打新。可转债配售相当于“批发”给内部人士，线下打新则相当于“批发”给 VIP 客户。

此处我仍以浦发转债为例，介绍线下打新的流程。

如果要参与线下打新，公司[①]需要在 T－1 日 17 时前登录主承销商的可转债发行系统完成注册，并上传网下申购表以及其他申购资料的电子版和盖章扫描件，同时汇款缴纳 50 万元的保证金至主承销商指定账户，并按要求填写汇款附言。

需要说明的是，由于网下打新申购的金额上限在 1000 万元到上百亿元之间，中签金额可能在几万元到几百万元之间。如获配的网下投资者未按时足额缴纳网下获配所需资金，即未在 T＋2 日 17 时前足额缴纳中签金额，联席主承销商将有可能根据约定，罚没该账户的 50 万元保证金，对该账户不予配售。因此，网下打新参与者需要提前准备好足够的资金。

据悉 17 宝武 EB（132013）发行时溢价 40%，申购的人非常少，中签率居然高达 3%！一些人场外顶格申购了 150 亿元“装大鳄”，结果出来一算，需要缴款 4.5 亿元。因为无力缴款，50 万元保证金就这样白白损失了。

网下打新的优点是，顶格申购的上限比较高（网上打新的单户申购上限为 100 万元），在同样的中签率下，网下打新中签的金额更高，赚钱的绝对值更大。缺点是，手续烦琐，需要准备较多资金，且不能按时缴款时面临保证金被罚没的风险。因此，网下打新适合资金雄厚的专业投资人参与。

3. 线上打新

线上打新即普通投资者使用证券账户参与打新，开通证券账户和可转债交易权限方可参与。在 T 日输入可转债申购代码，顶格申购即可。

---

① 目前注册一家公司需要符合如下要求：一是确定公司名称；二是确定公司的股东，最少是 2 人，分别为公司法人和监事；三是确定公司经营范围；四是确定公司注册资金，最低可以为 0 元；五是有办公场地，并提供租赁合同和房产证复印件；六是按时缴纳税金，包括增值税和企业所得税等。

在T+1日，可转债网上打新中签率和网下配售结果会公布，同时，在公证部门的公证下，发行人和联席主承销商共同组织摇号抽签。中签的投资者，在T+1日当晚即可看到账户有中签信息，在T+2日16时前足额缴纳申购资金即可。其中账户内有资金的，券商会将其自动冻结。

需要说明的是，投资者在申购时不需要缴款，账户里没有钱也可参与。中签后，如果账户中没有资金或者资金不足，则要在银证通（银行账户和证券账户转账的通道）关闭前转入资金，一般关闭时间是交易日的16时。

此外，有部分券商支持预约打新，可以一次设置未来一周或以上的自动打新，省却每日手工操作的烦恼。

打新的规则

以下打新规则主要针对最常见的线上打新。

1. 打新资格

投资者开通证券账户和可转债交易权限即可参与线上打新。2022年6月18日新规落地，实施“新老划断”，此前已经开通可转债交易权限且未销户的投资者不受影响，新开通交易权限则需满足2年交易经验和10万元资产量两个条件。即开户满2年，且申请权限开通前20个交易日证券账户及资金账户内的资产日均不低于10万元人民币（不包括通过融资融券融入的资金和证券）。

第一次开通创业板的交易权限时，我们需要到一家证券公司的网点，做完风险测评后当面签署相关文件。如果已经在一家证券公司的网点做了面签，那么在其他券商，我们只要在客户端点击“创业板转签”按键即可。

开通创业板需要满足两个条件：一是在开通前的20个交易日，账户日均资产①不低于10万元；二是有24个月②的证券交易经验。

开通科创板需要满足两个条件：一是在开通前的20个交易日，账户日均资产不低于50万元；二是有24个月的证券交易经验。

---

① 资金和购买的基金、股票之和，不包括该投资者通过融资融券融入的资金和证券。

② 一般从开户后第一笔交易的时间开始计算。

按照现有规则，没有开通创业板和科创板的投资者也能参与可转债的打新，但是不能参与转股交易。

此外，可转债的价格经常出现大幅波动，希望把握更多机会的投资者，可以选择支持可转债自动交易功能（又称条件单）的券商开户。

2. 打新时间

投资者可以在东方财富网的转债申购菜单查看可转债发行相关信息，并在申购日的交易时间提交申购。沪市和深市的具体提交时间如下：

沪市：9：30—11：30，13：00—15：00；

深市：9：15—11：30，13：00—15：00。

有部分券商提供预约打新服务，在客户设定预约后，按照设定的打新时间，帮助客户自动提交打新申请。

3. 申购单位

沪市的最小申购单位为 1 手，对应 10 张；深市的最小申购单位为 10 张。每张可转债面值均为 100 元。由于申购时不需要缴款，为了提高中签率，投资者可以选择顶格申购。普通客户网上打新的顶格申购，沪市为 1000 手，深市为 10000 张，对应的市值均为 100 万元。提交后，每 1 手或 10 张会分配一个申购号码，顶格申购时分配的是一个号码段。

在打新人数众多的情况下，中签一般是 10 张或 20 张，中签后缴纳 1000 元或 2000 元即可。

我有位朋友，参与打新后很长时间都不中。交流后得知，她认为自己账户内资金不多，害怕顶格申购中签太多没有足额资金缴款，因此每次只申购几十张。在中签率较低的情况下，这样做自然就更难打中了。

4. 中签公布

T+1 日（打新的下一个交易日）会公布中签率并组织抽签。抽中的投资者，当晚会在账户看到对应的可转债，账户资金中相应的款项会被冻结。如果资金不足，账户可用余额会变为负数。

5. 中签缴款

T+2 日（打新后的第二个交易日）为缴款日，中签的投资者需要在当天 16 时前在账户中预留足够的资金，否则视同弃权。

如果一年内中签不缴款 3 次（含）以上，该账户其后 6 个月的打新权限将被暂停，无法参与可转债打新。

如果账户中已经有足够的资金，中签后会自动扣款，账户的可用余额减少；如果资金不足，可用余额会变成负数。此时，投资者可以在当天银证转账功能开通时间内（一般为 8：30—16：00），转入对应的缴款资金，或者在收市前卖出部分股票和场内基金用于缴款。

为了确保资金充足，建议日常在账户内预留 1000 ~ 10000 元资金，方便中签时自动扣款。

6. 卖出技巧

单纯的可转债打新追求低风险，在上市首日按照开盘价卖出即可。

求稳的话，我们可以在 9：25 之前挂 100 元卖出，开盘价不低于 100 元时，会自动按照开盘价卖出。

如果预计可转债开盘能涨至 120 元、130 元或以上，我们可以暂时不卖，等再次开盘后，股价自高点回落 0. 1 ~ 0. 5 元再卖出。

如果有条件单，我们也可以直接设置在 100 元以上冲高回落 0. 1 元时卖出，这样能确保我们在打新获利后及时兑现。需要说明的是，条件单有触发条件，使用时我们也可能遇到当天未能触发卖出委托而没有卖出的情况。

在东方财富网的转债申购菜单，我们可以查看可转债的上市时间等信息，一般是在打新后的 3 周左右，部分时间长的会在 1 个月左右。

7. 涨跌停限制

一是转债价格涨跌幅度达到 20%，停牌半小时，如果停牌半小时会超过 14：57，则到 14：57 复牌。

二是转债价格涨跌幅度达到 30%，停牌至 14：57 分。

可以看出，即使停牌，14：57—15：00 一定会允许交易。

沪市和深市的区别有：

一是沪市新债开盘价最高为 150 元，深市为 130 元；[①]

二是停牌期间沪市不允许撤单，深市则允许撤单重下。

---

① 根据 2022 年 6 月 17 日最新发布的《上海证券交易所可转换公司债券交易实施细则（征求意见稿)》《深圳证券交易所可转换公司债券交易实施细则（征求意见稿)》，上市首日沪、深两市新债开盘价最高均为 130 元，且次日起可转债单日涨跌幅限定为 20%。以上细则具体实施时间与方案仍待确定。

可转债打新能赚多少钱?

前文提到，可转债相当于买债券送“彩票”，其中“彩票”对应转股的权利。在通常情况下，可转债发行时的内在价值在105～125元。如果从打新到上市这段时间正股的价格波动不大，可转债打新一般可以带来5%～25%的收益；如果其间正股价格上涨，收益更可观；如果其间正股价格下跌，可转债上市也可能破发，即跌破面值100元，此时打新带来的可能就是亏损。

由于从打新到上市这段时间不长，在绝大多数情况下，可转债打新都能带来不错的盈利。区别只是牛市阶段的收益较多，熊市阶段的收益较少。

例如在2018年的熊市中，有42%的可转债上市破发，但是坚持打新带来的平均收益率也能达到2.34%。当年破发的可转债主要集中在信用级别较低的A+和AA-。其中A+级破发概率约为67%，平均亏损5.03%；AA-级破发概率为63%，平均盈利0.72%。而AAA级的可转债破发概率只有14%，平均盈利可以达到6.21%。

2019年的126只可转债和1只可交换债，平均每只的收益为10.2%。如果坚持顶格打新，每个账户的收益约为5900元。AA+以上级别的可转债基本没有破发，可以说是只只盈利。唯一的例外是AAA级的招路转债（127012），开盘价为99.01元，当日收于100元。

据雪球“球友”@思哲与创富统计，截至2019年12月中旬的3年中，不同信用级别可转债的上市收益率分别为：A+级，3.8%；AA-级，

5.6%；AA 级，8.5%；AA+级，9%；AAA 级，11.1%。

3 年中，不同信用级别可转债的上市破发率分别为：A+级，27.78%；AA-级，20.22%；AA 级，36.36%；AA+级，25.71%；AAA 级，0。

我们可以看出大致的规律：信用级别越高，上市收益率越高，破发概率越小。谨慎的投资者，可以只参与 AAA 级的可转债打新，或是 AA 级（含）以上的可转债打新；在市场下跌趋势明显时，可以不参与可转债打新。但是如果过于谨慎，我们可能会错过市场较热阶段的很多收益，整体的收益率会低于全部参与的收益率。

整体来看，参与可转债打新还是比较靠谱的盈利策略，参与信用级别较高的可转债打新，获利更稳健。

如果使用持有策略，我们的收益率又是怎样的呢？根据集思录数据，2011 年 1 月 1 日—2022 年 1 月 31 日，已经退市的 225 只可转债（含可交换债）中，高达 89.33% 的可转债触发了强制赎回条款，持有人平均可以赚到 62.96% 的收益，其中最牛的英科转债的持有到期收益率高达 1280%。

可转债打新怎么买？

1. 什么样的可转债值得投资者线上打新？

在具体操作之前，我们要简单判断下该可转债的打新是否值得参与。符合以下标准的可转债，投资者参与打新的风险较小。

第一，打新前一日收盘后，可转债的转股溢价率小于对应信用级别可转债打新的平均收益率。

第二，打新前一日收盘后，可转债的转股溢价率小于已上市类似质地可转债的平均转股溢价率。

第三，如果市场明显处于上涨阶段，中证转债指数月线在 MA10 以上，且沪深 300 指数的市盈率不高于 15 倍，则我们的筛选条件可以放宽至对所有可转债均参与打新。

可转债发行价参照正股过去 20 个交易日的成交均价和过去 1 个交易日的成交均价确定。如果股价波动不大，理论上发行时可转债的转股溢价率约为零，溢价偏高意味着风险也随之增加。上述三个标准的风险依次增大，供各位投资者参考。

如果符合上述标准，我们可以在 T 日的打新时间内，通过证券交易软件客户端的“新股/新债申购”菜单顶格申购。

2. 什么样的可转债值得投资者参与配售？

如果同时满足如下条件，我们也可以在 T－1 日收盘前，买入正股参与配售并中长期持有，这样不容易产生损失。

第一，正股整体质地较好，扣非净利润处于加速增长或稳定增长状态，过去5年加权ROE① 的最低值大于6%，均值不低于10%。

第二，正股的估值②在过去5年历史中位数之下，越低越好。

第三，手中资金较为宽裕，可以持有正股1～3年，度过阶段性低点。

如果希望提高中短期抢权配售的准确率，我们可以观察市场和正股的走势，一般出现如下情况可以考虑参与。

第一，未来3年的PEG指标③低于1。

第二，企业所在板块相对强势，日线MA10上穿MA20。

第三，企业自身价格有见底趋势，例如连续3日不创新低；或者走势较强，例如日线MA10上穿MA20等。

后期，我们可以在配售后，找机会抛售正股。经过上述筛选的正股，未来的盈利机会也比较大。如果对风险较为敏感，可以不参与配售。

---

① 净资产回报率，即股东回报率。选取数据时，可以剔除产品价格的周期低点、因确认重大损失所致的异常低数据。

② 业绩稳定增长的使用市盈率分位数，波动大的使用市净率分位数和市销率分位数。

③ PEG＝市盈率÷（企业年盈利增长率×100）。企业年盈利增长率最好能相对稳定，我们需要剔除相对异常的数据。

可转债打新怎么卖?

对于可转债的卖出时点，投资者可以根据自己的风险偏好和可转债的质地，在稳健、中庸、激进三种策略中选择。

1. 稳健的卖出策略

最稳健的策略是开盘卖出，比较省心的方法是直接在9：25之前，挂100元卖出，这样只要开盘价格不低于100元，就会按照开盘价格成交。

如果可转债开盘涨停（价格不低于120元），复牌后，有可能自高点回落0.1～0.5元，我们可以挂稍低的价格卖出。挂单时为确保成交，我们可以观察可转债的买卖委托，如图3-1所示。

	价格	量(手)
卖五	108.300	5002
卖四	108.290	1000
卖三	108.280	523
卖二	108.270	20
卖一	108.130	11880
买一	108.110	4886
买二	108.100	1
买三	108.080	1
买四	108.070	4
买五	108.060	501

图3-1 可转债买卖委托示意图

买一、买二等为买方提交的委托价格和数量。按照价格优先的原则，若想尽快成交，卖出委托价格要稍低于买一，可以参照买二和买三的价格挂单。

上述策略跟随上涨设置了移动止损，可以最大限度享受上涨带来的收益，同时控制收益缩水，规避风险。该策略适合只想赚取打新收益的投资者。

如果投资者使用的证券客户端带有条件单功能，我们也可以使用“回落卖出”功能卖出。在设定后，后台系统将不断观察可转债的走势，在满足自高点回落设定幅度时，会自动提交委托。

这里我以华宝证券客户端的条件单功能为例，简单介绍回落卖出条件单的设定。

如图 3－2、图 3－3 所示，新建回落卖出条件单一般需要设置触发价格、累计回落幅度、委托价格、委托数量、截止日期等参数。

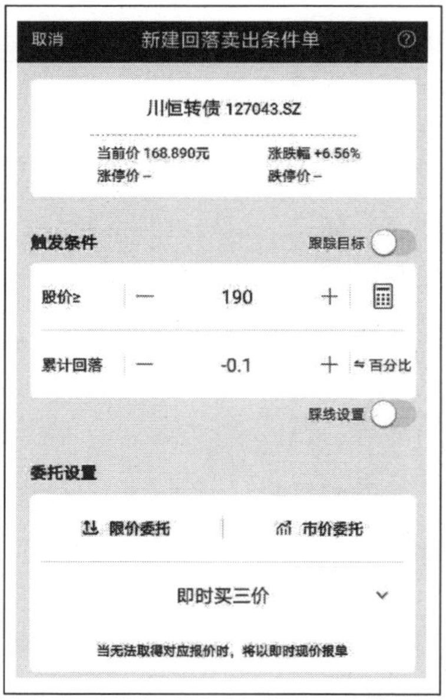

图 3－2　回落卖出条件单 1

图 3－3　回落卖出条件单 2

触发价格，即超过这一价格条件单才会触发，一般可以设置为 100

元。如果预判价格会超过某一数值，则可以设置为比该数值略低的某一金额，图3－2中设置为190元。

累计回落，即自最近观察价格下跌达到何种幅度时触发，可以选择百分比或差价。图3－2选择了差价0.1元，即自最近观察价格下跌0.1元时触发委托。

委托价格分为限价委托和市价委托。限价委托是指按照交易对手的出价进行委托，一般在卖出时选择即时买三价，即买入方从高到低的第三个价格，更容易成交。市价委托是指按照即时成交的委托量下单，委托量不大可以选择“最优五档即时成交剩余撤销”，希望尽快成交可以选择“对手方最优”。

委托数量，可以选择“委托股数”或“委托金额”。卖出时选择委托股数，对应可转债的张数或手数。

截止日期，即条件单的有效时间。默认是设置后的60个交易日，希望省心可以选择“长期有效”，条件单会一直运行到执行。

更多条件单功能介绍，将在第7章继续展开。

2. 中庸的卖出策略

（1）合理价格卖出

即预估可转债的合理价格，然后在合理价格附近卖出。这里牵扯一个问题，那就是如何对可转债进行估价。

可转债的理论价值由纯债价值和期权价值构成，单独计算十分复杂，且容易偏离实际。比较常见的方式是，选择与该可转债质地相似的可转债进行评估。

这要求投资者从可转债所处行业或板块、财务质地、信用级别、发行规模等方面进行对比，尽量选择更相似的可转债，作为定价参考。

这里我们以2021年7月1日上市的南银转债（113050）为例进行分析。

为了更准确地预测可转债的开盘价，我一般会根据上市前一个交易日收盘后的转股价值，寻找类似可转债呈现接近的转股价值时的转债价格作为参照。对南银转债来说，通过对比发行规模、利润增速和ROE等指标，我发现平银转债和杭银转债与其较为接近。筛选后的相关信息如表3－1所示。

表3－1　南银转债与同类转债的对比

简称（代码）	板块	信用级别	发行规模（亿元）	上年利润增速（%）	上年ROE（%）	转股价值（元）	对应时间	转债价格（元）
南银转债（113050）	区域银行	AAA	200	5.20	14.32	104.16	2021－6－30	?
平银转债（127010）	商业银行	AAA	260	7.02	11.49	104.42	2019－5－23	117.40
杭银转债（110079）	区域银行	AAA	150	8.09	11.14	101.29	2021－5－20	118.65

通过查找历史数据，我发现平银转债2019年5月23日收盘后的转股价值与南银转债2021年6月30日（上市前一个交易日）的转股价值非常接近，参考价值很大。

杭银转债2021年5月20日的转股价值101.29元也与南银转债接近，且时间上距离更近，参考价值也非常大。

上述两者的转债价格均值＝（117.40＋118.65）÷2＝118.025元。

再考虑南银转债的业绩，其上年ROE偏高，市场处于偏热状态。综上，我给出的预估价格是118～122元，即南银转债的价格有较大可能在合理价格附近上方。我们可以在预测中轴120元附近卖出，落袋为安。

2021年7月1日，南银转债以118.2元开盘，其后最多上涨至121.41元，尾盘收于120.28元，均在预测的合理范围内。

需要说明的是，实际操作中通常涉及大量的数据处理以及对老债的业绩分析，需要我们在平时注意积累。

此外，找到的类似可转债的相似点越多、时间越接近，相应的预测越准确。在找不到完全相似的可转债时，我们可以通过可转债对应正股近期的走势，判断它与哪些可转债正股更为接近，然后再进行对比和预测，同时考虑差异性进行适当调整。

（2）强制赎回价格卖出

该策略是指持有到130元再卖出，如果没有达到130元则持有至到期日。可转债的期限普遍是5～6年，通常会遇到一轮牛市，因此有机会上涨到130元以上。采用强制赎回价格卖出的策略，绝大多数可转债可以实现不低于30%的收益。

理论上，可转债达到130元的时间不确定。宁稳网的统计数据显示，2000年1月1日—2022年1月31日，可转债（不含可交换债）的存续期平均为1.97年，即接近2年；293只可转债中，仅有7只未曾达到130元，其余均成功触及130元。这说明本策略的止盈率达到97.61%。

需要注意的是，如果使用这一策略，打新买入的资金占用时间可能比较长，遇到可转债较多时会占用较多资金，因此本策略适合不急用这部分资金的投资者。

3. 激进的卖出策略

激进的策略会承担较大风险，争取获得较高的投资收益。可转债激进的卖出策略一般有以下两种。

（1）持有至退市卖出

根据前文宁稳网数据计算，293只可转债，平均退市价格为163.99元，存续期平均为1.97年，打新是按照面值买入，由此折算的复合年化收益率达28.54%，非常可观。

需要注意的是，如果在发行人发布公告提示可能进行强制赎回时，可转债存在转股溢价或者正股走弱（例如日线跌破 10 日均线 MA10），那么我们需要尽快卖出，防止可转债“杀溢价”或者随正股走弱。其背后的逻辑是，可转债公告最后交易日后，其期权价值快速下降，在最后交易日归零，最终持有人面临两个选择——按照转股价值转股，或者接受面值与应计利息的赎回价，前者价格通常高于后者。高于转股价值的溢价会在最后交易日趋于零，相应的转股溢价在此期间消失，这就是“杀溢价”。

（2）高估时卖出

可转债的生命周期是 5 ~ 6 年，基本上都会遇到牛市或结构性牛市，此时可转债或正股往往会出现高估，投资者可以选择在这个阶段卖出。一般来看，高估有以下三种情形。

第一，双高债阶段。此时可转债价格高于 130 元，同时存在明显偏高的转股溢价率，相当于可转债的价值被透支。

一个典型案例是英科转债。2021 年 1 月 22 日，英科转债的转股价值为 2512.01 元，但是转债价格为 3420.4 元，转股溢价率达 36.16%，属于典型的双高债，此时是非常好的卖出时点（见图 3 - 4）。

随后，英科转债在下一个交易日冲高回落。最终，一直到退市，再未回到上述高点。

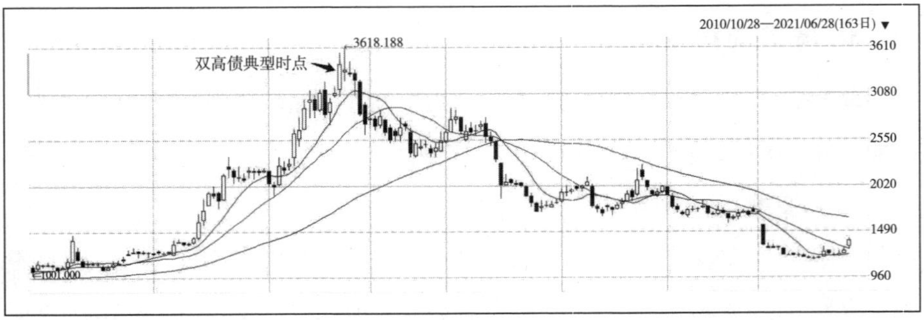

图 3 - 4　英科转债走势

第二，正股高估阶段。这时可转债的纯债价值波动比较小，日常主要受正股波动影响，如果这期间正股明显高估，对于可转债来说也是非常不错的卖点。

一个典型案例是海大转债（128102）。该转债的正股海大集团，2020 年 8 月底的市盈率分位数为 99%，处于历史最高水平，那时是非常不错的卖点。

当时海大转债价格为 202.71 元，存在 2.52% 的转股折价；其后的 2021 年 9 月 3 日，可转债最高上冲至 216.498 元（见图 3－5）；再之后其跟随正股走弱，退市前收于 172.8 元。

图 3－5　海大转债走势

第三，正股业绩增速出现拐点。正股的上涨主要由业绩和估值驱动，在业绩增长加速阶段容易获得估值提升，出现“戴维斯双击”，而在业绩增速回落阶段也极易出现估值下降的“戴维斯双杀”。因此，当可转债价格已经在强制赎回价以上，伴随业绩出现拐点，我们需要及时止盈。

典型如唐人转债（128092），该公司的主营业务为生猪养殖，净利润与生猪价格走势密切相关。从财务报表来看，2020 年一季度是其净利润增速高点，同比达到 3844.97%；但是 2020 年年中其净利润增速回落至452.58%，业绩出现明显的拐点。

同时生猪价格在2020年2月出现第一次高点38.3元/千克，在2020年7月出现第二次高点37.47元/千克，此时对于可转债也是不错的卖点。

从图3-6来看，2020年7月可转债价格收于138.9元，8月上冲至158.879元，上述区域均是不错的卖出点。该转债最后以104.201元退市，退市前遇到生猪价格走低，股价呈现“戴维斯双杀”，拖累转债出现大幅下跌。

此外，如果可转债遇到热门概念出现大涨，我们也可在上涨兑现后，设置回落止盈，保存利润。

激进的卖出方式有机会让我们多赚钱，但是除了持有至退市卖出外，其他策略需要投资者对可转债有一定的研究，且相应的资金不急用。

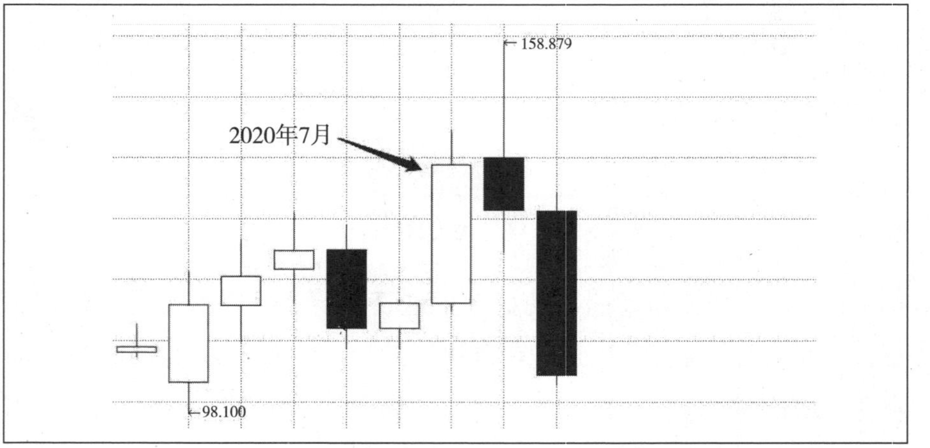

图3-6　唐人转债月线走势

04

可转债交易规则

俗话说：“没有规矩，不成方圆。”交易规则就是投资者在进行产品交易时需要遵守的规矩。用好这个规矩，可以让我们更容易理解可转债价格的变动，抓住更多的赚钱机会，避免不必要的损失。下面我就分别从交易时间、委托价格、撮合价格、停复牌规则和退市规则等方面进行介绍。

交易时间规则

可转债一般在打新之后3～4周上市。上市后，投资者可以在交易日的交易时间自由买卖。

1. 什么是交易日？

交易日是指股票市场可以交易的日子。为了保证信息的正常传递，让交易者有相对公平的决策环境，早期海外交易所沿用的规则是“非周末的工作日为交易日”。后来，各地都沿用了这一规则。

《深圳证券交易所交易规则（2021年3月修订）》第2.4.1条明确规定：

本所交易日为每周一至周五。国家法定假日和本所公告的休市日，本所市场休市。

即大家上班，且不是周六和周日，这才算是交易日，交易所才开市交易。这就是为什么有时周六或周日大家都上班，但是股票和可转债却不能交易。需要说明的是，并非所有券商、基金和研究机构在非交易日都不上班，具体要看所在单位的规定。

《上海证券交易所交易规则（2020年第二次修订）》第2.4.1条也有同样的规定。

2. 什么是交易时间？

交易时间是指可以在公开市场买卖可转债和股票等产品的时间。

（1）开盘集合竞价

集合竞价是指对买方和卖方进行统一撮合，产生一个可以促成最大成交量的撮合价格，即对一段时间内接受的买卖申报一次性集中撮合的竞价方式。高于撮合价格的买方报价和低于该撮合价格的卖方报价均能按照统一的撮合价格成交。

开盘集合竞价的时间为9：15—9：25。

其中9：15—9：19可以申报和撤单，9：20—9：25可以申报，不可以撤单。

（2）连续竞价

连续竞价是指对买卖申报逐笔连续撮合的竞价方式，相当于买方和卖方“自由恋爱”，各方自由报价，按照“价格优先，时间优先”的原则产生一对一的交易价格，每个交易价格均可能不同。

上海证券交易所连续竞价时间为9：30—11：30，13：00—15：00。①

深圳证券交易所连续竞价时间为9：30—11：30，13：00—14：57。

（3）收盘集合竞价

上海证券交易所的基金、债券及债券回购交易（含可转债）没有收盘集合竞价，股票交易收盘集合竞价时间为14：57—15：00。集合竞价期间允许申报，不允许撤单。

深圳证券交易所收盘集合竞价时间为14：57—15：00。集合竞价期间允许申报，不允许撤单。

（4）申报和撤单

特殊时间段的申报和撤单规则如下：

9：25：01—9：29：59，11：30：01—12：59：59，接受申报和

---

① 上海证券交易所的基金、债券、债券回购交易的连续竞价时间规则与股票交易有所不同，此处主要围绕可转债的规则进行介绍。

撤单。

沪市临时停牌，不接受申报和撤单；深市临时停牌，接受申报和撤单。

（5）大宗交易申报

大宗交易是指对于达到规定最低限额的证券单笔买卖申报，买卖双方经过协商达成一致并经交易所确定成交的证券交易。

上海和深圳证券交易所大宗交易的门槛不一致，具体如下。

《上海证券交易所交易规则（2020年第二次修订）》第3.7.1条规定：

在本所进行的证券买卖符合以下条件的，可以采用大宗交易方式：

（一）A股单笔买卖申报数量应当不低于30万股，或者交易金额不低于200万元人民币；

（二）B股单笔买卖申报数量应当不低于30万股，或者交易金额不低于20万元美元；

（三）基金大宗交易的单笔买卖申报数量应当不低于200万份，或者交易金额不低于200万元；

（四）债券及债券回购大宗交易的单笔买卖申报数量应当不低于1000手，或者交易金额不低于100万元；

本所可以根据市场情况调整大宗交易的最低限额。

上海证券交易所在每个交易日接受大宗交易申报的时间为：

意向申报：9：30—11：30，13：00—15：30；

成交申报：9：30—11：30，13：00—15：30，16：00—17：00；

固定价格申报：15：00—15：30；

交易日的15：00仍处于停牌状态的证券，当日不再接受其大宗交易的申报。

《深圳证券交易所交易规则（2021年3月修订）》第3.6.1条规定：

在本所进行的证券交易符合以下条件的，可以采用大宗交易方式：

（一）A股单笔交易数量不低于30万股，或者交易金额不低于200

万元人民币；

（二）B 股单笔交易数量不低于 3 万股，或者交易金额不低于 20 万元港币；

（三）基金单笔交易数量不低于 200 万份，或者交易金额不低于 200 万元人民币；

（四）债券单笔交易数量不低于 5 千张，或者交易金额不低于 50 万元人民币。

本所可以根据市场需要，调整大宗交易的最低限额。

深圳证券交易所在每个交易日接受大宗交易申报的时间为：

协议申报：9：15—11：30，13：00—15：30；

盘后定价申报：15：05—15：30；

当天全天停牌、处于临时停牌期间或停牌至收市的证券，不接受其协议大宗交易申报。

当天全天停牌或停牌至收市的证券，不接受其盘后定价大宗交易申报。

委托价格规则

1. 深圳证券交易所委托价格规则

根据《深圳证券交易所交易规则（2021 年 3 月修订）》第 3.4.3 条，深市可转债的有效竞价范围如下：

①上市首日开盘集合竞价的有效竞价范围为发行价的上下 30%，对应有效报价范围为 70～130 元；

②非上市首日开盘集合竞价的有效竞价范围为前收盘价的上下 10%；

③连续竞价、收盘集合竞价的有效竞价范围为最近成交价的上下 10%。

例如，深市某可转债上市首日开盘价为 130 元，则后续的委托价格范围为 117～143 元。其中价格下限 117＝130×（1－10%），价格上限 143＝130×（1＋10%）。

深市可转债申报价格最小单位为 0.001 元，买卖价格均为净价价格，即不含应付未付利息。

对于委托和成交数量单位，深市抢权配售的可转债按张计算，但买入或卖出可转债每次要以 10 张或其整数倍委托。在卖出委托中，不足 10 张时，应当一次性申报卖出。例如张三参与抢权配售，拿到 8 张深市可转债，卖出时，必须一次性卖出 8 张，不能只卖出 1 张或 2 张。

2. 上海证券交易所委托价格规则

根据《上海证券交易所交易规则（2020 年第二次修订）》第 3.4.15 条、第 3.4.16 条，沪市可转债的有效竞价范围如下。

①开盘集合竞价阶段的交易申报价格最高不高于前收盘价格的 150%，并且不低于前收盘价格的 70%，转债上市首日对应的有效价格范围为 70～150 元。

②连续竞价阶段的交易申报价格不高于即时揭示的最低卖出价格的 110%且不低于即时揭示的最高买入价格的 90%；同时不高于上述最高申报价与最低申报价平均数的 130%且不低于该平均数的 70%；即时揭示中无买入申报价格的，即时揭示的最低卖出价格、最新成交价格中较低者视为前项最高买入价格；即时揭示中无卖出申报价格的，即时揭示的最高买入价格、最新成交价格中较高者视为前项最低卖出价格。

③当日无交易的，前收盘价格视为最新成交价格。

可以看出，沪市可转债开盘集合竞价的上限更高，遇到利好可能实现“一步到位”的上涨；同时沪市对于连续竞价的限定更多。

沪市可转债申报价格最小单位为 0.01 元，买卖价格也为净价价格。

对于委托和成交数量单位，沪市抢权配售的可转债按手计算，买入或卖出可转债每次要以 1 手（对应 10 张）或其整数倍委托。卖出委托中，不足 1 手时，应当一次性申报卖出。

根据 2022 年 6 月 17 日上交所发布的《上海证券交易所可转换公司债券交易实施细则（征求意见稿）》，沪市可转债交易规则整体向深市看齐：申报最小单位为 0.001 元；上市首日开盘价最高为面值的 130%，最低为面值的 70%，对应波动范围为 70～130 元；上市首日最大涨跌幅分别为上涨 57.3%和下跌 43.3%；非上市首日最大价格波动幅度为前收盘价的 20%。上述调整的最终实施时间与方案以通知为准。如果按照目前发布的规则实施，则“一天一步到位”的上涨和下跌难以再现。

成交撮合规则

1. 整体撮合规则

交易整体按价格优先、时间优先的原则撮合成交。

价格优先是指较高价格买入申报优先于较低价格买入申报，较低价格卖出申报优先于较高价格卖出申报。

例如某可转债当前的最高买入价格为110.001元，此时你以略高的110.002元下单，只要价格有效且没有更高的买方报价，你的买入报价会排在所有买单之前，享有优先成交的权利。

时间优先是指买卖方向、价格相同的，先申报者优先于后申报者。先后顺序以交易主机接受申报的时间为准。

例如张三和李四对某可转债的卖单报价均为145.002元，但是时间不同，张三和李四分别于9：45和9：46委托，委托数量分别为50张和100张。不考虑其他同价格的报价，则时间靠前的张三卖单会率先成交，其后才是李四的卖单。

假如对应价位的买单数量为30张，则张三的卖单成交30张，李四的卖单无法成交。假如对应价位的买单数量为80张，则张三的卖单全部成交，李四的卖单成交30张。只有当对应价位的买单数量不少于150张时，张三和李四的卖单才能全部成交。

2. 集合竞价撮合规则

集合竞价会在开盘竞价、涨停后恢复交易的竞价和收盘竞价三个阶段出现，集合竞价撮合的主要规则如下。

①集合竞价的所有交易以同一价格成交；

②高于该价格的买入申报与低于该价格的卖出申报全部成交；

③与该价格相同的买方或卖方至少有一方全部成交；

④集合竞价可实现最大成交量；

⑤两个以上价格符合上述条件的，取在该价格以上的买入申报累计数量与在该价格以下的卖出申报累计数量之差最小的价格为成交价；

⑥买卖申报累计数量之差仍存在相等情况的，开盘集合竞价时取最接近即时行情显示的前收盘价的价格为成交价，盘中、收盘集合竞价时取最接近最近成交价的价格为成交价。

下面，我们用一个实例对集合竞价的撮合规则进行演示。假设卖单和买单对应的报价和数量如表 4 – 1 所示。

表 4 – 1　集合竞价演示

方向	报价（元）	数量（张）	最大成交量（张）
卖三	142. 325	50	0
卖二	142. 322	150	150
卖一	142. 321	100	100
买一	142. 322	150	150
买二	142. 321	200	100
买三	142. 319	250	0

在剔除重复报价后，表 4 – 1 中一共有 4 个报价，分别是 142. 319 元、142. 321 元、142. 322 元和 142. 325 元。我们需要注意表格中的最大成交量。

142. 319 元及以上的累计买单数量 = 250（买三）+ 200（买二）+ 150

（买一）=600（张）。但是表中并没有不高于这个价格的卖单，因而如果按照这个价格撮合，最大成交量为0张。

同理，142.321元及以上的买单数量=200（买二）+150（买一）=350（张），不高于这个价格的卖单数量为100张（卖一）。最终最大成交量为100张。

142.322元及以上的买单有150张（买一），不高于这个价格的卖单数量=100（卖一）+150（卖二）=250（张）。最终最大成交量为150张。

142.325元及以上的买单有0张，不高于这个价格的卖单数量=100（卖一）+150（卖二）+50（卖三）=300（张）。最终最大成交量为0张。

从以上分析可以看出，142.322元对应的成交量最大，所以撮合的结果为142.322元。

因此在卖出时，我们可以在集合竞价期间报一个比较低的价格，这样能确保按照集合竞价的价格成交。例如新债上市，一般价格都在100元以上，如果我们在9：25之前按100元委托卖出，则只要竞价的结果高于100元，均会按照开盘价格成交。

3. 连续竞价撮合规则

以深市为例，连续竞价期间的交易规则为：

①最高买入申报与最低卖出申报价格相同，以该价格为成交价；

②买入申报价格高于集中申报簿当时最低卖出申报价格时，以集中申报簿当时的最低卖出申报价格为成交价；

③卖出申报价格低于集中申报簿当时最高买入申报价格时，以集中申报簿当时的最高买入申报价格为成交价。

图4-1为某可转债连续竞价时的报价单。

图中的买方报价是尚未成交的报价中，价格最高的5个不同价格以及对应的报价数量；卖方报价则为尚未成交的报价中，价格最低的5个

	价格	量(手)	纯债YTM
卖五	157.610	1	-4.8235
卖四	157.600	48	-4.8222
卖三	157.570	127	-4.8183
卖二	157.540	5	-4.8143
卖一	157.500	16	-4.8091
买一	157.400	7	-4.7959
买二	157.200	1	-4.7696
买三	157.000	40	-4.7432
买四	156.960	1	-4.7379
买五	156.900	301	-4.7300

图 4－1　某可转债连续竞价报价单

不同价格以及对应的报价数量。

不考虑其他报价及撤单等因素，如果此时我们提交一个 157.400 元、10 手的卖出报价，该价格即为最低卖出申报价格，与最高的买一申报价格相同，那么可转债会以 157.400 元的价格成交 7 手，剩余的 3 手等待成交。

不考虑其他报价及撤单等因素，如果此时我们提交一个 157.550 元、10 手的买入报价，该价格即为最高买入申报价格，高于卖一的 157.500 元，那么可转债会以 157.500 元的价格成交 10 手。

停复牌规则

1. 指数熔断

指数熔断是指股票指数涨跌幅达到一定程度时，交易所可以于当日暂停股票、基金及可转债等相关证券品种的竞价交易。指数熔断最早在美国交易市场出现，目的是在紧急情况下暂停交易，让市场各方参与者冷静思考后，再进行理性交易。

相关条款此前已经写入交易规则，并于2016年年初正式启用，后因对市场冲击较大，暂停实施。未来该条款启用与否以交易所公告为准，这里列出仅供大家参考。

《深圳证券交易所交易规则（2021年3月修订）》第4.6.1条规定：

沪深300指数出现下列情形的，本所可以于当日暂停相关证券品种的竞价交易：

（一）沪深300指数较前一交易日收盘首次上涨、下跌达到或超过5%但未达到7%的，指数熔断时间为15分钟。指数熔断时间跨越11：30的，于13：00起继续计算。熔断时间跨越14：57的，于14：57恢复交易并进行收盘集合竞价，但14：45及之后触发的，指数熔断至15：00，当日不恢复交易。

（二）沪深300指数较前一交易日收盘上涨、下跌达到或超过7%的，指数熔断至15：00，当日不恢复交易。

9：30前出现第（一）（二）项情形的，于9：30开始实施指数熔断。14：57 至 15：00 期间不实施指数熔断。

指数熔断的具体实施时间以本所公告为准。

专栏4－1 A股连续遭遇熔断

2015 年 9 月 6 日，中国证监会负责人答新华社记者问时，表示要把稳定市场、修复市场和建设市场有机结合起来，并提及证监会将研究制定实施指数熔断机制方案。证监会负责人表示，股市涨跌有其自身运行规律，一般情况下政府不干预，但在股市发生剧烈异常波动、可能引发系统性风险时，政府绝不会坐视不管，将及时果断采取多种措施稳定股市。

2015 年 9 月 7 日，上海证券交易所、深圳证券交易所和中国金融期货交易所发布《关于就指数熔断相关规定公开征求意见的通知》，拟在保留现有个股涨跌幅制度的前提下，引入指数熔断机制。

2015 年 12 月 4 日，经中国证监会同意，上海证券交易所、深圳证券交易所、中国金融期货交易所正式发布指数熔断相关规定，并定于 2016 年 1 月 1 日起正式实施。

2016 年 1 月 4 日，A 股遇到史上首次熔断。早盘，两市双双低开，随后沪指一度跳水大跌，跌破 3500 点与 3400 点两个整数关口，各大板块纷纷下挫。午后，沪深 300 指数开盘之后继续下跌，并于 13：13 下跌超过 5%，引发熔断，三家交易所暂停交易 15 分钟。恢复交易之后，沪深 300 指数继续下跌，并于 13：34 触及 7% 的关口，交易所暂停交易至收市。

2016 年 1 月 7 日，早盘 9：42，沪深 300 指数跌幅扩大至 5%，再度触及熔断线。9：57 恢复交易后仅 3 分钟，沪深 300 指数再度快速下跌，最大跌幅达 7.21%。A 股二度熔断，同时也创造了最快休市纪录。

2016年1月7日晚间，上海证券交易所、深圳证券交易所、中国金融期货交易所发布通知，为维护市场稳定运行，经证监会同意，自1月8日起暂停实施指数熔断机制。

证监会新闻发言人邓舸表示，引入指数熔断机制的主要目的是为市场提供“冷静期”，避免或减少大幅波动情况下的匆忙决策，保护投资者特别是中小投资者的合法权益，抑制程序化交易的助涨助跌效应，为应对技术或操作风险提供应急处置时间。但近两次实际熔断情况没有达到预期效果，而熔断机制又有一定“磁吸效应”，即在接近熔断阈值时部分投资者提前交易，导致股指加速触碰熔断阈值，起了助跌的作用。权衡利弊，目前熔断的负面影响大于正面效应。因此，为维护市场稳定，证监会决定暂停熔断机制。

2. 个券停复牌

即单只可转债因价格波动大或者有其他信息发布导致的停复牌，具体规则如下。

①可转债价格涨幅达到20%或以上，但未达到30%，停牌半小时；涨幅达到30%或以上，停牌至14：57。其中停牌时间超过14：57的，在14：57恢复交易。①

②因重大事项公告，正股与可转债同时停牌。

例如2021年12月16日，文科园林发布公告称，因筹划引入特定

① 根据2022年6月17日最新发布的《上海证券交易所可转换公司债券交易实施细则（征求意见稿）》《深圳证券交易所可转换公司债券交易实施细则（征求意见稿）》，可转债仅在上市首日适用“涨跌20%停牌半小时，涨跌30%停牌至14：57”的停复牌规则。非上市首日，每日的涨跌幅限定为20%。上述规则具体实施时间与方案仍待确定。

股东的相关交易需要有权部门批准，为保证信息披露公平，公司申请股票和可转债自 2021 年 12 月 16 日开市起停牌，预计停牌时间不超过五个交易日。

3. 异常交易

如果因突发事件导致部分或全部交易不能正常进行，交易所可以采取技术性停牌、临时停市等特殊措施。突发事件具体包括：

①不可抗力，如台风、地震等；

②意外事件，如非正常事件导致有停市需要；

③重大技术故障，如大面积网络故障、服务器宕机等；

④重大人为差错，如人为导致交易异常，特别是对市场交易价格的操纵和干扰等；

⑤交易所认定的其他异常情况。

退市规则

可转债有如下几种最常见的退市方式：

①强制赎回，触发条件包括可转债剩余面值小于3000万元，或者连续30个交易日中至少15个交易日收盘价不低于当期转股价格的130%（或其他强制赎回价格）；

②正常到期；

③暂停上市。

1. 强制赎回

强制赎回是最常见的退市方式，触发条件以“连续30个交易日中至少15个交易日收盘价不低于当期转股价格的130%（或其他强制赎回价格）”最为常见。

例如2019年3月1日，三一重工发布公告称，公司股票自2019年2月1日至2019年2月28日连续15个交易日收盘价格不低于当期转股价格（7.25元/股）的130%，已触发三一转债（110032）的赎回条款。其后公司于2019年3月19日发布赎回的最后一次提示性公告。

此外，可转债余额小于3000万元时，会面临流动性不足的问题，也可能触发强制赎回。

英科转债是一个典型案例。2021年6月28日，英科医疗发布公告称，因剩余规模小于3000万元，英科转债将于2021年6月29日停止交易。停止交易后，债券持有人仍可申请转股。但因正股为创业板个股，可转债持有人若转股，需开通创业板交易权限；若债券持有人不符合创业板交易权限开通资格，则无法进行转股。

2. 正常到期

正常到期是指可转债在上市期间，一直没有触发强制赎回条款，也未被暂停上市，而是到期还本付息退市。这种情况一般容易在正股业绩不佳、股价波动不大，且强制赎回意愿不强的可转债上发生。

例如航信转债（110031）于2021年5月28日发布公告称，其将于2021年6月11日到期，根据《上海证券交易所股票上市规则》等规定，航信转债将于到期前10个交易日停止交易。因此，航信转债将于2021年5月31日起停止交易。自2021年6月12日起，航信转债将停止转股，并进行利息和本金的偿付。

航信转债是正股航天信息于2015年6月12日牛市高点发行的总额24亿元的6年期可转债。截至2021年3月31日，该可转债余额尚有23.9亿元，未触发强制赎回。最终，航信转债以106.7元收盘退市，与到期本息加补偿的107元非常接近。

回看航信转债的月线图（见图4－2），我们会发现航信转债仅在2015年6月—8月的非转股期间达到130元的强制赎回价，在2020年2月—3月的转股期内短暂超过130元的强制赎回价，其余时间该可转债价格一直低于强制赎回价。

航信转债出现上述现象，背后的原因有以下四点。

第一，在牛市高点发行，初始的转股价格较高，导致转股价值难以维持在较高位置。

第二，发行期间公司业绩不佳，压低了估值和股价。2015年公司的扣非净利润达到15.2亿元的历史高点，其后间歇性下滑，到2020年该指标仅为10.49亿元。

第三，公司强赎意愿不强。航信转债自2015年7月9日即满足下

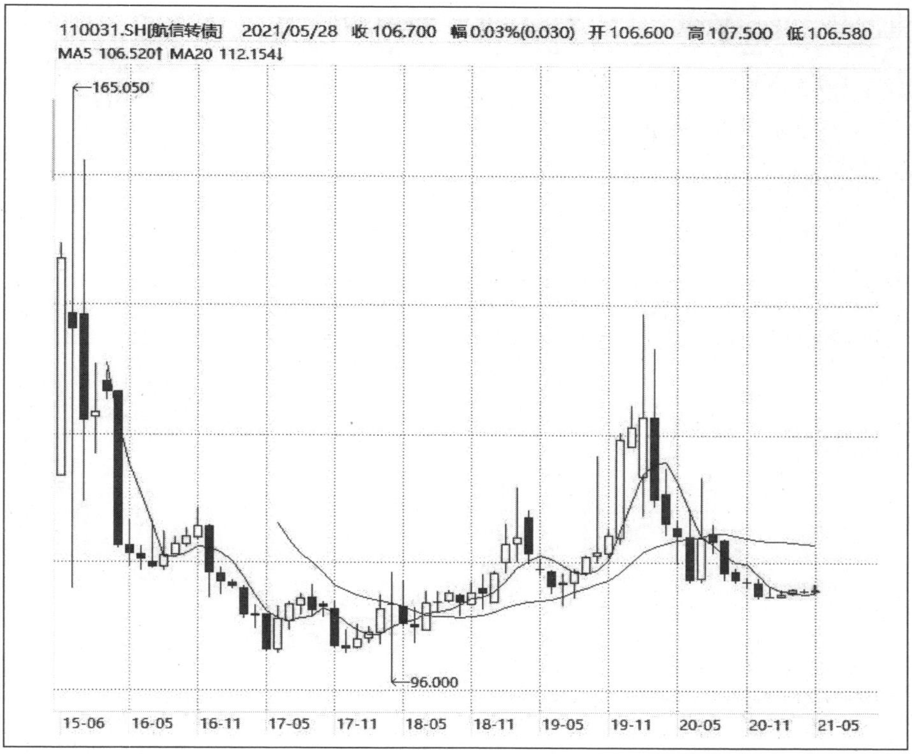

图4－2 航信转债月线图

注：图片下方15－06表示2015年6月，余同。

修条件，但是公司直到4年后的2019年12月27日才正式下调转股价格，而未能在2017年的低点将转股价格下调充分。

第四，偿债能力强。公司在手现金充足，2020年底的现金余额超过100亿元，还款能力强，对可转债是否强赎不具备压力。

3. 暂停上市

暂停上市指的是可转债触发相关交易约定，被暂停上市交易。如辉丰转债因公司最近2个会计年度经审计的净利润为负数，于2020年4月29日起停牌。

其后，经深圳证券交易所下发通知，辉丰转债自2020年5月25日起暂停上市，暂停上市前的收盘价格为99.999元。因同时触发回售条款，持有人可以通过回售拿回本金和利息。

从公司后续公告来看，仍有部分投资者没有选择回售，而是继续持有可转债。截至2021年12月底，辉丰转债仍处于暂停上市状态。

可转债的交易规则要点繁多，我总结如表4-2、表4-3所示。

表4-2　可转债交易规则小结（现行）

规则	沪市	深市
转债代码	11开头，科创板为118开头	12开头，创业板为123开头
新债上市开盘价	70~150元	70~130元
首次涨跌不低于20%但低于30%时	停牌30分钟后继续交易， 如果开盘涨停则停牌至10：00恢复交易	
首次涨跌不低于30%时	停牌至14：57，复牌后连续竞价至收盘	停牌至14：57，复牌后进行复牌集合竞价，其后进入收盘集合竞价
停牌委托规则	不可委托，不可撤销	可以委托，可以撤销
交易单位	按手，1手等于10张	按张
抢权配售最小单位	1手	1张
报价最小单位	0.01元	0.001元

表4-3　可转债交易规则小结（征求意见稿）

规则	沪市	深市
新债上市首日开盘价	70~130元	
新债上市首日价格区间	56.7~157.3元	
新债上市首日涨跌停规则	涨跌幅首次达到20%，停牌半小时，最迟14：57恢复交易； 涨跌幅达到30%，停牌至14：57恢复交易	
集合竞价时间	9：15—9：25	9：15—9：25，14：57—15：00； 首日停牌结束后进行复牌集合竞价， 收盘时进行收盘集合竞价
连续竞价时间	9：30—11：30，13：00—15：00	9：30—11：30，13：00—14：57
非上市首日最大涨跌幅	较上一日收盘价涨跌20%	
报价最小单位	0.001元	

注：本表为2022年6月17日最新发布的《上海证券交易所可转换公司债券交易实施细则（征求意见稿）》《深圳证券交易所可转换公司债券交易实施细则（征求意见稿）》与现行交易规则的差异。具体实施时间与方案以通知为准，表中相关规则与正式下发文件可能存在偏差。

05

财务知识介绍

财务指标可以反映企业的经营情况，但是需要使用财务术语来表述。投资者掌握一定的财务知识，就能通过财务报表和财务指标，判断企业的经营情况、偿债能力和现金流健康水平等，避开明显的陷阱，为投资决策提供可靠依据。

目前，很多可转债投资者主要依靠可转债的强制赎回、下修转股价格等条款进行博弈，依靠市场信息和技术指标等进行投资，对企业基本面关注较少。

但财务指标是评价可转债正股偿债能力、盈利能力和发展潜力的最透明、最权威的数据。财务报表就像是企业体检表或是企业档案，可以帮助投资人识别风险，做出价值判断，其作用不容忽视。

虽然在历史上绝大多数可转债以强制赎回收场，但也有部分可转债因财务指标不佳而出现到期赎回、低价暂停上市等情况，甚至还有部分可转债因评级下调出现阶段性大跌。未来随着注册制度的推进，评级下调、低价赎回或退市，甚至破产清算的可转债数量可能会增加，熟悉财务指标可以帮助大家提前识别风险，回避陷阱。

此外，股票投资中的价值投资非常强调对企业的基本面，特别是对财务报表的分析和研究。当前市场中主流的股票定价理论，也将企业的盈利能力和未来的现金流创造能力作为核心变量进行考虑。

从前面章节涉及的可转债定价知识中我们也能看出，可转债转股价值的变动对其走势的影响较大，偏股型转债尤其如此。熟悉企业的财务指标，也有利于投资者对可转债做出更为准确的定价判断，把握更多投资机会。

下面我们就从会计科目入手，逐一认识常见的会计科目和财务指标。我将结合具体的可转债案例进行分析，方便大家理解。

我希望更多的投资者能够关注可转债的基本面和财务指标，成为知识完备、体系健全、视野开阔的理性投资者和长赢投资者。

会计科目

公司的会计信息一般通过三张会计报表进行展示，分别是资产负债表、利润表和现金流量表。

资产负债表衡量的是在某一时点企业的“家底”，主要包括有多少资产、多少负债、多少所有者权益，以及对应的内部结构，例如资产里面哪些容易变现、哪些难以变现等。

利润表衡量的是在一段时间内企业挣了多少钱，具体包括企业卖了多少产品和服务、花了多少成本和费用、缴纳了多少税等。

现金流量表衡量的是在一段时间内企业的资金流动和结余情况，具体包括主业经营挣了多少钱、对外投资花了多少钱、从外面借了多少钱等。

上述报表均由一个个会计科目汇总而成，单一会计科目对应不同类别的资产价值。这里我将结合上市公司的三大报表，对重点会计科目逐一进行介绍。

下面我们以发行了三只可转债[①]的东方财富（300059）2020 年的财务报表[②]为例进行分析。

---

① 截至 2022 年 1 月。

② 东方财富历年年度报告可于深圳证券交易所官方网站查看，2020 年年度报告可参考http://www.szse.cn/disclosure/listed/bulletinDetail/index.html？c85a1d34-2d2d-4c8d-8e98-ce6b3f5bded1。

1. 资产负债表常用科目

我们先来看看东方财富的合并资产负债表[①]。合并资产负债表包括上市公司本部及其控股子公司合计的资产负债情况，其中包括控股子公司中，非上市公司持股部分股东的资产和负债。资产负债表正常是分为左右两侧，但是年报的报表受页面限制，分上下展示。上方对应左侧列示资产，表示公司的“财富”，具体可分为变现能力强、流动性好的流动资产，以及流动性差的非流动资产。下方对应右侧列示负债，表示公司的“欠款”，其中欠债主的需要还本的称为负债，欠股东但不需要还本付息、按照股东意愿分配的称为所有者权益。

在合并资产负债表中，流动资产顶左排列，与其排列方式一致的为一级菜单，包括非流动资产、流动负债、非流动负债、所有者权益，以及所有的合计数值，包括流动资产合计、非流动资产合计、资产总计、流动负债合计、非流动负债合计、负债合计、归属于母公司所有者权益合计、所有者权益合计、负债和所有者权益总计等。

部分科目的左侧留出两格，表示其为上一级科目的子科目或明细科目，以此类推。

（1）流动资产

在流动资产中，主要会计科目的含义如下。

货币资金是指企业以货币形式存放的资产，包括现金、各类银行存款和其他货币资金。其他货币资金包括外埠存款[②]、银行汇票存款、银行本票存款、信用证保证金存款、存出投资款等。

结算备付金是指为了满足证券交易、其他结算等需求，存放在指定

---

① 东方财富 2020 年年报披露的合并资产负债表位于第 69 ~ 72 页，见图 5 – 1、图 5 – 2、图 5 – 3、图 5 – 4。

② 指为满足临时或零星采购，汇往采购地银行开立采购专户的款项。

1、合并资产负债表

编制单位：东方财富信息股份有限公司

单位：元

项目	2020 年 12 月 31 日	2019 年 12 月 31 日
流动资产：		
货币资金	41,420,490,433.77	25,011,288,900.23
结算备付金	6,652,245,869.33	3,368,125,706.25
拆出资金		
融出资金	30,072,385,470.42	15,939,105,323.67
交易性金融资产	12,831,853,398.85	5,005,901,075.92
衍生金融资产		98,655.92
应收票据		
应收账款	726,021,922.60	314,416,633.97
应收款项融资		
预付款项	106,959,684.71	86,012,395.46
应收保费		
应收分保账款		
应收分保合同准备金		
其他应收款	9,801,549,035.32	4,332,951,636.94
其中：应收利息		
应收股利		
买入返售金融资产	895,038,591.26	967,015,476.03
存出保证金	2,070,467,729.03	1,069,580,035.79
存货		
合同资产		
持有待售资产		
一年内到期的非流动资产		
其他流动资产	81,508,614.18	64,821,724.79
流动资产合计	104,658,520,749.47	56,159,317,564.97
非流动资产：		

图 5－1　2020 年东方财富资产负债表 1

账户的备用资金。

融出资金是指企业通过产品或服务借给他人的资金，资金需求方以个人投资者为主。东方财富的“两融”业务[①]，会涉及将钱借给投资者使用。如果是金融机构与金融机构或非金融机构之间的借款，则对应同业拆借业务，一般在“拆出资金”科目反映。

交易性金融资产是指企业中短期持有的、为了卖出获利而持有的金融资产，包括基金、股票等。

应收账款是指企业通过销售产品、服务或提供劳务获得的，应收取但是尚未收取的款项。应收账款如果是以商业票据或银行票据的形式收取（商业票据的安全性低于银行票据），保证性更强，就可以计入应收票据，到期即可兑付成资金。如果公司将应收账款拿去融资，支付一定的利息和费用，提前拿到资金，则这部分款项可以计入应收账款融资，应收账款到期收回再偿付融资本金。

预付款项是指企业为了采购产品和服务，提前支付给对方的一定款项，达到约定条件后冲抵采购款。

买入返售金融资产是指公司先按返售协议约定买入某类资产，到期再按固定价格返售给对方的这一操作所融出的资金。这在本质上是以买卖金融产品作为抵押，对外放款，类似于国债逆回购。

存出保证金是指为了完成金融或其他交易，按照规定缴纳的保证金。这些资金在一定额度内不能转出，使用会受到限制。

存货是指企业已经生产但是尚未销售出去的产品。如果是实体企业，该科目下会有数字。

合同资产是指企业因销售某项产品或服务而产生的应收款项，只是该应收款项需要满足后续条件才能确认收入。例如在销售某产品时附有 7 天无条件退货承诺，那么对方使用满 7 天不申请退款，公司才能确认收入。这部分资金在销售后未满 7 天时可以计入合同资产。

其他流动资产是指一年内可以变现，但是未在上述科目反映的流动资产。

---

① 指融资业务和融券业务。

（2）非流动资产

发放贷款和垫款	37,138,141.39	12,827,168.43
债权投资		
其他债权投资		
长期应收款		
长期股权投资	451,522,742.84	466,135,956.56
其他权益工具投资		
其他非流动金融资产	123,926,074.02	119,127,036.06
投资性房地产		
固定资产	1,763,881,149.40	1,558,276,152.52
在建工程	36,294,004.57	22,944,543.50
生产性生物资产		
油气资产		
使用权资产		
无形资产	174,332,788.65	180,294,865.91
开发支出		
商誉	2,945,861,162.24	2,953,945,474.64
长期待摊费用	55,709,096.26	75,179,824.46
递延所得税资产	81,549,857.49	71,448,904.16
其他非流动资产		211,913,500.00
非流动资产合计	5,670,215,016.86	5,672,093,426.24
资产总计	110,328,735,766.33	61,831,410,991.21
流动负债：		
短期借款	2,940,214,165.22	402,516,964.44
应付短期融资券	8,402,188,109.28	4,186,757,400.25
向中央银行借款		
拆入资金	1,012,222,222.22	603,520,833.34
交易性金融负债	123,669,805.08	
衍生金融负债	430,968.80	
应付票据		
应付账款	211,046,973.13	115,857,314.04
预收款项	1,033,242.19	152,991,316.80
合同负债	180,183,670.38	
卖出回购金融资产款	8,533,225,079.65	3,198,980,741.66
吸收存款及同业存放		

图5-2 2020年东方财富资产负债表2

发放贷款和垫款是指公司对外发放贷款或者垫款占用的资金。东方财富合并报表中有上海徐汇东方财富小额贷款有限公司（在2020年年报94~95页可查），发放贷款和垫款估计是由该公司对外发放贷款产生的。

长期股权投资是指不能随便出售的，公司希望对被投资企业施加重大影响、改善和巩固双方合作关系的，或其他不易变现的股权投资，一般出于战略目的而长期持有。

固定资产是指企业为经营管理而持有、使用时间超过12个月、价值达到一定标准（一般是单价超过5000元）的非货币性资产，包括房屋、建筑物、机器、运输工具、仪器、电脑、家具等。这类资产一般价值偏大，变现能力偏弱。

在建工程是指尚未完工的工程，包括在建办公楼、装修中的物业等。

无形资产是指没有实物形态可辨认的非货币性资产，包括专利权、商标权等。

商誉是指企业获取的资金中实际价格高于正常价格的、超额支出的部分。这部分资金往往是因企业声誉良好、管理卓著、经营效率较高，以及生产技术存在垄断、地理位置具有天然优势等而多支付给企业的部分。例如A企业收购B企业，支付了200万元，但是B企业的账面资产只有100万元，那么多支出的这100万元就计入商誉。需要说明的是，商誉有可能被高估，如果公司收购的资产不能带来超额收益，就需要对商誉计提减值准备，这会降低当期企业的利润。2018年，曾有不少企业因为前期收购时支付的价格过高，积累了庞大的商誉，最终集中计提减值准备时，当期利润大幅受损。

长期待摊费用指的是企业已经支出，但摊销期限在一年以上（不含一年）的各项费用，具体包括公司开办费、租入固定资产的改良支出、固定资产大修理支出、股票发行费用等。该科目费用会在摊销期内，逐步转入管理费用、销售费用、原材料等，冲抵后期各年度利润。

递延所得税资产是指未来可以用来抵税的资产。由于税法对部分资产有抵扣纳税的特殊政策，公司可以用其在未来抵税。尚未抵税的部分，可以计入递延所得税资产。

在合计数值中，资产总计 = 流动资产合计 + 非流动资产合计。

资产总计表示公司持有资产的账面总价值，是企业财富实力的象征。

（3）流动负债

短期借款是指企业为了经营需要借入的、到期时间不超过一年的借款，包括生产周转借款、临时借款等。这类借款的到期时间短，对企业的偿付能力要求比较高。对一般企业来讲，短期借款越少越好。

应付短期融资券是指具有法人资格的非金融企业，依照《短期融资券管理办法》规定的条件和程序，在银行间债券市场发行并约定在一定期限内还本付息的有价证券，时间最长不超过 365 天。

拆入资金是指在同业市场中，某一金融机构向其他金融机构借入的资金。拆入资金应按实际借入的金额入账，一般期限不超过一年，常见的期限是一天（隔夜）、七天、一个月、四个月等。

交易性金融负债是指企业为了短期获利而进行融资产生的负债，例如国债抵押借款、应付短期债券等。

衍生金融负债是指在资产负债表日公允价值为负数的衍生金融产品的价值，包括期权、期货、远期合约等。如果衍生金融产品的公允价值在资产负债表日为正数则计入衍生金融资产。由于多数衍生金融产品的风险比较大，该科目下数值越小越好。

应付账款是指企业因购买材料、商品、服务等经营活动产生的应支付而未支付的款项。对于这类债务，公司会在到期时支付。居强势地位的企业，能够凭借强大的议价能力，阶段性占用合作伙伴的资金，相当于多了一笔无息借款，从而减少有息负债。

预收款项是指公司收取的，采购方为将来的采购提前支付的保证金、定金、预付款等。

合同负债是因客户已经支付款项，或者企业取得销售收款的权利，但是实际的销售尚未完成而产生的。例如企业收了包年的信息咨询服务款，但是还未完全提供服务，这部分资金就可以计入合同负债。

卖出回购金融资产款是指企业按回购协议卖出票据、证券等金融资产融入资金，未来需要再次买回相应的金融资产，而产生的对应负债。

代理买卖证券款	49,797,784,255.00	29,626,902,914.24
代理承销证券款		
应付职工薪酬	347,111,853.77	276,139,178.55
应交税费	336,270,172.24	77,464,646.45
其他应付款	1,759,641,832.07	530,967,121.69
其中：应付利息		
应付股利		
应付手续费及佣金		
应付分保账款		
持有待售负债		
一年内到期的非流动负债	2,239,377,911.52	204,658,630.14
其他流动负债	4,175,801.76	142,034.14
流动负债合计	75,888,576,062.31	39,376,899,095.74
非流动负债：		
保险合同准备金		
长期借款		
应付债券	1,218,986,301.37	1,223,232,120.83
其中：优先股		
永续债		
租赁负债		
长期应付款		
长期应付职工薪酬		
预计负债		
递延收益	1,450,000.00	515,000.00
递延所得税负债	23,220,584.22	18,275,519.24
其他非流动负债	40,035,597.18	
非流动负债合计	1,283,692,482.77	1,242,022,640.07
负债合计	77,172,268,545.08	40,618,921,735.81
所有者权益：		
股本	8,613,136,491.00	6,715,608,655.00
其他权益工具		
其中：优先股		
永续债		
资本公积	14,451,069,974.79	8,930,620,933.89

图 5－3　2020 年东方财富资产负债表 3

代理买卖证券款是指公司接受客户委托，代理客户买卖股票、债券、基金等有价证券而收到的款项，还包括代客户认购新股的款项、代客户领取的现金股利和债券利息，以及代客户向证券交易所支付的配股款等。这些款项需要在交割时对外支付，因此阶段性计入该科目。

应付职工薪酬是指按照合同或其他规定，需要向职工支付但是尚未支付的工资、奖金、津贴、社保等。其中最常见的操作是在年底计提奖金，而在第二年初完成支付。

应交税费是指根据核算需要缴纳的税款，最终需要在纳税截止日前完成汇算清缴。

其他应付款主要记录应该支付，但是上述明细科目未包含的金额。

一年内到期的非流动负债是指借款时间长于一年，但是距离到期的时间不足一年的长期负债。例如之前发行的五年期债券，即将在六个月后到期，那么就可以将相应金额计入该科目。

（4）非流动负债

长期借款是指借款时间和距离到期的时间均长于一年的对外借款。

应付债券是指公司发行一年期以上且距离到期的时间长于一年的债券本金和应付利息，包括发行的可转债本金和应付利息。

预计负债是指根据或有事项相关的准则确认的各项预计负债，包括未决诉讼、产品质量保证金、对外担保等。

递延收益是指需要在未来确认的收益，例如收到政府的补助和补偿等。

递延所得税负债是指按照税法约定，未来需要多支付税款形成的负债。

在合计数值中，负债合计 = 流动负债合计 + 非流动负债合计。负债是公司需要偿付“债主”的款项。

（5）所有者权益

股本是指发行股票对应的总面值。股票每股面值通常是 1 元，所以股本与总股数数值一致。

资本公积是指企业收到的出资额中高于注册资本对应份额的部分，包括股本溢价和其他资本公积。股本溢价是指公司发行股票时，实际收到的款项中高于股票总面值的部分。例如公司发行 5 亿股股票，每股面值为 1 元，发行价格为每股 10 元，则本次发行增加的股本 =5 亿股 ×1 元/股 =5 亿元，股本溢价 =5 亿股 ×（10 元/股 −1 元/股）=45 亿元。其他资本公积是指企业在经营过程中因接受捐赠、可供出售金融资产公允价值变动等非主业经营所得形成的公积金。

减：库存股		
其他综合收益	-41,050,280.77	9,585,221.37
专项储备		
盈余公积	594,148,886.07	438,681,541.78
一般风险准备		
未分配利润	9,539,162,150.16	5,117,992,903.36
归属于母公司所有者权益合计	33,156,467,221.25	21,212,489,255.40
少数股东权益		
所有者权益合计	33,156,467,221.25	21,212,489,255.40
负债和所有者权益总计	110,328,735,766.33	61,831,410,991.21

法定代表人：其实　　主管会计工作负责人：陆威　　会计机构负责人：王涛

图 5－4　2020 年东方财富资产负债表 4

盈余公积是指企业从税后利润中提取形成的、留存于企业内部的、具有特定用途的收益累积。盈余公积可以分为三类：法定盈余公积、任意盈余公积和法定公益金。法定盈余公积是按照《公司法》的相关规定，企业每年从税后利润中提取 10% 而形成的。法定盈余公积主要用于弥补后期经营亏损、扩大再生产、转增股本或送股等，累计数值达到注册资本的 50% 则不再提取。同时需要注意，企业在分红后，法定盈余公积不能低于注册资本的25%。任意盈余公积是在法定盈余公积提取的基础上，企业为了增强自身抗风险能力，自愿提取的公积金，具体比例由企业股东大会自定。法定公益金主要用于企业员工的福利支出，例如建设员工宿舍、托儿所等。

未分配利润是指到会计核算日，已经可以用于向股东分红但暂未分红而形成的资金积累。

所有者权益是指所有股东享有的股权账面价值。

2. 利润表常用科目

下面，我就以东方财富2020年年报中的母公司利润表[①]为例进行介绍。该利润表展示的是上市公司本部及其控股子公司在抵销内部交易后的全部利润情况，而不包括控股子公司中，非上市公司享有的部分权益。利润表也被称为“损益表”，可以反映企业在相应时期整体的经营盈亏情况，以及各部分业务的利润贡献、亏损来源等情况。

利润表是投资者日常最关注的一张报表，也是用处极大的一张报表。例如在计算企业估值时使用的公式：市盈率PE＝每股市价P÷每股收益E，这其中的每股收益就是用企业净利润除以总股本得到的数据。这个公式反映出，企业利润增加可以在价格不变时驱动估值下降，或者在估值不变时驱动价格走强。

利润表中的钩稽关系为

营业利润＝营业收入－营业成本

利润总额＝营业利润＋营业外收入－营业外支出

（1）营业收入

营业收入是指企业通过销售产品或提供劳务等获得的收入，是日常经营挣到的钱。如果进一步划分，还可分为主营业务收入和其他业务收

---

① 东方财富2020年年报披露的母公司利润表位于第77～78页，见图5－5、图5－6。

4、母公司利润表

单位：元

项目	2020 年度	2019 年度
一、营业收入	3,001,472,217.43	1,488,078,797.51
减：营业成本	365,624,587.11	334,917,593.98
税金及附加	28,158,048.05	20,150,656.15
销售费用	397,461,755.54	255,801,927.90
管理费用	336,768,237.21	360,317,082.13
研发费用	225,176,993.75	167,221,731.88
财务费用	-39,734,354.36	-30,102,187.30
其中：利息费用	165,709,928.10	70,106,847.99
利息收入	205,713,785.60	100,482,291.17
加：其他收益	45,902,599.81	21,825,981.61
投资收益（损失以"—"号填列）	12,999,025.19	63,753,463.77
其中：对联营企业和合营企业的投资收益	10,507,271.28	39,973,057.15
以摊余成本计量的金融资产终止确认收益（损失以"—"号填列）		
净敞口套期收益（损失以"—"号填列）		
公允价值变动收益（损失以"—"号填列）	7,416,817.17	546,740.98
信用减值损失（损失以"—"号填列）	-251,332.88	-3,555,903.12
资产减值损失（损失以"—"号填列）	-25,120,485.00	
资产处置收益（损失以"—"号填列）	-71,221.71	-163,515.15
二、营业利润（亏损以"—"号填列）	1,728,892,352.71	462,178,760.86
加：营业外收入	40,022.92	32,431.04
减：营业外支出	3,639,555.55	7,016,500.00
三、利润总额（亏损总额以"—"号填列）	1,725,292,820.08	455,194,691.90
减：所得税费用	170,619,377.19	53,130,713.66

图 5－5　2020 年东方财富利润表 1

入，前者表示通过核心业务挣到的钱，后者表示通过非核心业务挣到的钱。例如，东方财富的金融数据服务收入、广告收入、金融电子商务服务收入、手续费及佣金收入等为主营业务收入，而房屋出租、担保、废旧物资出售等收入为其他业务收入。

营业成本是为获取营业收入而支付的成本，相当于在主业挣钱的过程中发生的必要代价，如金融数据获取成本、广告制作成本、开展业务所需的服务器及网络成本等。

税金及附加是指企业经营过程中缴纳的各类税金及附加费用等，一般包括增值税、消费税、城市维护建设税、资源税、教育费附加等项目。

销售费用是指为了销售产品和劳务而产生的费用，包括广告费、促销费、保险费、运输费等。

管理费用是指在企业经营管理中，与员工和管理直接相关的各类费用，包括工资薪酬、福利、工会经费、职工教育经费、差旅费、业务招待费、无形资产摊销、计提的各类准备金等。

研发费用是指与研究开发相关的各类费用，如研究过程中直接消耗的材料费用、研发人员薪酬福利、研发设备和房屋折旧摊销等各类费用。我们国家支持创新研发，因此会给予研发费用一定的纳税抵扣优惠政策。

财务费用等于利息费用减去利息收入。利息费用是指借款产生的利息支出，利息收入是指存款或借出资金产生的利息收入。

以上科目中，销售费用、管理费用和财务费用也被称为“三大费用”。

其他收益是指收到的政府补贴。

投资收益是指企业在外取得的股利收入、债券利息及利润分成，以及产生的浮盈、浮亏和减值计提等。其中盈利或浮盈用正数表示，损失或浮亏用负数表示。

（2）营业利润

营业利润是指企业经营所产生的利润。营业利润大于零，说明企业正常经营可以为股东创造财富，否则就是毁灭财富。

营业外收入是指与企业经营没有直接关系的各类收入，如固定资产盘盈、没收的押金、企业收到的罚款、因债权人原因无法支付的欠款、出售无形资产带来的收益等。

营业外支出是指除主营业务成本和其他业务支出等以外的各类非营业性支出，包括固定资产盘亏、罚款支出、捐赠支出、处置固定资产或无形资产形成的损失、债务重组损失和计提的固定资产减值准备等。

（3）利润总额

利润总额是指企业在缴纳企业所得税之前挣到的全部利润。

所得税费用是指企业就盈利缴纳的企业所得税，它一般是企业缴纳最多的一个税种。如果企业亏损或者抵扣之前年度亏损（税法允许范围内），没有余额，可以不缴纳。

四、净利润（净亏损以“—”号填列）	1,554,673,442.89	402,063,978.24
（一）持续经营净利润（净亏损以“—”号填列）	1,554,673,442.89	402,063,978.24
（二）终止经营净利润（净亏损以“—”号填列）		
五、其他综合收益的税后净额		
（一）不能重分类进损益的其他综合收益		
1.重新计量设定受益计划变动额		
2.权益法下不能转损益的其他综合收益		
3.其他权益工具投资公允价值变动		
4.企业自身信用风险公允价值变动		
5.其他		
（二）将重分类进损益的其他综合收益		
1.权益法下可转损益的其他综合收益		
2.其他债权投资公允价值变动		
3.金融资产重分类计入其他综合收益的金额		
4.其他债权投资信用减值准备		
5.现金流量套期储备		
6.外币财务报表折算差额		
7.其他		
六、综合收益总额	1,554,673,442.89	402,063,978.24
七、每股收益：		
（一）基本每股收益		
（二）稀释每股收益		

图5-6　2020年东方财富利润表2

（4）净利润

净利润是指扣除所得税费用后的企业盈利，归股东所有。

（5）每股收益

基本每股收益是指净利润除以总股本得出的，每份股权对应的当年净利润。

稀释每股收益是指存在稀释性潜在普通股的情况下，考虑普通股稀释程度后计算的每股收益。最常见的潜在普通股包括可转债、认股权证和股份期权等。

3. 现金流量表常用科目

巴菲特曾说："现金就像氧气，当没有时你才会想起它。"

现金流量表主要展示一段时间内，企业的现金流入、流出及留存情况。

下面我以东方财富 2020 年的母公司现金流量表①为例进行科目介绍。

经营活动产生的现金流量记录企业主业经营带来的现金流入和流出情况，能反映企业经营最核心的"造血"能力。

其中的钩稽关系有如下几条。

①期末现金及现金等价物余额 = 现金及现金等价物净增加额 +

期初现金及现金等价物余额

其中等号左侧对应图 5－8 第六部分，等号右侧对应图 5－8 第五部分的科目之和。

期初现金及现金等价物余额为本期期初余额，即上年度结转至本年度的、可供本年度周转使用的现金及其等价物的金额。

②现金及现金等价物净增加额 = 经营活动产生的现金流量净额 +

---

① 东方财富 2020 年年报披露的母公司现金流量表位于第 80～82 页，见图 5－7、图 5－8。

6、母公司现金流量表

单位：元

项目	2020 年度	2019 年度
一、经营活动产生的现金流量：		
销售商品、提供劳务收到的现金	2,887,089,089.28	1,566,918,080.51
收到的税费返还	55,655,410.44	9,789,400.77
收到其他与经营活动有关的现金	1,085,188,668.42	31,864,931.49
经营活动现金流入小计	4,027,933,168.14	1,608,572,412.77
购买商品、接受劳务支付的现金	349,800,492.17	274,574,149.32
支付给职工以及为职工支付的现金	461,674,675.12	395,629,103.00
支付的各项税费	188,735,711.47	127,710,232.54
支付其他与经营活动有关的现金	440,691,534.32	1,179,331,689.08
经营活动现金流出小计	1,440,902,413.08	1,977,245,173.94
经营活动产生的现金流量净额	2,587,030,755.06	-368,672,761.17
二、投资活动产生的现金流量：		
收回投资收到的现金	600,057,083.75	4,050,000,000.00
取得投资收益收到的现金	194,699,171.72	137,748,231.16
处置固定资产、无形资产和其他长期资产收回的现金净额	8,785.00	85,177.68
处置子公司及其他营业单位收到的现金净额		
收到其他与投资活动有关的现金	49,868,500.00	1,030,630,700.00
投资活动现金流入小计	844,633,540.47	5,218,464,108.84
购建固定资产、无形资产和其他长期资产支付的现金	87,205,343.04	20,807,425.62
投资支付的现金	1,053,359,055.94	4,242,429,999.11

图 5－7　2020 年东方财富现金流量表 1

投资活动产生的现金流量净额＋筹资活动产生的现金流量净额＋
汇率变动对现金及现金等价物的影响

等号左侧对应图 5－8 第五部分的科目，等号右侧对应图 5－7 和图 5－8中第一至第四部分的科目细项之和。

③经营活动产生的现金流量净额＝经营活动产生的现金流入小计－
经营活动产生的现金流出小计

取得子公司及其他营业单位支付的现金净额		
支付其他与投资活动有关的现金	8,978,930,675.56	300,000,000.00
投资活动现金流出小计	10,119,495,074.54	4,563,237,424.73
投资活动产生的现金流量净额	-9,274,861,534.07	655,226,684.11
三、筹资活动产生的现金流量：		
吸收投资收到的现金	38,777,860.94	75,258,862.56
取得借款收到的现金	375,454,562.60	494,611,939.35
发行债券收到的现金	7,275,000,000.00	
收到其他与筹资活动有关的现金		
筹资活动现金流入小计	7,689,232,423.54	569,870,801.91
偿还债务支付的现金	572,618,841.63	338,355,603.96
分配股利、利润或偿付利息支付的现金	216,036,180.50	122,881,555.19
支付其他与筹资活动有关的现金		
筹资活动现金流出小计	788,655,022.13	461,237,159.15
筹资活动产生的现金流量净额	6,900,577,401.41	108,633,642.76
四、汇率变动对现金及现金等价物的影响		
五、现金及现金等价物净增加额	212,746,622.40	395,187,565.70
加：期初现金及现金等价物余额	478,175,788.59	82,988,222.89
六、期末现金及现金等价物余额	690,922,410.99	478,175,788.59

图5－8　2020年东方财富现金流量表2

投资活动产生的现金流量净额和筹资活动产生的现金流量净额的计算方式与经营活动产生的现金流量净额相同。

筹资活动产生的现金流量净额包括吸收投资收到的现金、取得借款收到的现金、发行债券收到的现金和收到其他与筹资活动有关的现金，分别对应股权融资、银行借款、债券融资和其他融资方式带来的资金流入。

其余各细项绝大多数都非常容易理解，不再一一介绍。例如销售商品、提供劳务收到的现金，是指企业对外销售产品、提供劳务挣到的钱。这部分金额能真金白银地流入企业账户，对应当期收到的现金和往年应收、本期实收的资金，但不包括已经销售但是尚未收到的资金。其他科目也与此相似。

财务指标

如果说会计科目是财务的基础语言，可以将各行各业的企业经营情况用统一的方式进行描述，那么财务指标就能基于会计科目的分析和度量，对企业的健康情况进行具体衡量，提供企业经营和财务状况的“体检报告”。

常见的财务指标有偿债能力指标、运营能力指标、盈利能力指标和发展能力指标等。下面我们就对企业的偿债能力、盈利能力、发展能力、估值水平逐一进行分析。大家可以在雪球 App 的股票栏目中搜索个股，到财务数据中查看主要指标。

1. 偿债能力分析

偿债能力是衡量企业偿还债务能力的指标。有句俗话叫“欠债还钱，天经地义”，说出了欠债还钱的刚性。回顾历史我们会发现，很多企业的倒闭是偿债能力不足造成的。

我们可以通过对偿债能力的分析，客观地了解企业的财务健康情况，为后续投资决策提供依据。特别是注册制逐步落地后，势必有越来越多的企业，因偿债能力不足被淘汰出局。我们需要对企业偿债能力进行分析，回避明显的“坑”。

需要说明的是，在投资可转债时，正股偿债能力弱，往往更能促进可转债强制赎回，形成“烂股好债”的局面。因此，偿债能力弱并非完全是坏事，我们需要回避的是偿债能力不足导致经营无法持续的企业。下面，我就从几个关键指标入手，讲解如何分析企业的偿债能力。

（1）流动比率

流动比率 = 流动资产 ÷ 流动负债

该指标可以衡量流动资产能否覆盖流动负债，是反映短期偿债能力的重要指标之一。

一般情况下，流动比率越高，企业短期偿债能力越强。对债权人而言，企业的流动比率越高越好，他们更愿意向流动比率高的企业提供贷款或其他融资。但站在企业经营者的角度来看，过高的流动比率意味着用于中长期投资的资金占比低，机会成本更高，企业整体的获利能力较低。

正常情况下，流动比率在 1 ~ 2 最合适，制造业企业的流动比率则在接近 2 的水平为佳。东方财富 2020 年的流动比率为 1.38，表示短期偿债能力尚可。

（2）速动比率

速动比率 = 速动资产 ÷ 流动负债

其中，速动资产 = 货币资金 + 交易性金融资产 + 应收账款 + 应收票据 + 其他应收款 = 流动资产 − 存货 − 预付款项 − 一年内到期的非流动资产等。

速动资产是最容易变现的流动资产，即流动资产剔除不易变现资产后的剩余资产。对于制造业企业，该指标的适用性更强。

我们知道，部分偿债能力差的企业会对存货进行打折销售，或者计提大额减值准备。剔除这类不易变现或者需要打折扣才能快速变现的资产，可以更好地反映企业的短期偿债能力。一般情况下，速动比率大于 1 即可。

计算东方财富的速动比率，我们会发现其 2020 年的速动比率与流动比率一致，均为 1.38，这表示企业的短期偿债能力较好。同时也因东方财富是金融企业，没有存货等不易变现的资产，所以速动资产与流动资产一致。

我们换一家制造企业，例如隆基股份，就会看到它2020年的流动比率为1.28，但是速动比率只有0.94。这说明企业的速动资产不能覆盖流动负债，在短期偿债能力方面存在一定不足。也正是因为这种情况，隆基股份在2017年、2020年和2022年三次发行可转债进行融资。

（3）现金流量比率

现金流量比率＝一段时间经营活动产生的现金净流量÷期末流动负债

其中，一段时间经营活动产生的现金净流量＝期限内经营活动现金流入－期限内经营活动现金流出。

企业的现金来源分为三部分：经营带来的经营活动现金净流量、投资带来的投资活动现金净流量、借钱带来的筹资活动现金净流量。经营活动产生的现金流量净额是企业最核心、掌控力最强的资金来源。

与经营现金流入相关的主要科目为销售商品、提供劳务收到的现金，收到的税费返还，以及收到其他与经营活动有关的现金，其中最后一项包括经营租赁收到的租金、自有资金产生的利息等。

与经营现金流出相关的科目包括购买商品、接受劳务支付的现金，支付给职工以及为职工支付的现金，支付的各项税费，以及支付的其他与经营活动有关的现金，其中最后一项包括支付的租金、差旅费、业务招待费、保险费和罚款等。

现金流量比率可以衡量企业依靠经营产生的现金净流入，能否覆盖期末的流动负债。这也是衡量企业短期偿债能力的主要指标之一。

一般现金流量比率在0.5及以上为佳，但是不同行业差异很大。

对比东方财富和隆基股份，我们会发现二者2020年的现金流量比率分别为0.06和0.21，均处于偏低水平。东方财富由于是券商，经营杠杆较高，只要能持续进行正常融资，实际风险就不大。同行业的中信证券2020年的现金流量比率为0.12，也处于偏低水平。而隆基股份为制造业企业，研发投入、原材料采购和生产制造等投入较大，在产能扩张期该指标偏低。例如同类型的通威股份，2020 年该指标也只有 0.09。

（4）资产负债率

资产负债率 = 负债总额 ÷ 资产总额 × 100%

资产负债率是衡量企业中长期偿债能力的指标，小于 50% 为佳。如果资产负债率大于 100%，就说明企业已经资不抵债，缺乏持续经营能力。

不同行业由于商业模式不同，资产负债率也会有较大差异。一般在银行和房地产等行业，企业的经营杠杆高，资产负债率偏高；制造业企业投入大，资产负债率也偏高；而在食品饮料、软件应用等行业，企业的资产负债率普遍偏低。具体分析时，我们需要结合同行业企业的情况进行横向比较，再结合企业的往年数据进行纵向比较，才能得出相对公允和全面的结论。

例如，东方财富和隆基股份 2020 年的资产负债率分别为 69.95% 和 59.38%，均处于偏高水平。

横向比较看，2020 年东方财富的资产负债率比中信证券的 82.35% 低不少，处于相对安全的区域；纵向比较看，东方财富的资产负债率逐年升高，经营杠杆逐渐增加，实际的经营风险有攀升趋势。

再看隆基股份，横向比较看，2020 年隆基股份的资产负债率比通威股份的 50.91% 高不少，但比通威股份 2019 年的资产负债率低，尚且处于合理范围，可能只是企业的扩产周期不一致造成的时点变化。纵向比较看，隆基股份的资产负债率在 2016—2020 年呈现阶段性冲高回落趋势，这也印证了公司阶段性举债扩张的逻辑。

（5）产权比率

产权比率 = 负债总额 ÷ 所有者权益总额

产权比率代表负债与所有者权益之间的比较。该数值越小越好，低于 1 比较合适。它会与资产负债率同方向变动。

但是企业的商业模式不同，产权比率也会有较大差异，投资者需要区别看待、分类对比。

以东方财富为例，该企业在互联网领域的业务并不需要太多负债，但是券商业务具有天然的高负债属性，当市场投资热情高涨时，客户的投资资金增加，保证金快速增长，企业的资产负债率和产权比率均会攀升。如表5－1所示，东方财富2015年、2017年、2019年和2020年的产权比率均超过1.8，而在市场低迷的2016年和2018年，其产权比率分别为1.1和1.54，处于偏低水平。

表5－1 2015—2020年东方财富的偿债能力指标

偿债能力指标	2020年	2019年	2018年	2017年	2016年	2015年
流动比率	1.38	1.43	1.78	1.67	1.56	1.31
速动比率	1.38	1.42	1.73	1.65	1.51	1.29
保守速动比率	0.85	0.88	1.05	0.81	0.93	1.07
产权比率	2.33	1.91	1.54	1.85	1.10	1.90
资产负债率	69.95%	65.69%	60.58%	64.92%	52.45%	65.55%

资料来源：同花顺。

再看制造企业隆基股份，如表5－2所示，2015年和2016年，其产权比率仅为0.81和0.90，处于偏低水平；2017年进入产能扩张期后，其产权比率攀升至1以上，但2020年这个数据尚未超过1.5。

表5－2 2015—2020年隆基股份的偿债能力指标

偿债能力指标	2020年	2019年	2018年	2017年	2016年	2015年
流动比率	1.28	1.52	1.54	1.53	1.87	1.70
速动比率	0.94	1.17	1.13	1.22	1.50	1.20
保守速动比率	0.90	1.14	1.13	1.22	1.50	1.20
产权比率	1.48	1.12	1.39	1.31	0.90	0.81
资产负债率	59.38%	52.29%	57.58%	56.68%	47.35%	44.62%

资料来源：同花顺。

表5－1和表5－2展示了多个常用的财务指标，供大家参考。

日常使用时，我们可以将短期指标和长期指标相结合，并综合考虑企业的经营现金流、现金流余额、企业经营状况等，对企业的整体偿债能力做进一步的判断。

2. 盈利能力分析

盈利能力分析可以展示企业的盈利情况，比较常见的相关财务指标是销售毛利率、销售净利率和净资产收益率。

（1）销售毛利率

销售毛利率 =（营业收入 − 营业成本）÷ 营业收入 × 100%

销售毛利率可以衡量卖出一件商品，剔除生产成本后公司能赚多少钱。例如隆基股份 2021 年三季报显示公司的销售毛利率为 21.3%，这说明公司每卖出 100 元的商品，剔除成本的毛利 = 100 × 21.3% = 21.3 元。

正常情况下，该指标越高表示利润越丰厚，说明竞争壁垒更高或议价能力更强。例如大家熟悉的白酒龙头贵州茅台，2021 年三季报显示其毛利率为 91.19%，显著高于绝大多数企业。

需要说明的是，同一企业不同阶段的毛利率以及同一行业不同企业的毛利率，可比性更强。

例如隆基股份 2021 年三季报显示毛利率为 21.3%，比二季报中的 22.73% 有所下降，说明企业的盈利能力在下降。仔细查阅资料后我们会发现，公司光伏组件受硅料价格上涨等因素影响，成本攀升，但是公司依旧按照原先的合同履约，使毛利率受到影响。

如果对比同类企业，通威股份 2021 年半年报批露的光伏业务毛利率为 33.13%，显著高于同期隆基股份光伏产品 22.48% 的毛利率。进一步分析我们会发现，通威股份的硅料占比偏大，长单锁量不锁价，享受到了原料价格上涨带来的收益。

（2）销售净利率

销售净利率 = 净利润 ÷ 营业收入 × 100%

相对销售毛利率而言，销售净利率的分子是净利润。这个指标考虑的是剔除费用、其他业务影响、投资损益等因素之后的净盈利能力，可以反映企业的综合盈利能力。

例如隆基股份2021年三季报显示其销售净利率为13.44%，说明每实现100元营业收入，企业的净利润为13.44元。而通威股份2021年三季报披露的销售净利率为13.56%，与隆基股份相差无几，说明考虑费用、其他业务影响、投资损益后，两家企业的盈利能力非常接近。

（3）净资产收益率

净资产收益率 = 净利润 ÷ 平均净资产 × 100%

平均净资产 =（期初净资产 + 期末净资产）÷ 2。

净资产是企业中股东所享有的所有权益或财富。净资产收益率代表一年中单位净资产创造的净利润，相当于股东财富的增长幅度，反映企业给股东创造回报的能力，是最常用的综合性盈利分析指标。

巴菲特曾表示，如果他只考虑一个财务指标，那个指标会是净资产收益率。查理·芒格则认为，长期而言，一只股票的年化收益率约等于它的净资产收益率。

可转债的存续时间一般在2.5年左右，如果在这段时间中仅靠净资产收益率触发强制赎回，且强制赎回触发价格为130元，则对应的企业净资产收益率至少要达到11.07%。

我会重点关注过去5年中，净资产收益率平均不低于10%的企业，这类企业发行的可转债提供的收益机会更为确定。

3. 发展能力分析

对发展能力进行分析主要依靠能衡量企业发展情况的财务指标，包括营业收入增长率、净利润增长率、扣非净利润增长率和净资产增长率等。

（1）营业收入增长率（营业收入同比增长）

营业收入增长率 =（本期营业收入 − 上期营业收入）÷ 上期营业收入 × 100%

该指标用于衡量营业收入的增长情况，可以反映企业产品的需求是否旺盛。通过连续查看多年的数据，我们可以看出企业的成长特性。

一般我会查看企业过往5年的营业收入增长率。如果该指标保持较快增长，则企业属于成长型；如果保持小幅波动增长或者低速增长，企业属于成熟型；如果呈现典型的周期波动，大涨大跌，企业属于周期型。

例如2016—2020年，隆基股份的年度营业收入增长率分别为93.89%、41.90%、34.38%、49.62%和65.92%，均保持在较高水平，属于成长型企业；兴业银行对应年份的营业收入增长率分别为1.76%、-10.89%、13.08%、14.54%和12.04%，属于成熟型企业；东方财富对应年份的营业收入增长率分别为-57.23%、-7.54%、17.73%、12.86%和120.04%，属于典型的周期型企业。

（2）净利润增长率（净利润同比增长）

净利润增长率=（本期净利润-上期净利润）÷上期净利润×100%

该指标用于衡量企业净利润的增长情况，可以反映企业综合盈利能力的提升情况。通过连续查看多年的净利润增长率数据，我们可以看出企业的成长特性。一般该指标可与营业收入增长率结合查看。

若净利润增长率与营业收入增长率保持同步提升，甚至净利润增长率高于营业收入增长率，说明企业的竞争能力显著提升。

例如2017—2020年，贵州茅台的年度营业收入增长率分别为49.81%、26.49%、16.01%和11.10%，净利润年度增长率分别为61.97%、30.00%、17.05%和13.33%，两者均保持快速增长，且净利润增长率高于营业收入增长率，说明企业的竞争力在持续提升（见表5-3）。

表5-3 2017—2020年贵州茅台关键增长指标

关键指标	2020年	2019年	2018年	2017年
营业收入（亿元）	979.93	888.54	771.99	610.63
营业收入同比增长（%）	11.10	16.01	26.49	49.81
净利润（亿元）	466.97	412.06	352.04	270.79

续表

关键指标	2020 年	2019 年	2018 年	2017 年
净利润同比增长（%）	13.33	17.05	30.00	61.97
扣非净利润（亿元）	470.16	414.07	355.85	272.24
扣非净利润同比增长（%）	13.55	16.36	30.71	60.57

资料来源：雪球。

（3）扣非净利润增长率（扣非净利润同比增长）

扣非净利润增长率 =（本期扣非净利润 − 上期扣非净利润）÷ 上期扣非净利润 × 100%

该指标用于衡量企业扣非净利润的增长情况，可以反映企业主营业务盈利能力的提升情况。通过连续查看多年的数据，我们可以看出企业的成长特性。该指标一般与营业收入增长率结合查看。

对于业务比较简单的企业而言，扣非净利润增长率与净利润增长率较为接近。典型如贵州茅台，见表 5 − 3，2017—2020 年，其每年扣非净利润同比增长与净利润同比增长的差距不超过 2 个百分点，数值非常接近。

与之相对应的是复星医药（见表 5 − 4），因为投资项目较多，在 2017—2020 年，其扣非净利润同比增长与净利润同比增长基本每年都存在较大差异。例如 2020 年公司净利润同比增长为 10.27%，但是扣非净利润同比增长高达 21.65%。主要原因是 2019 年公司出售了部分企业的股权，导致当年的净利润比扣非净利润多很多，使 2020 年净利润的对比基数高，增长速度变慢。

表 5 − 4　2017—2020 年复星医药关键增长指标

关键指标	2020 年	2019 年	2018 年	2017 年
营业收入（亿元）	303.07	285.85	249.18	185.34
营业收入同比增长（%）	6.02	14.72	34.45	26.69
净利润（亿元）	36.63	33.22	27.08	31.24
净利润同比增长（%）	10.27	22.66	−13.33	11.36

续表

关键指标	2020 年	2019 年	2018 年	2017 年
扣非净利润（亿元）	27. 18	22. 34	20. 90	23. 46
扣非净利润同比增长（%）	21. 65	6. 90	-10. 92	12. 10

资料来源：雪球。

（4）净资产增长率

$$\text{净资产增长率} = (\text{本期末净资产} - \text{上期末净资产}) \div \text{上期末净资产} \times 100\%$$

净资产代表股东在企业中的财富，净资产增长率即企业股东财富的增长比率。该比率越大表示股东财富增长越快。

例如 2020 年，东方财富财务报表显示，归属于上市公司股东的净资产当年末较上年末增长了 56. 31%（见图 5-9）。这就表示企业中，归属于股东的财富增长了 56. 31%。

五、主要会计数据和财务指标

公司是否需追溯调整或重述以前年度会计数据

□是 √否

	2020 年	2019 年	本年比上年增减	2018 年
营业总收入（元）	8,238,557,108.92	4,231,678,035.56	94.69%	3,123,446,007.42
归属于上市公司股东的净利润（元）	4,778,104,850.74	1,831,288,851.32	160.91%	958,695,412.88
归属于上市公司股东的扣除非经常性损益的净利润（元）	4,711,370,113.92	1,784,769,602.57	163.98%	947,158,427.47
经营活动产生的现金流量净额（元）	4,529,026,641.46	11,721,170,510.66	-61.36%	2,667,344,992.33
基本每股收益（元/股）	0.5788	0.2313	150.24%	0.1291
稀释每股收益（元/股）	0.5788	0.2313	150.24%	0.1291
加权平均净资产收益率	17.89%	9.49%	8.40%	6.32%
	2020 年末	2019 年末	本年末比上年末增减	2018 年末
资产总额（元）	110,328,735,766.33	61,831,410,991.21	78.43%	39,810,961,690.72
归属于上市公司股东的净资产（元）	33,156,467,221.25	21,212,489,255.40	56.31%	15,695,239,474.55

图 5-9 2020 年东方财富主要财务指标

4. 估值水平分析

估值水平衡量的是企业市场价格相对于内在价值的高低，常用于判断被投资个股的性价比。经常用来进行估值的指标包括市盈率、市净率、市销率、市盈率相对盈利增长比率等，同时还有应用于少数领域的市研率。

（1）市盈率（PE）

市盈率 = 股票市价 ÷ 每股收益

每股收益 = 净利润 ÷ 总股本

市盈率指标适合用于评价利润稳定增长或者波动不大的企业。每股收益是指股东持有的每一股股票每年赚到的净利润。市盈率可以被理解为按照当前的股票价格买入，如果企业盈利能力不变，投资者多久才能将投入收回。

例如大秦铁路2020年的每股收益为0.73元，2021年11月30日收盘价格为6.09元，对应的静态市盈率 = 6.09 ÷ 0.73 = 8.34。

即按照6.09元的价格买入，如果大秦铁路未来每年的每股收益都是0.73元，公司需要8.34年才能将股东的投入（二级市场买入价）赚回来。

可以看出，市盈率越小，回收时间越短，对投资者越有利。所以在投资时，市盈率低的品种，性价比更高，投资更划算。

根据净利润对应的不同时间，市盈率可被分为静态市盈率和滚动市盈率。其中使用上一年已经公布的净利润计算每股收益的，对应的市盈率为静态市盈率；使用过往四个季度的净利润计算每股收益的，对应的市盈率为滚动市盈率，也被称为PE(TTM)。

需要注意的是，不同行业的企业，市盈率的差异往往非常大。例如白酒行业中的贵州茅台，市盈率通常在40倍以上；而银行中的招商银行，市盈率通常在10倍左右。

所以，同一家企业，自己与自己比更合适；不同企业，业绩接近的或者同行业的，对比起来更合适。

这里再补充介绍一下估值分位值。估值分位值是将所有观察数据从低到高排列后，目前数值所处的位置，常用来衡量当前估值与历史估值的相对位置。一般该数值低于 30% 为偏低，高于 70% 为偏高。

例如，大秦铁路市盈率指标的估值分析如图 5 – 10 所示。2022 年 1 月 21 日收盘时大秦铁路的滚动市盈率为 7.99，处于最近 10 年从低到高 17.01% 的位置，位于偏低区域。

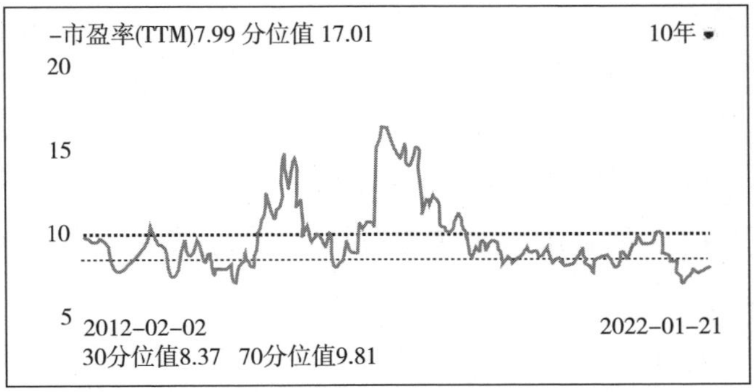

图 5 – 10　大秦铁路市盈率估值分析

资料来源：雪球。

需要注意的是，由于新股刚上市时交易筹码很少，往往市场会给予其较高的估值，随着时间的流逝才会逐步回归正常。使用估值分位数时，对于发展时间较短（小于 3 年）的个股或行业，其参考意义不大。

（2）市净率（PB）

市净率 = 股票市价 ÷ 每股净资产

每股净资产 = 净资产 ÷ 总股本

该指标适合用于评价利润波动较大且具有一定业绩周期的企业，典型如银行、证券、钢铁、煤炭等。

我们以证券行业龙头中信证券为例（见图 5 – 11），除牛市个别阶段波动较大外，大多数时间其市净率在 1.2 ~ 2.2 这一较小范围上下波动。

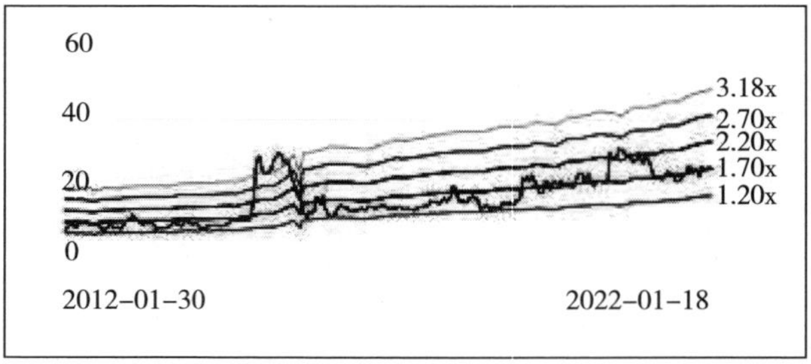

图 5-11　2012—2022 年中信证券市净率区间走势图

资料来源：芝士财富。

图 5-11 中，系统将企业的市净率大致按照 0.5 一个档次划分为 1.20、1.70、2.20、2.70 和 3.18 五个档次，这被称为 PB Band，即市净率区间。对于市盈率、市销率等指标均可绘制类似的走势图。

通过 PB Band，我们可以清楚地看到企业在不同时间的估值是偏高还是偏低。例如图 5-11 显示，中信证券估值主要围绕 1.7 上下波动，在其下属于估值偏低，其上属于估值偏高。

需要注意的一点是，偏周期的个股或行业，我们查看市净率区间走势图时，需要查看一个完整的市场周期（一般是 5～10 年），才能较为清晰地看出走势规律。

此外，随着市场交易规模、交易结构、经济发展阶段、企业生命周期等发生变化，行业或个股的市净率波动中轴可能产生变化。多数行业的中轴会随着发展的成熟、盈利增速的降低、机构投资者的增加、交易筹码的增多不断下移。

例如中证银行（见图 5-12），2018 年之前，其市净率估值中轴为 1.02；2019—2021 年，估值中轴下降到 0.82 附近，并有进一步走低的趋势。主要原因是经济增长速度趋缓，作为“百业之母”的银行整体的增长速度下降，未来发展空间也在压缩。

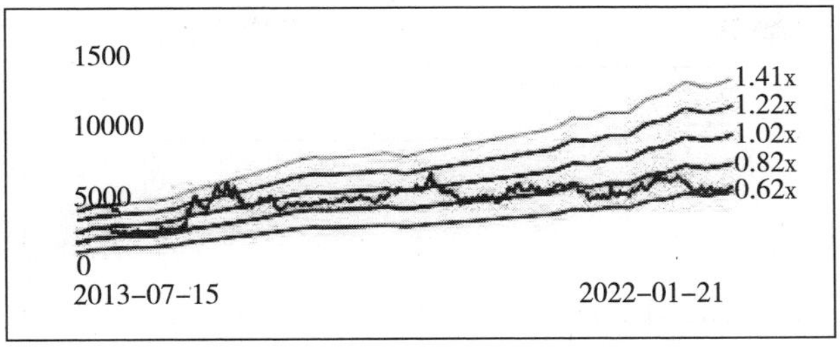

图 5－12　2013—2022 年中证银行市净率区间走势图

资料来源：芝士财富。

（3）市销率（PS）

市销率＝股价÷每股销售额

每股销售额＝营业收入÷总股本

该指标适合用来评价毛利率低、利润波动较大，可能较长时间不盈利但营业收入较多的企业，例如纺织、超市、养殖、科技、有色等行业。

以发行过希望转债和希望转 2 的新希望为例，该企业主要从事饲料生产和养殖及相关业务，销售规模较大但周期性很强，可能存在阶段性亏损。

从 2012—2022 年新希望市销率区间走势图来看（见图 5－13），公司的市销率多数时间在 0.37～0.59 波动，在业绩景气期和牛市估值更高。

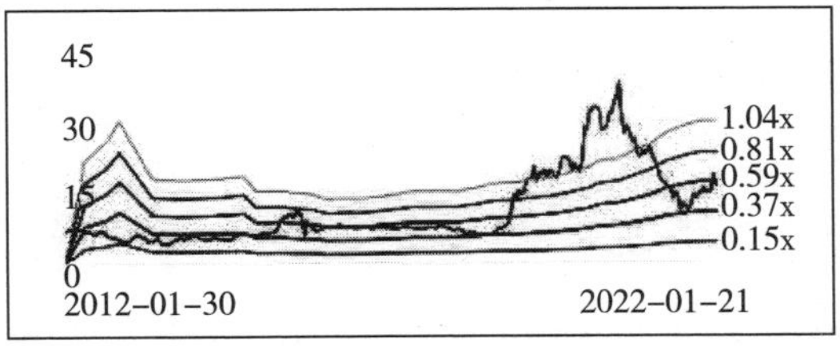

图 5－13　2012—2022 年新希望市销率区间走势图

资料来源：芝士财富。

（4）市盈率相对盈利增长比率（PEG）

市盈率相对盈利增长比率＝市盈率÷净利润增长率

一般我们认为 PEG 为 1 时，股价处于合理水平。该指标主要用于业绩处于快速增长阶段的泛科技型个股的估值。

一般净利润增长率会用未来 3～5 年预估的正常年均利润增长率来计算，因为企业可能在某一年超常速发展，实现几倍甚至十几倍的业绩增长，但是这种异常情况一般非常难延续，不具有参考意义。

比较典型的例子是腾讯控股。2018 年及之前，企业的业绩增速较快，市盈率往往在 30 倍以上波动；后期业绩增速放缓，市盈率回落至 30 倍及以下位置波动（见图 5－14）。我们可以通过 PEG 指标对其估值进行相对合理的判断。

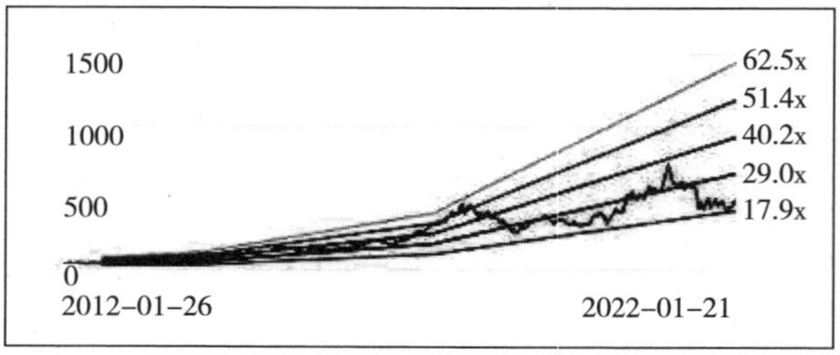

图 5－14　2012—2022 年腾讯控股市盈率区间走势图

资料来源：芝士财富。

需要注意的是，企业的未来业绩增速非常难判断，这也造成 PEG 指标在使用时因人而异，难有统一的标准。但是模糊的正确好于精准的错误，其参考意义依然存在。

（5）市研率

市研率 = 市值 ÷ 研发费用 = 市价 ÷ 每股研发费用

该指标主要用于对创新药企或类似科技企业，在只有研发投入而尚未形成稳定的营业收入和利润时进行估值。

迈威生物在上市发行的投资风险特别公告中，公布过一批创新药企业的市研率估值数据（见表 5－5）。

表 5-5 迈威生物投资风险特别公告披露的创新药企市研率数据

证券代码	证券简称	T-3 日股票收盘价（元/股）	T-3 日公司市值（亿元）	2020 年研发费用（亿元）	对应的市研率
688266. SH	泽璟制药	55. 73	133. 75	3. 14	42. 60
688177. SH	百奥泰	24. 92	103. 19	5. 63	18. 33
688180. SH	君实生物	57. 58	524. 41	17. 78	29. 49
688520. SH	神州细胞	57. 42	249. 97	6. 10	40. 98
688185. SH	康希诺	302. 80	749. 28	4. 28	175. 07
688221. SH	前沿生物	17. 53	63. 07	1. 38	45. 70
688578. SH	艾力斯	29. 02	130. 59	1. 78	73. 37
688319. SH	欧林生物	32. 50	131. 71	0. 43	306. 30
688091. SH	上海谊众	44. 45	47. 03	0. 18	261. 27
688670. SH	金迪克	73. 54	64. 72	0. 29	223. 16
1167. HK	加科思-B	12. 48	78. 69	1. 86	42. 31
1477. HK	欧康维视生物-B	16. 80	91. 55	1. 80	50. 86
1875. HK	东曜药业-B	3. 95	19. 42	2. 35	8. 26
1952. HK	云顶新耀-B	33. 25	81. 09	3. 77	21. 51
2126. HK	药明巨诺-B	12. 70	42. 21	2. 25	18. 76
2142. HK	和铂医药-B	7. 61	47. 76	3. 60	13. 27
2181. HK	迈博药业-B	0. 91	30. 67	1. 20	25. 56
2552. HK	华领医药-B	3. 84	33. 11	2. 21	14. 98
2616. HK	基石药业-B	7. 75	75. 10	14. 05	5. 34
3681. HK	中国抗体-B	2. 87	23. 60	1. 03	22. 92
6998. HK	嘉和生物-B	7. 20	29. 56	6. 97	4. 24
9926. HK	康方生物-B	32. 10	214. 36	7. 69	27. 87
9966. HK	康宁杰瑞制药-B	13. 20	101. 09	3. 31	30. 54
9969. HK	诺诚健华-B	14. 80	181. 40	4. 03	45. 01
9995. HK	荣昌生物-B	71. 15	284. 84	4. 66	61. 13
均值					64. 35

资料来源：迈威（上海）生物科技股份有限公司首次公开发行股票并在科创板上市投资风险特别公告。

注：数据截至 2021 年 12 月 29 日（T-3 日）。

从图中数据来看，创新药企业的市研率平均达到 64. 35。具体到每家企业，最低的只有 4. 24，最高的达到 306. 3，差异巨大。除非对企业的投入方向、研发成功率、产出规模等有进一步的研究，普通投资者较难进行辨别。

此外，用于企业估值的还有现金流折现法（DCF），即将企业未来每年的自由现金流净额进行折现，计算企业的合理价值。若未来的自由现金流金额增大，企业的价值会提高；市场无风险利率下降或市场风险偏好程度提高，要求的风险补偿降低，也会提高企业的折现价值。但是企业未来现金流的计算难度非常大，所以该方法一般只用于估算。

对于一般的投资者而言，掌握市盈率、市净率、市销率等指标，即可对绝大多数企业进行价值判断。

需要说明的是，估值只是衡量投资安全程度的一个指标，并不能保证投资后很快赚钱或者能赚到丰厚的回报，具体还需要结合企业业绩增长情况、商业模式变化等进行深入分析。

06 技术指标介绍

投资界一直有两大流派——价值投资和技术分析。

价值投资侧重于通过对企业的竞争优势、财务指标等进行综合分析，为企业定价，然后在价格低于价值时买入，在价格高于价值时卖出。价值投资的代表人物是格雷厄姆和巴菲特。目前公募基金的主流投资策略也是价值投资。它的优点是简洁易懂，不足是定价涉及的专业知识多，合理价值的具体界定仁者见仁、智者见智。价值投资一般适用于中长期，适合有耐心、投资知识丰富的投资者使用。

技术分析侧重于通过解读各类技术指标对股价未来的涨跌进行预测，然后在行情启动初期介入，在风险降临前或初期退出。技术分析的理论基础是“历史总在不断重演”“价格会反映核心信息”等。技术分析的优点是对于任何个股、可转债，投资者均可以根据历史量价的走势，对其未来价格波动进行推演和预判，不需要掌握深厚的财务知识、企业管理知识或是对相关行业有深入研究。技术分析主要适用于中短期，效率高、实用性强，深受希望通过“短平快”方式赚钱的投资者喜爱。

其实我认为，价值投资和技术分析是投资分析的两个不同角度，结合使用会带来更好的投资效果。特别是在中短期投资中，技术分析的贡献更不容轻视。

在可转债投资中，价值投资可以为中长期投资提供指引，降低投资风险；而技术分析可以为中短期投资提供操作指南，帮助投资者把握中短期市场的投资机会，或是与价值投资相结合，提高操作的准确性。

技术指标的定义

1. K 线

K 线是反映当天股价走势数据的图形。一根 K 线包含了开盘价、当天最高价、当天最低价、收盘价以及振荡幅度等信息，是各类技术分析的基本图标。

在我国市场，红色 K 线为阳线，表示收盘价大于开盘价，即开盘后上涨；绿色 K 线为阴线，表示收盘价低于开盘价，即开盘后下跌。二者的开盘和收盘数据位置正好相反。

需要注意的是，如果当日股价低开后走高，但收盘价依然小于上一日的收盘价，就会出现虽然是红色阳线，但股价仍较上一日下跌的情况。所以，阳线并不都表示当日上涨，相反，阴线也不都表示当日下跌，它们只是表示当日收盘价相对开盘价的位置。

如图 6－1 所示，在 K 线图中，从实体向上延伸的细线叫上影线。在阳线中，它是当日最高价与收盘价之差；在阴线中，它是当日最高价与开盘价之差。从实体向下延伸的细线叫下影线。在阳线中，它是当日开盘价与最低价之差；在阴线中，它是当日收盘价与最低价之差。

下面介绍几个与 K 线有关的概念。阴跌是指 K 线实体不大，但是持续下跌，中间偶尔上涨也比较乏力，成交量逐步减少。这表示市场情绪低迷，卖出压力较大，未来仍有下跌趋势。

跳水是指价格在短时间内快速下跌，K 线呈现出直线下降的形态，

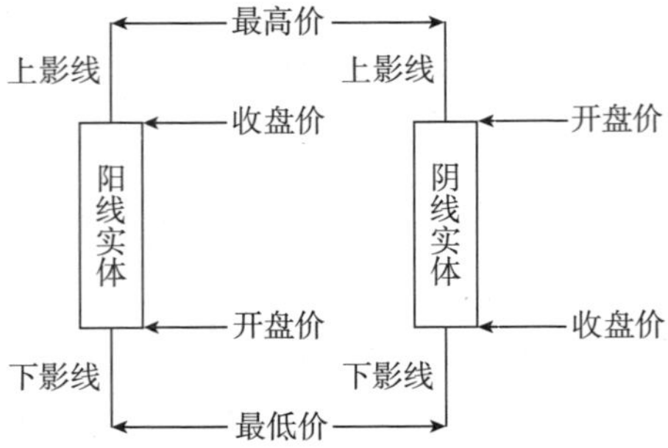

图6－1 K线

类似于从高台跳下。这表示抛压突然增大。

崩盘是指短时间内出现大量抛售行为，导致整个市场大跌，市场情绪极度恐慌，原有可转债、股票等难以出手，新资金买入量很小，无法抵御下跌。

反弹是指走势经历了一轮大跌后出现逆转，开始上涨，K线为阳线。

冲高回落是指当天的走势先急涨拉高，再缓慢下滑，拉出一根上影线。这表示上方卖盘较大，短期有走弱趋势。

2. 常用可转债分析指标

下面我将结合几款软件中的指标（见图6－2、图6－3），介绍投资可转债常用的分析指标。之前已经介绍过的概念或术语，在此不赘述。

图6－2中，“溢价率”即可转债的转股溢价率。该数值绝对值越小，可转债价格越接近其转股价值。该数值大于零，表示可转债价格相对于转股价值有溢价。溢价率越小越安全，当可转债价格高于130元且溢价率较高、面临强制赎回时，就可能出现“杀溢价”现象，比较危险。

“成交额”是当日开盘至当前时间，市场上的总成交金额。成交额越大表示该可转债的交易越活跃。

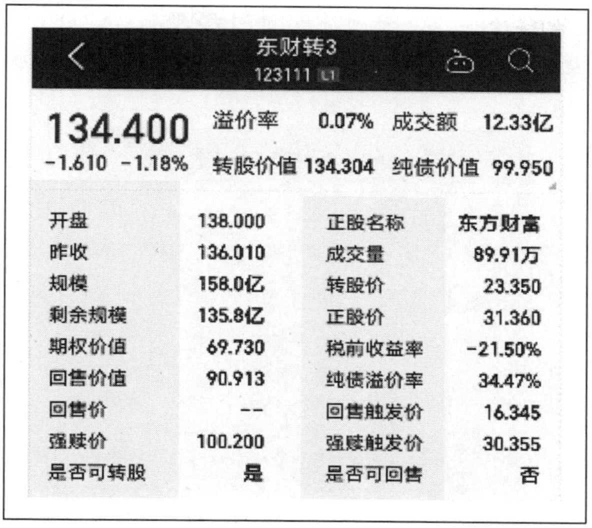

图 6 -2　2022 年 1 月 28 日同花顺软件中东财转 3 指标

“开盘”对应当日的开盘价格。如果当前价格高于开盘价，说明可转债走势较强，否则偏弱。

“昨收”对应昨天的收盘价格。如果当前价格高于昨天的收盘价格，表明当前价格上涨，可转债走势较强。

“成交量”是当日开盘至当前时间，市场上的总成交量。成交量越大表明该可转债的交易越活跃。沪市按手计算，深市按张计算。

“规模”是可转债发行的总金额。一般同类的可转债，规模越大活跃度越差。

“剩余规模”是可转债当前可交易的总规模，相当于可转债“剩下”的规模。同类可转债，剩余规模越小越容易被炒作。从历史数据看，剩余规模在 2 亿元及以下的可转债被炒作的概率偏大。

“正股价”表示可转债对应正股的价格。通过该价格与转股价，可以测算可转债的转股价值。

“期权价值”是可转债不作为正常的债券到期，而是行使转股、回售等选择权时，附带的“兑奖价值”。正常情况下，可转债的价值等于纯债价值和期权价值之和。由于计算时需要做一系列理想化的假设，实际情况下可转债的价格会较上述理论价值存在一定的偏差。

图 6－3　2022 年 1 月 28 日华宝证券软件中东财转 3 指标

图 6－3 中，“量比”指当日开市后该品种平均每分钟的成交量与过去五个交易日平均每分钟的成交量之比。该数值越大表示交易越活跃，价格容易出现急涨或急跌。

“振幅”是该品种当日最高价和最低价之差的绝对值占昨日收盘价的百分比，可以衡量股票的活跃程度。振幅越大的品种越活跃，提供的操作机会也越多。

“内盘”即以买方委托价（买一价）成交的卖盘，也有股票软件使用 S（Sale 的首字母）表示内盘。内盘成交量越大，说明卖家越急于成交，可转债短期有走弱趋势。内盘可以被理解为“内部的人想出来”。

“外盘”即以卖方委托价（卖一价）成交的买盘，也有股票软件使用 B（Buy 的首字母）表示外盘。外盘成交量越大，说明买家越急于成交，可转债短期有走强趋势。外盘可以被理解为“外部的人想进去”。

举个例子来说明内盘和外盘。在图 6－4 的委托中，如果有卖盘按照“买一”对应的 134. 387 元成交，则成交量会被统计入内盘；如果有买盘按照“卖一”对应的 134. 400 元成交，则成交量会被统计入外盘。一般通过内盘和外盘的数量对比可以看出可转债的走势。如果内盘大于外盘，则“想出来的人”多，可转债有走弱趋势。

图 6－4 2022 年 1 月 28 日 Wind 软件中东财转 3 委托数据

“转股比率” = 1 － 剩余转债规模 ÷ 转债发行规模。该数值越大，说明剩下的可转债余额越少。

“到期赎回”是指可转债正常到期偿付的本金、利息和补偿之和。

“回售触发”是触发回售条款对应的正股价格。例如东财转 3 回售条款为“最后两年连续 30 个交易日收盘价格低于当期转股价格的 70%”。按照当期转股价计算，触发回售的价格 = 23. 35 × 70% = 16. 345 元≈16. 35 元。

“强赎触发”是触发强制赎回条款对应的正股价格。例如东财转 3

强赎条款为“连续30个交易日中至少15个交易日收盘价格不低于当期转股价格的130%，或者余额小于3000万元”。按照当期转股价计算，触发强制赎回的价格＝23.35×130%＝30.355元≈30.36元。

3. 其他常用技术术语

盘口是观察可转债整体交易指标这一动作的俗称。

委比是某一时段买卖强度的指标，计算公式为委比＝(委买手数－委卖手数)÷(委买手数＋委卖手数)×100%。委比的变化范围为－100%到＋100%。委比为正值说明买盘比卖盘大，反之亦然。委买手数是指所有可转债委托买入五档的总数量。委卖手数是指所有可转债委托卖出五档的总数量。委比为－100%表示只有卖盘而没有买盘，说明市场的抛盘非常大，价格在短期仍有较大的下跌压力。委比为＋100%表示只有买盘而没有卖盘，说明市场的买盘非常大，价格在短期仍有走强趋势。

放量是当前成交量比上一个交易日或者上一时段有所增加，反之是缩量。日常我们可以通过分时线和成交量能线查看，如图6－5、图6－6所示。

图6－5中分时线下方的线段（正常情况下为红绿交错分布），每一条表示单位时间内的成交信息，线段越长表示成交量越大，如果几条线段持续变高则表示持续放量。一般交易软件中默认红色线表示单位时间内买入量比较大，绿色线表示单位时间内卖出量比较大。

图6－6为东财转3的日K线图。成交量表示每天的交易量，下方线段越高表示成交量越大、交易越活跃。如果今日成交量较上一日增加，称为日线放量。

换手率是指在一定时间内股票转手买卖的频率。日换手率为当日成交量与剩余可转债规模的比值，是反映股票流通性强弱的指标之一，数值越高说明交易越活跃。

图6-5　2022 年 1 月 28 日东财转 3 分时线

图6-6　2021 年 1 月 28 日东财转 3 日 K 线

均线的应用

图 6 – 6 中左上方的“日线”代表对应的 K 线类型，日线图反映每天的涨跌信息。MA5、MA20 和 MA40（图中的 M5、M20 和 M40 字样）分别表示最近 5 日、20 日和 40 日收盘价的平均值，对应过往交易时间内的投资者平均成本。图中的曲线为过往 MA5、MA20 和 MA40 的走势情况（一般交易软件中字样的颜色与曲线的颜色一一对应）。

注意，此处的日是指交易日，节假日不计算在内。上述数值为移动计算，即每交易一天，均取最新数值以及此前的连续数值重新计算。

均线代表价格的趋势变化，简洁明了，是最常用的技术指标之一。市场中曾有“一根均线走天下”的说法，即只需学会一根均线的使用，即可在各类市场中赚钱。

下面我就来介绍常用的均线判断方法。

1. K 线 + 均线

均线表示近期的平均价格。如果当日 K 线自下向上穿过均线，特别是短期均线，说明上涨动力比较强。

例如东财转 3 在 2021 年 4 月下旬上市后，多数时间价格在 MA5（图 6 – 7 中上方的均线）上方运行，这是较为强势的表现，适合买入或持有。判断时，我们可以结合成交量进一步识别。如果上涨时放量、下跌时缩量，表示多数投资者珍惜手里的可转债，未来的趋势相对稳定。此外，大涨之后再次回落在均线附近，价格波动变小，成交量萎缩，也是短期的买入信号之一。

K 线自上而下穿过 MA5 则是卖出的信号之一，特别是放量大跌时。

图 6－8 展示了从 2021 年 12 月中旬开始，东财转 3 冲高回落振荡下跌的过程。其间 K 线多数时间在 MA5 下方运行，上涨往往时间短、幅度小，而下跌则间歇性放量。对于具备上述特征的可转债，技术指标给出的信号是卖出。

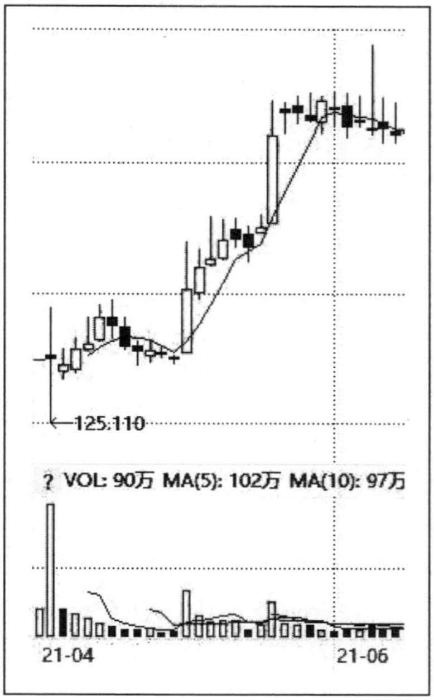

图 6－7 2021 年 4—6 月东财转 3 的 K 线图

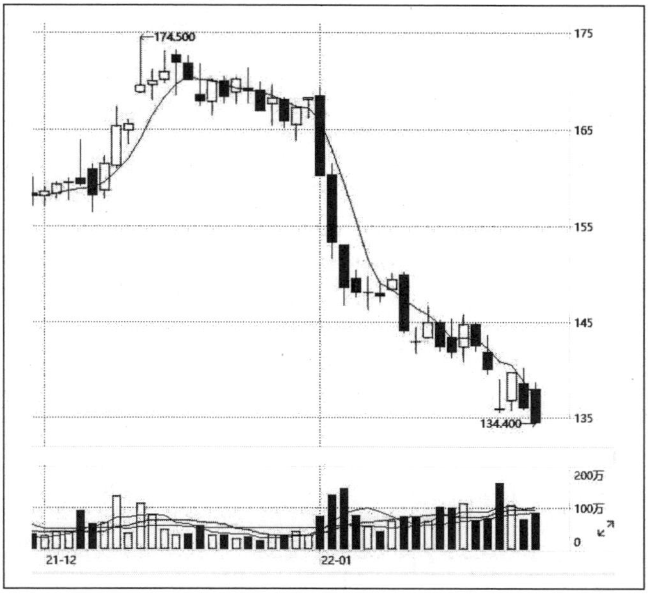

图 6－8 2021 年 12 月—2022 年 1 月东财转 3 的 K 线图

2. 两条均线

常用软件系统默认显示的均线一般有 3 ~4 条，其中最常用的一般为 MA5（对应一周时间）、MA10（对应两周时间）和 MA20（对应四周或一个月左右时间）。我们可以使用其中两条均线做判断。

我们知道，MA 后面的小数值代表的是相对短期的走势，例如 MA5；大数值则代表相对中长期的走势，例如 MA20。

金叉是指短期均线向上穿过中长期均线，例如 MA5 从下方上穿 MA20。这表示短线开始走强，是买入信号之一。

死叉是指短期均线向下穿过中长期均线，例如 MA5 从上方下穿 MA20。这表示短线开始走弱，是卖出信号之一。

图 6 -9 显示了东财转 3 较长时间内的均线走势情况。图中起点靠后、整体偏短的均线为 MA20，较长的为 MA5。

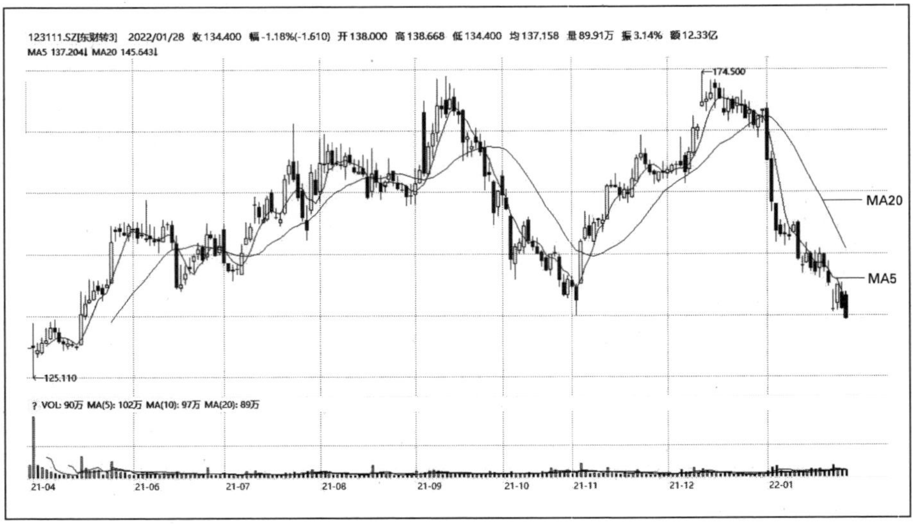

图 6 -9　2021 年 4 月—2022 年 1 月东财转 3 的 K 线图

可以看出，在几段大幅上涨行情启动时，均出现了 MA5 自下方上穿 MA20 的金叉，比较典型的有 2021 年 7—8 月、2021 年 11—12 月。

而大幅下跌开始时，例如2021年9—11月、2021年12月—2022年1月，均出现了MA5自上方下穿MA20的死叉。

双均线的另一个应用是，如果均线走平后突然发散向上，则表示未来上涨的可能性较大；反之，则是下跌的可能性较大。

例如图6－10中，隆基转债2018年7—10月MA5（与K线走势更为一致）和MA20（波动较为平缓，与K线间隔偏大的均线）均处于走平态势。2018年11月，两者开始发散向上，隆基转债价格也振荡向上，大幅走高。

但需要说明的是，技术指标并非每次都准，它只是提供一种参考信号。有机构专门做过测试，绝大多数技术指标，准确率都在40%～70%。在不同的市场中，其成功率会有差异，在单边牛熊市的准确率偏高，而在振荡市的准确率偏低。

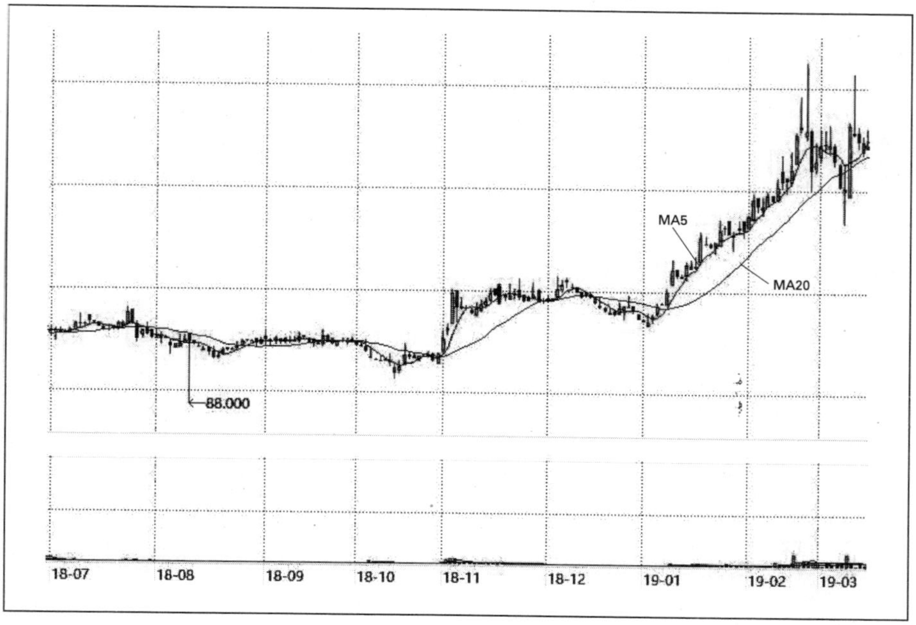

图6－10　2018年7月—2019年3月隆基转债K线图

常见的见底信号

1. 放巨量下跌

成交量代表活跃程度。在下跌过程中放出巨量（一般成交量比前一日或近期日均成交量放大3倍及以上），说明筹码交换比较充分，有新的资金愿意在对应价格区间大量接盘。这说明未来下跌趋缓或将于短期见底。

例如图6－11中，隆基转债于2018年6月4日放巨量大跌，当日成交额为6.85亿元，是前一日的12.55倍；同时其价格下跌15.11%，至94.9元。其后隆基转债很快企稳反弹，并进入盘整阶段。

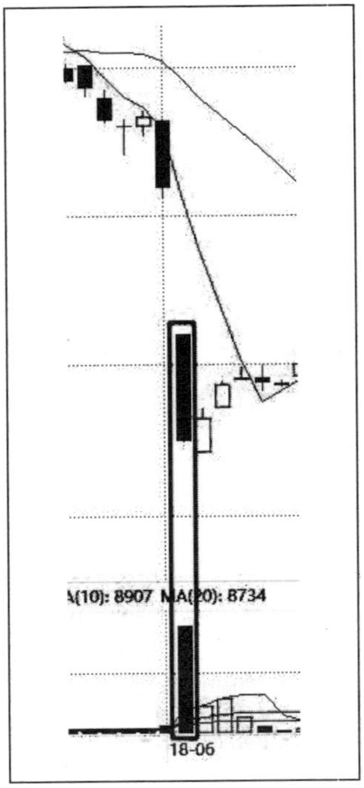

图6－11　隆基转债放量下跌

2. 探底回升

探底回升是指可转债价格快速下跌后又快速拉升，K线出现长下影线形态。这说明下方买盘非常积极，对可转债价格有较好的支撑。

例如图6－12中，隆基转债于2018年8月10日探底回升，最低价触及 88 元，但是随后快速拉回，当日仅下跌 0.42%。这显示下方买盘较为积极，其后隆基转债虽然依旧振荡下跌，但没有创出新低，后期的最低价格为 2018 年 10 月 18 日的 91.80 元。

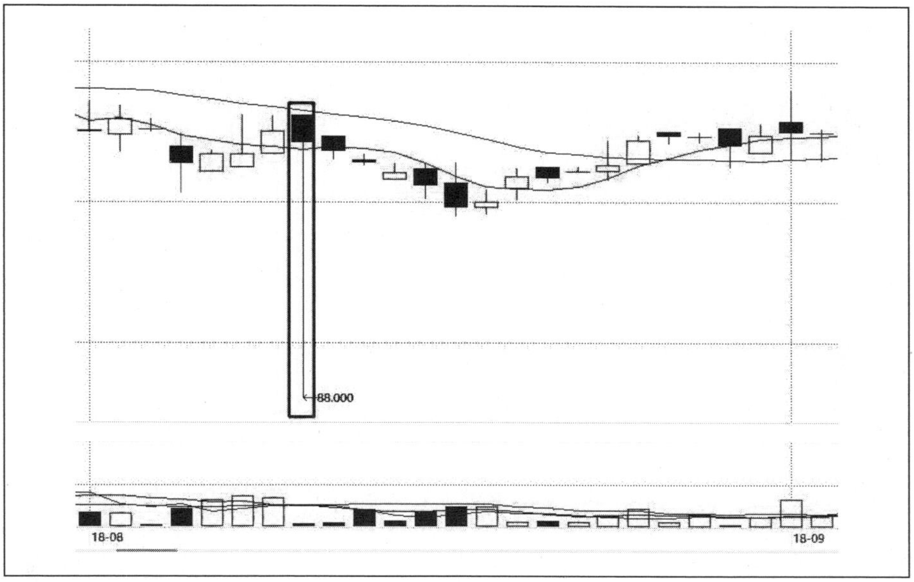

图 6－12 隆基转债探底回升

3. 缩量盘整

随着可转债下跌，投资者卖出的意愿会逐步减弱，而买入意愿持续增强，最终会在某个位置形成平衡。此时若价格波动比较小，成交量较前期下降 50% 以上，往往预示可转债短期见底。

由于单日 K 线较难体现缩量盘整，这里我们使用月 K 线演示，见图 6－13。2018 年 7—10 月，隆基转债价格最低为 88 元，最高为 102 元，多数时间在 94～100 元波动；月成交额减少至 2 亿元左右，显著低于 6 月的 16.38 亿元。事后看，该位置是一个底部区域。

实际投资中，结合可转债价格是不是位于纯债价值附近，可以帮助

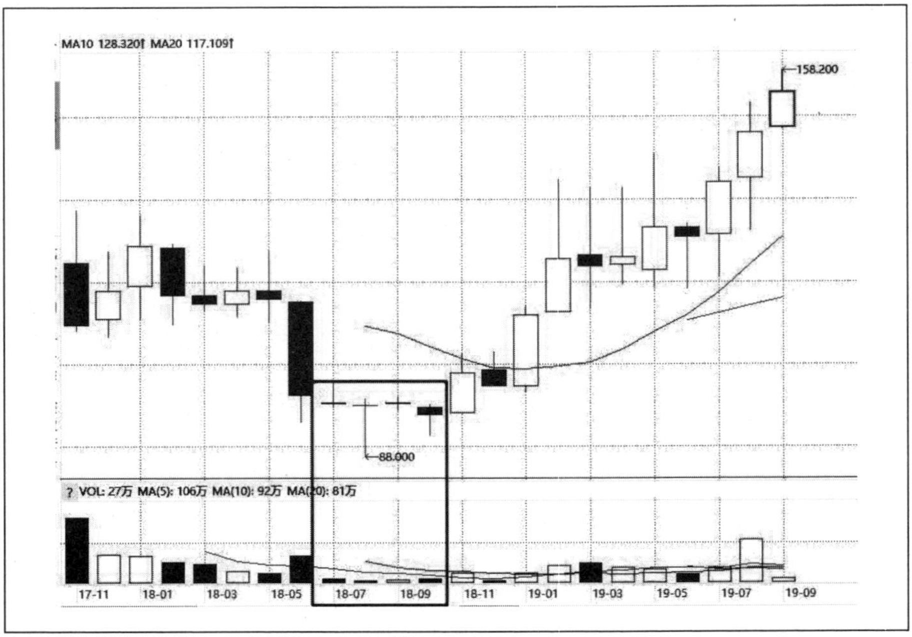

图 6－13　隆基转债缩量盘整（月 K 线）

我们做出更精准的判断。如果可转债不存在违约或信用评级下调风险，在其价格下跌至纯债价值附近时，若伴随缩量下跌，我们就可以加大买入量，这样成功率比较高。

日常短线操作中，如果我们观察到可转债及其正股均到达缩量盘整阶段，可以适当买入。

4. 温和回暖

温和回暖是指可转债价格振荡上涨，虽然每天涨跌幅不大，但是稳步走高，成交量依然维持低位或者小幅放量。这表明中长线的资金已经开始持续买入，未来可转债价格有走高趋势。

如图 6－14 所示，鸿达转债（128085）自 2021 年 7 月 5 日，在连续 6 个交易日分别上涨 1.23%、0.31%、－0.1%、0.08%、1.82% 和 0.89%，呈现温和回暖态势。此后其价格从 104 元附近一路上涨至 125 元以上。

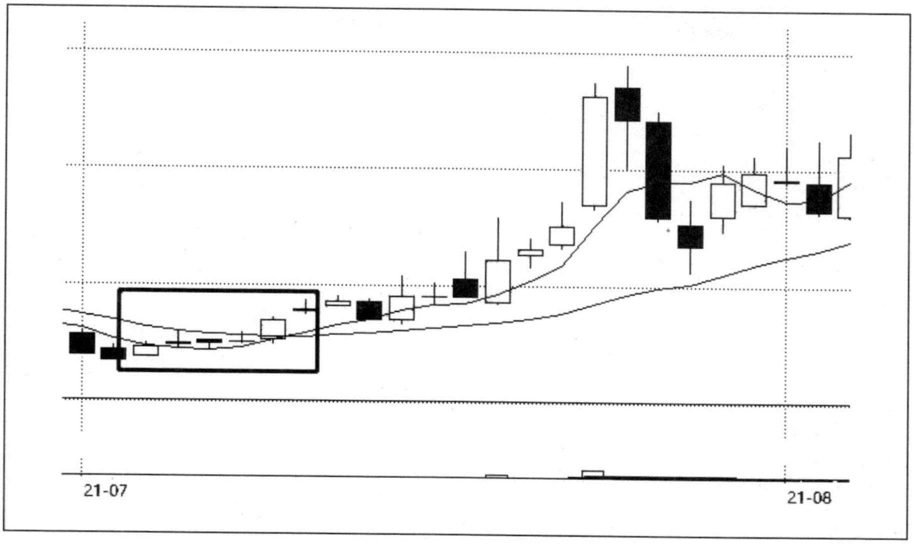

图 6－14　鸿达转债温和回暖

5. 放量拉升

放量拉升是指可转债某日成交量放大 2 倍及以上，同时涨幅显著增大。这也是阶段性见底走强的一个标志。

如图 6－15 所示，2021 年 5 月 14 日东财转 3 的成交额达到 40.98 亿元，是上一个交易日的 8.43 倍，同时价格大涨 4.12%，显示资金开始大量买入。此后其价格从 130 元附近振荡上涨至 150 元附近。

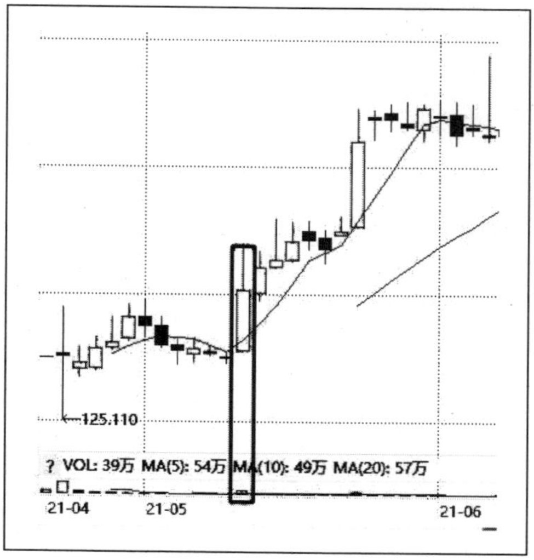

图 6－15　东财转 3 放量拉升

常见的见顶信号

1. 冲高回落

冲高回落是指可转债快速拉升后又快速下跌，在K线上留下一根长长的上影线，表明上方的压力较大，可转债有走弱趋势。如果此时已经累积了较大涨幅，同时放出巨量，连续留下较长的上影线，则信号更为准确。

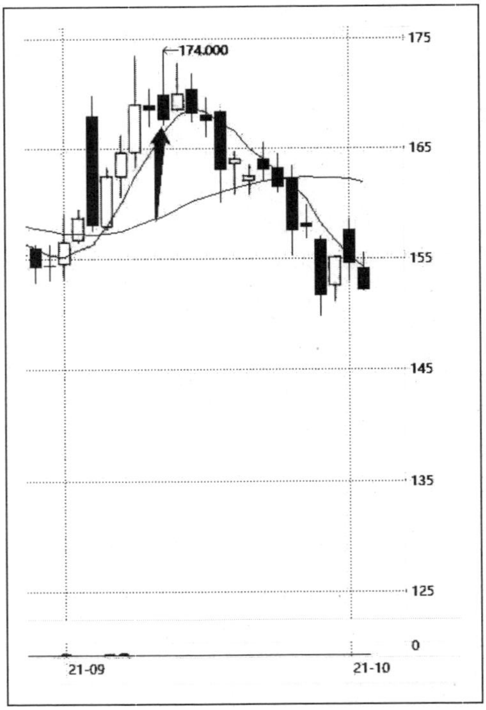

图6-16 东财转3冲高回落

如图6-16所示，东财转3于2021年9月10日冲高回落，当日交易额大约是前一日的两倍，且此前倒数第二个交易日和此后一个交易日也出现冲高回落现象，这就是一个短期见顶的信号。此后可转债自174元振荡回落至2021年11月2日的135元附近才止跌。

2. 放量大跌

放量大跌是指可转债当日出现3%或以上幅度的下跌，同时成交量较上一日显著放大，显示卖出资金较多，承接的买入资金不足，未来有继续下跌的压力。

如图6－17所示，东财转3于2022年1月4日下跌4.87%，交易额为前一日的2.15倍，出现放量大跌形态。其后该可转债继续大幅下跌，自165元附近一路下跌至135元附近。

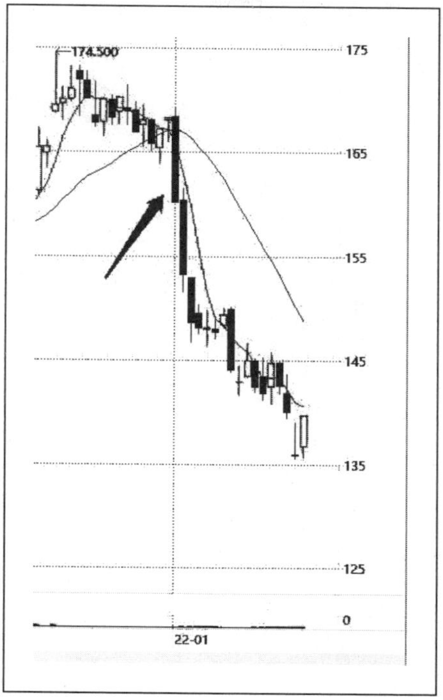

图6－17　东财转3放量大跌

3. 持续阴跌

持续阴跌是指可转债虽然每日下跌不多，但是连续收阴线，仅偶尔出现阳线且持续时间一般不超过3天。这种形态体现卖出压力较大，而买入力量比较弱，有价格持续下跌的趋势。

如图6－18所示，亚药转债在2020年9月—2021年1月出现过多次持续阴跌的走势，价格自80元附近一路下跌至66.6元才止跌回升。对于这种情况，如果我们结合基本面分析，会得出更为可靠的结论。例如因为经营不佳，亚药转债信用评级曾被连续下调，导致价格承压。

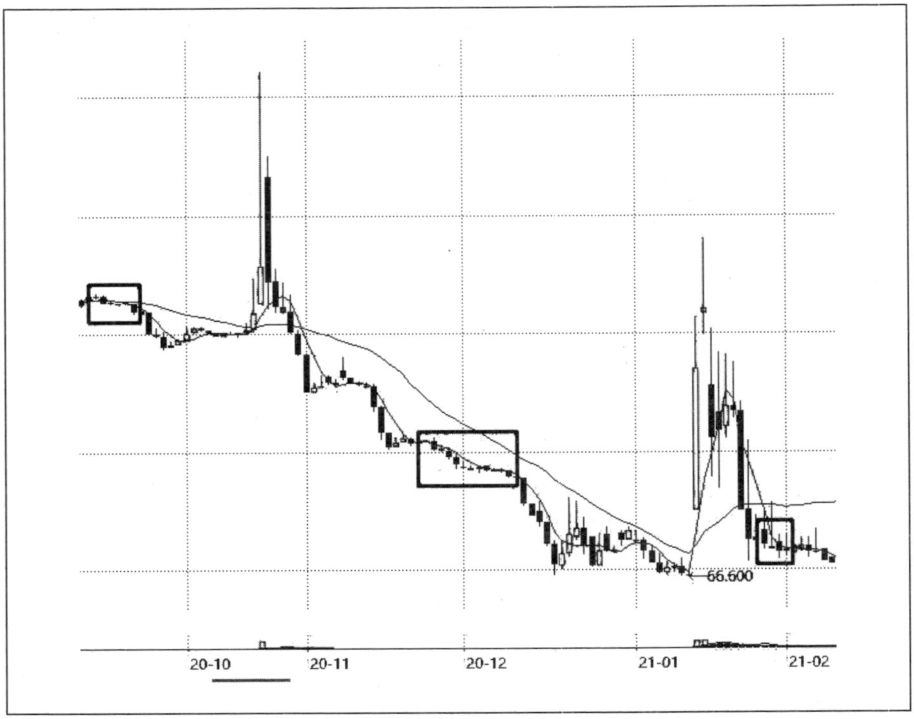

图 6－18　亚药转债持续阴跌

4. 跌破均线

均线表示最近一段时间的成本。跌破均线是指 K 线跌破近期均线（一般使用 MA5），表示卖出压力较大，短期走势较弱。如果跌破均线后价格没有快速企稳，则表示未来继续下跌的概率更大。

例如图 6－19 展示的家悦转债于 2020 年 9 月 2 日下跌 2.35% 跌破 MA5，其后持续下跌，从 130 元上方一直下跌到 2021 年 2 月 8 日的 91 元附近才企稳回升。其间该可转债也曾出现短暂的上涨，但是一般不超过 3 个交易日，或是会收出长长的上影线，显示卖出压力较大。

此外，一旦下跌的趋势开启，往往价格反弹至均线附近就会再次下跌。如图 6－19 所示，在下跌过程中，家悦转债几次上涨至 MA20 而后又转头下跌。

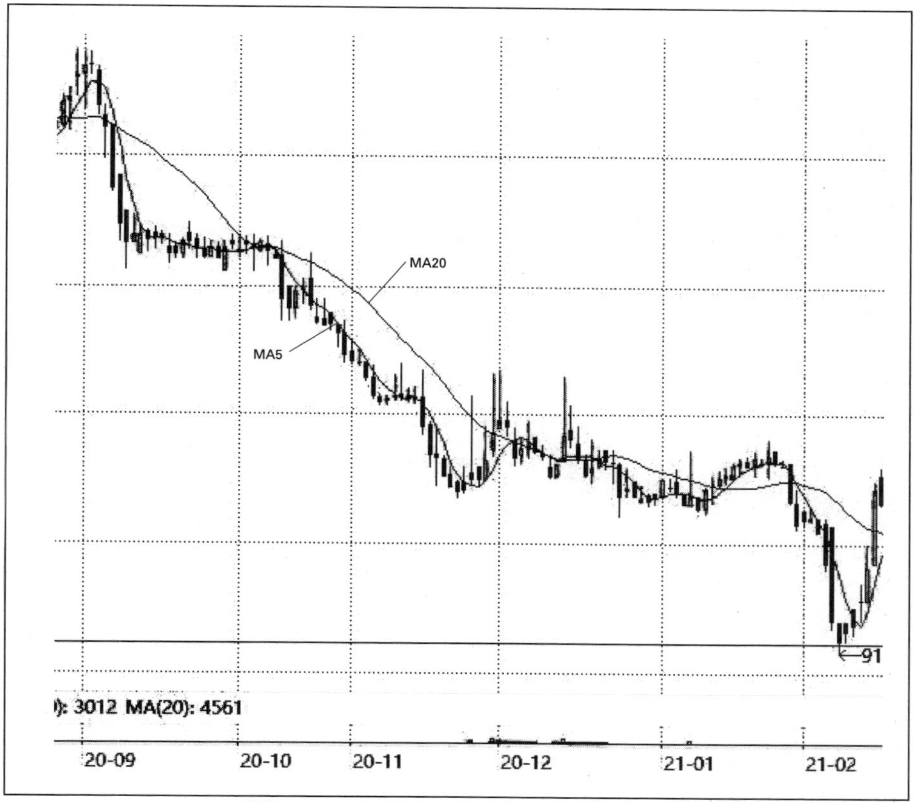

图 6-19　家悦转债跌破均线

5. M 顶

M 顶是指可转债再次上涨到前期高点附近时，出现滞涨，价格不再创新高，说明上方卖出压力较大，适合及时出局。

例如图 6-20 展示的东财转 3，2021 年 9 月 10 日和 12 月 13 日出现的两波行情最高均上涨至 174 元附近。后一波行情上涨至该区域后开始滞涨，易下难上，此时是非常不错的卖出时机。

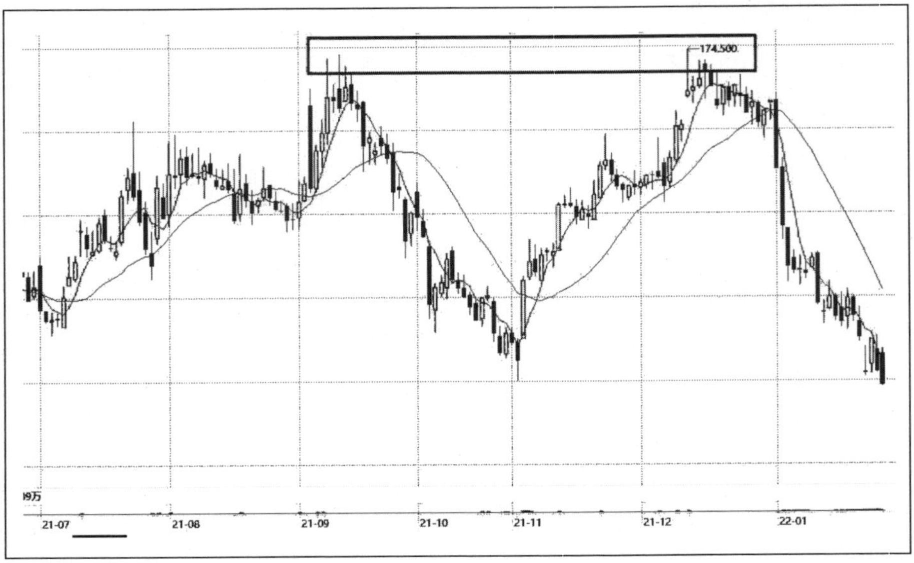

图 6-20　东财转 3 出现的 M 顶形态

热门板块的识别

热门板块是指近期资金关注较多、走势较强的板块。在多数时候，市场中会有某一个或多个板块走势较强，对应的可转债容易受资金关注和炒作，价格出现大幅上涨，这是中短期投资获利需要重点留意的板块。识别热门板块有如下几种方式。

1. 指数/板块识别法

该方法是指查看投资软件或 App 中相应的领涨指数或板块。如果该指数或板块在最近一周、一个月处于涨幅靠前位置，那么未来延续的可能性就比较大。

例如在同花顺 iFinD 中，点击电脑端—股票—行情中心—板块热点菜单，可以看到同花顺指数。我们可以点击 5 日涨跌幅和 20 日涨跌幅查看最近一周和一个月的涨幅排行榜。如果某指数涨幅全部靠前，则该指数属于热门指数，示例详见图 6 – 21。

此外，我们也可以通过天天基金网，查看最近一周和一个月涨幅靠前的指数基金，识别近期的热门指数和板块。图 6 – 22 展示了天天基金网指数基金最近一周的排名情况。将鼠标放到指数基金简称上，我们可以看到基金全称。从图 6 – 22 中，我们会发现化工期货、饲料豆粕、香港银行等最近一周涨幅靠前。点击“近 1 月”，我们还可以查看最近一个月涨幅靠前的指数，从而把握最近的热点。

指数基金覆盖面较广，同时涵盖 A 股、海外市场和商品等，因此

同花顺指数 同花顺行业 同花顺概念 同花顺地域 申万一级

还原 板块名称	涨幅	涨停数	年初至今	5日涨跌幅↓	10日涨跌幅	20日涨跌幅	成交量
1 PCB概念	+0.98%	0	+0.98%	+0.98%	+0.98%	+0.98%	104.52万
2 PVDF概念	+0.12%	0	-14.11%	+0.90%	-6.97%	-12.53%	128.15万
3 机场航运	+1.57%	0	+3.45%	-0.73%	+3.87%	+3.88%	401.84万
4 公路铁路运输	+2.07%	0	-2.08%	-1.32%	-2.62%	-2.53%	583.19万
5 大豆	+2.28%	0	-10.65%	-1.76%	-6.27%	-10.28%	88.57万
6 钠离子电池	+1.48%	1	-9.32%	-2.11%	-6.48%	-9.50%	300.92万
7 航空发动机	+1.24%	0	-13.71%	-2.26%	-7.19%	-13.32%	376.96万
8 转基因	+1.66%	0	-12.93%	-2.45%	-7.26%	-12.67%	227.63万
9 有机硅概念	+0.66%	0	-9.55%	-2.47%	-8.67%	-9.56%	217.34万
10风电	+1.80%	3	-11.27%	-2.53%	-4.63%	-10.52%	3987.71万
11玉米	+2.10%	0	-10.45%	-2.64%	-6.93%	-10.14%	292.75万
12综合	+2.17%	1	-4.11%	-2.68%	-6.46%	-3.71%	326.92万

图 6－21　2022 年 1 月 28 日的同花顺指数

会比同花顺板块指数反映更多的热点指数或板块信息。

全部(9817) 股票型(1936) 混合型(5388) 债券型(2284) 指数型(1446) QDII(209) LOF(339) FOF(253)

跟踪标的： 全部 沪深指数 行业主题 大盘指数 中小盘指数 股票指数 债券指数

跟踪方式： 全部 被动指数型 增强指数型

比较	序号	基金代码	基金简称	日期	单位净值	累计净值	日增长率	近1周	近1月	近3月	近6月	近1年	近2年	近3年	今年来
□	1	008827	建信易盛郑商	01-28	1.1205	1.1205	1.29%	3.60%	12.02%	-8.22%	-15.94%	6.87%	---	---	12.05%
□	2	008828	建信易盛郑商	01-28	1.1147	1.1147	1.29%	3.59%	11.99%	-8.30%	-16.11%	6.44%	---	---	12.01%
□	3	007937	华夏饲料豆粕	01-28	1.2516	1.2516	1.28%	3.23%	3.17%	8.20%	0.55%	-3.22%	25.16%	---	5.23%
□	4	010365	鹏华香港银行	01-28	1.2074	1.2074	0.08%	0.27%	9.55%	7.92%	8.10%	9.08%	---	---	9.96%
□	5	501025	鹏华香港银行	01-28	1.0360	1.0860	0.08%	0.26%	9.56%	7.94%	8.15%	9.18%	-1.88%	-3.57%	9.97%
□	6	006809	泰康香港银行	01-28	0.9466	0.9466	0.08%	0.26%	9.67%	8.56%	9.01%	10.38%	-1.30%	---	10.08%
□	7	006810	泰康香港银行	01-28	0.9362	0.9362	0.07%	0.26%	9.63%	8.44%	8.78%	9.93%	-2.09%	---	10.04%
□	8	510080	长盛全债指数	01-28	1.4722	2.8117	0.07%	0.25%	1.64%	3.11%	5.00%	8.79%	22.40%	37.45%	1.24%
□	9	008549	汇安中债-广	01-28	1.0248	1.0802	0.02%	0.22%	0.62%	1.47%	2.53%	5.00%	8.01%	---	0.55%
□	10	013138	上银中债5-	01-28	1.0196	1.0196	0.35%	0.21%	1.44%	2.28%	---	---	---	---	1.31%

图 6－22　2022 年 1 月 28 日天天基金网的指数基金涨跌排序

对于可转债是否属于某指数或板块，我们一般可以用以下两种方式查询。

一是使用宁稳网。依次点击转债、全表，我们可以查看可转债对应的行业和子行业，也可以在顶端的“所有行业”下拉菜单中点击对应的行业进行查询，还可以在该表中直接点击涨跌幅，查看涨幅靠前的可转债属于何种行业，如图 6－23 所示。

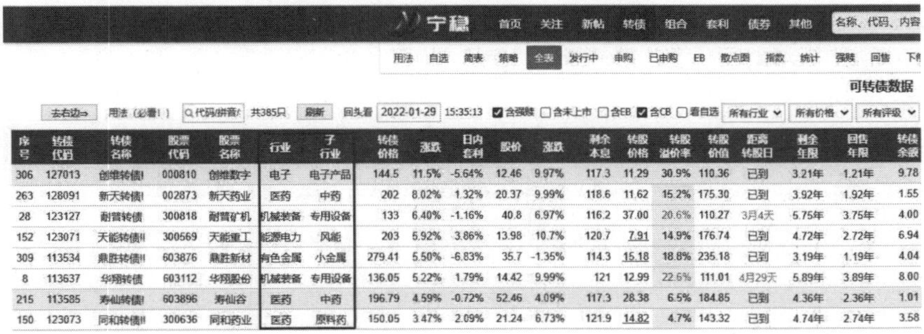

图 6－23 宁稳网数据示意图

二是使用集思录。在注册登录后，我们可以依次点击实时数据、可转债、行业进行查看。该页面也支持通过点击涨跌幅查看涨幅靠前的可转债，如图 6－24 所示。

图 6－24 集思录数据示意图

如果知道一只可转债，但不知道它属于何种板块或概念，我们可以通过同花顺查询对应可转债的正股进行了解。例如在手机客户端输入清水转债的正股清水源，即可查看包括所属板块、概念等的盘口信息，这样就可以了解可转债所属的板块，如图 6－25 所示。

图 6－25　同花顺中的清水源盘口信息

2. 政策识别法

投资者可以通过查阅近期的政策新闻，了解当前政策支持的行业，把握相关板块的热点机会。例如比较典型的新能源行业，2021 年从年初到年末，不断落地的支持政策促进了行业的持续发展。

2021 年 2 月 21 日，《中共中央 国务院关于全面推进乡村振兴加快农业农村现代化的意见》，提出实施乡村清洁能源建设工程。

2021 年 2 月 25 日，国家发展改革委和国家能源局联合发布《关于推进电力源网荷储一体化和多能互补发展的指导意见》，引导电源侧、电网侧和独立储能等领域发展。

2021 年 3 月 12 日，《中华人民共和国国民经济和社会发展第十四个五年规划和 2035 年远景目标纲要》发布，提出加快抽水蓄能电站建设和新型储能技术规模化应用。

类似政策文件不再一一列举。此时，我们需要重点关注该行业。

3. 价格/业绩识别法

某些企业的业绩与产品价格关系密切，当产品的价格大幅上涨时，企业的股价和可转债价格也会有所反应。这一点比较明显地体现在钢铁、煤炭、化工、生猪养殖等行业。

例如，图6－26显示，2021年4月，南华硅铁指数期货价格开始大幅上涨，相应的二级市场中钢铁股及钢铁类可转债的价格也开始显著走强。该指数一直上涨到2021年9月才逐渐见顶回落。

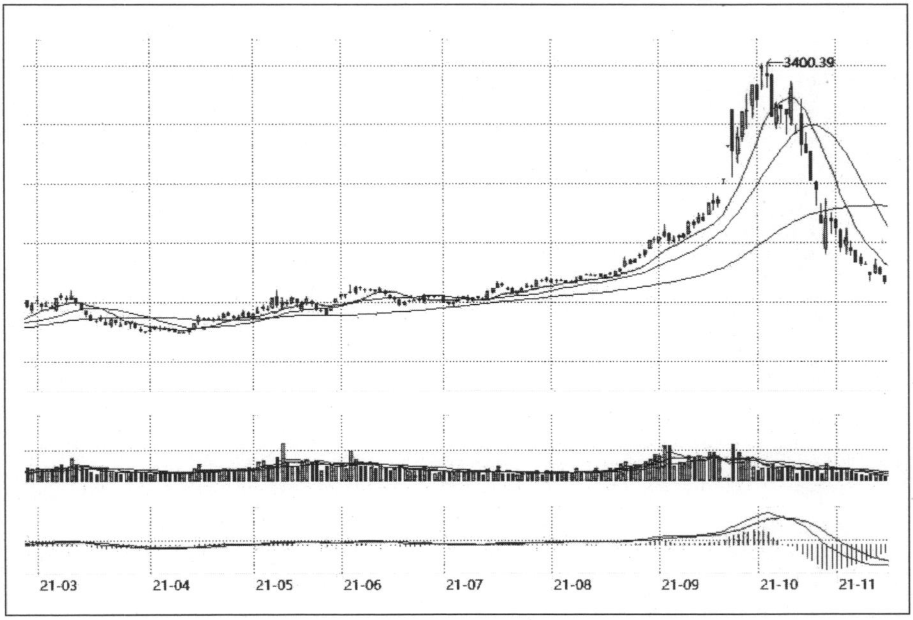

图6－26 南华硅铁指数期货走势

如图6－27所示，钢铁板块的本钢转债于2021年2月见底。2021年4—9月，本钢转债价格从80元附近一路上涨至140多元，随后才开始振荡下跌，与钢铁期货的价格走势较为一致。

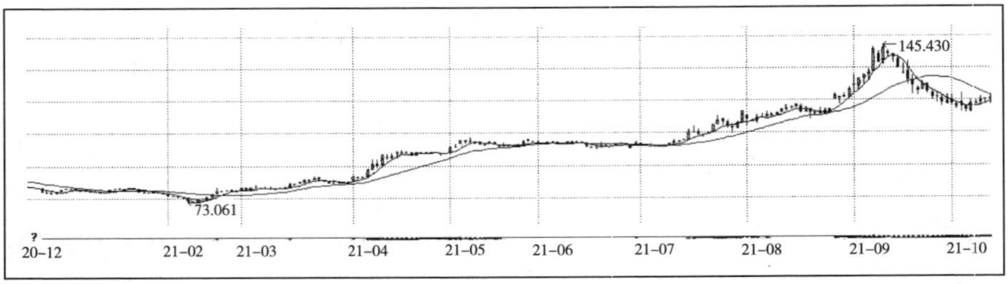
145.430
73.061
20-12
21-02
21-03
21-04
21-05
21-06
21-07
21-08
21-09
21-10

图6-27 本钢转债走势

常用的止盈止损手段

止盈是指达到盈利目标及时落袋为安，止损是指为了防止亏损扩大而卖出以控制损失。

1. 拐点止盈/止损

拐点止盈/止损是指在可转债出现见底特征时买入，出现见顶特征时卖出。这种方法可以结合上述技术指标进行判断和交易。使用该策略时，投资人需要制定明确的投资纪律并严格遵守。在操作过程中，还要不断总结和反思，以提高投资准确率。以热门板块的中低价中小盘可转债为标的，结合技术指标进行操作，获利概率会显著高于在其他板块的操作。

2. 移动止盈/止损

买入可转债后，我们可以设置动态观察目标，并在盈亏达到预设的比例后果断止盈或止损。一般我们设置的止盈比例比止损比例稍大，以在不确定的概率游戏中提高获利能力。例如可以设置盈利 10% 后卖出，亏损则是亏 5% 时就卖出。这样在有盈利机会时可以赚得更多，而在出现亏损时能够及时卖出止损。

此外，可转债价格的短期波动具有惯性。为了更好地把握时机，我们也可以在盈利 10% 后继续跟踪观察，当价格自某高点开始回落时卖出。例如，某可转债上涨 10% 后继续上涨趋势，幅度达到 15% 后回落

1%，我们可以到此时再卖出。

这相当于在移动止盈/止损的基础上，加上了价格出现拐点时再操作的监控。第 7 章我会详细介绍。

3. 目标止盈/止损

这是根据可转债的基本知识制订的投资策略。例如可转债下跌到纯债价值附近时趋势减缓，此时我们可以适当结合技术指标买入；而当可转债上涨至强制赎回价格上方后，对应的保护性变弱，我们可以根据技术指标止盈。

例如 2018 年隆基转债的纯债价值在 82 元附近，考虑正股为光伏龙头企业，质地优良，我们就可以设定在可转债跌破 100 元、90 元和 85 元时，根据技术指标分别买入 1 份、2 份和 4 份。在实际操作中，前两个价格均触发买入（详见图 6－13 中的隆基转债月线）。而当可转债价格达到强制赎回价 130 元时，我们可以根据技术指标止盈，在 130 元下方不设止损。最终市场也提供了机会。

这种操作方式结合了可转债的特点，利用了可转债的保底特性和强制赎回规则，既可以减少操作，又能提高胜算。

仓位管理

在投资中，除了决定何时买卖，仓位也对最终胜负影响很大。

举个例子，假如你有100万元投资资金，虽然你看对了某只可转债，赚了100%，但是只投入了1万元，对应仓位是1%，于是只能赚1万元；而虽然另一位投资者老王看中的可转债只上涨了50%，但是他投入了20万元，对应20%的仓位，能赚到10万元。这充分说明，仓位管理对最终整体的资金回报影响巨大。

那么，我们该如何分配可转债投资的仓位呢？

最简单的方式，是每只可转债投资5%～10%，大约配置10～20只，省时省力。

但是如果想进一步管理仓位，我们就需要使用科学的管理方式，这里就不得不提到“凯利公式”（又称财富公式）。

提出凯利公式的约翰·拉里·凯利是物理系出身，博士毕业后就进入贝尔实验室工作。他在研究赌博相关的问题时提出了凯利公式，以借助通信噪声干扰理论中使用的数学模型解决赌博中每次该下多大赌注的问题，目的是不要在不断变化的赌局中把本金全部亏完，同时在长期操作中享受最大的复利收益。

下面我先介绍与凯利公式相关的几个概念。

赔率是指赢钱回报倍数与输钱回报倍数的比值，用b表示。例如一场游戏，猜对赢得本金的5倍同时退还本金，而猜错损失全部本金；则$b=5\div1=5$，表示赢家得到的回报相当于下注金额的5倍，同时投注的本金也要返给赢家。

胜率是指获胜的概率，用 p 表示，对应的亏损概率 $q=1-p$。例如抛硬币猜正反面游戏中 $p=50\%$，即出现正面的概率是 50%，那么猜正面的胜率就是 50%。

那么一场赌局中，凯利公式提供的每次最优下注比例 f 为

$$f=p-q\div b$$

例如一场猜硬币正反面的游戏中，猜对获赔本金的 1 倍，亏损则损失全部本金，则赔率 $b=1\div1=1$，$p=50\%$，$q=1-p=50\%$。那么最优下注比例 $f=p-q\div b=50\%-50\%\div1=0$，即你不应该参与这个盈亏不定、太过公平、浪费时间的游戏。

再比如，同样是猜硬币正反面的游戏，如果猜对获赔本金的 2 倍，亏损则损失全部本金，则赔率 $b=2\div1=2$，$p=50\%$，$q=1-p=50\%$。此时最优下注比例 $f=p-q\div b=50\%-50\%\div2=25\%$，即你每次可以拿本金的 25% 参与这个游戏。

在可转债的投资中如何应用凯利公式呢？

可转债的底是其纯债价值。如果不违约，到期税后本息为其能拿到的最低价值。我们可以将纯债价值作为保守投资的底，将到期税后本息作为激进投资的底。

绝大多数可转债通过强制赎回退市，顶之一是强制赎回价，顶之二为正股的高估区域。前者属于保守的顶，后者属于激进的顶。

我们可以根据这两者计算赔率，下面我以浦发转债举例，见图 6-28。

此时，浦发转债的价格为 106.92 元，如果同时使用保守的底部和顶部计算，则：

价格低点 = 纯债价值 = 104.97 元，对应的潜在收益率 $=104.97\div106.92-1=-1.82\%$；

价格高点 = 强制赎回价格 = 130 元，潜在收益率 $=130\div106.92-1=21.59\%$；

浦发转债基本资料 查看走势图

浦发转债（110059 上海）	正股：浦发银行（600000 上海）	行业：金融—银行行业
发行日期：2019-10-28	转债现价：106.92	转股价值：60.20
到期日期：2025-10-28 剩余3.74年	债券评级：AAA 主体评级：AAA	转股溢价：77.6%
股票现价：8.41 较转股价低-39.8%	发行金额：500亿元	纯债价值：104.97 折现率3.0%
转股价格：13.97	剩余金额：499.99亿元 占市值20.3%	回售价值：无权
转股起始日：2020-05-04（说明）	今日成交：20,953万元 换手率0.4%	税前到期收益率：2.46%
各期利息：0.2，0.8，1.5，2.1，3.2，4	回售起始日：0000-00-00 无权	税后到期收益率：1.63%
到期还本（不含息）：106 本息共117.8	回售转债价：应计利息+100	税前回售收益率：无权

下修条件：连续30个交易日中至少15个交易日收盘价格低于当期转股价格的80%

强赎条件：连续30个交易日中至少15个交易日收盘价格不低于当期转股价格的130%，或者余额小于3000万元

回售条件：无股价下跌的回售权利

担保：无

图6-28　2022年1月30日浦发转债信息

资料来源：宁稳网。

赔率 b = 21.59% ÷ 1.82% = 11.86 倍。

在获胜概率方面，浦发转债还剩下近4年的时间，相对较长。

我们还可以参照正股的估值分位数进行估算。查看芝士财富的估值数据，我们可以看到2022年1月30日浦发转债正股浦发银行市盈率的估值分位数为14.21%，市净率的估值分位数为0.25%。综上，保守起见可以取 p = 1 - 14.21% = 85.79%，q = 14.21%。

则最优投资比例 f = p - q ÷ b = 85.79% - 14.21% ÷ 11.86 = 84.59%。即在不考虑其他备选标的的情况下，我们可以在该可转债上投资84.59%的仓位。

如果出现多只最优投资比例较高的可供选择标的，我们可以按照对应可转债的最优投资比例，依据某一备选标的占全部标的最优投资比例之和的比例进行分配。例如有三只可转债，最优配置比例分别为60%、70%和80%，则三者最优配置比例合计 = 60% + 70% + 80% = 210%，那么第一只可转债的可分配权重 = 60% ÷ 210% = 29%，第二、三只可转债的可分配权重按照相同方式计算分别为33%和38%。

对于部分正股估值分位数较高但是价格不高的可转债，我们可以使用简化方式测算仓位配置。

例如假设可转债的低价统一为 100 元、高价统一为 130 元，现价为 120 元、110 元的可转债对应的获胜概率分别为 70% 和 50%，则最优配置比例分别为 10% 和 25%。对应的可分配仓位计算过程如表 6－1 所示。

表 6－1　可转债仓位配置的凯利公式计算

转债价格（元）	最低价格（元）	最高价格（元）	赔率 b	获胜概率 p	亏损概率 q	最优分配比例 f
120	100	130	0.5	70%	30%	10%
110	100	130	2	50%	50%	25%

凯利公式的本质是将资金重仓于确定性强的领域，从而规避让自己一无所有的风险。其本质与巴菲特、查理·芒格等投资大师的思路异曲同工。

总结一下，在实际操作中，投资者可以使用的技术指标远不止上述内容，但是所有的技术指标都是基于“历史总在不断重演”的特定假设，本身有一定的错误概率。将技术指标作为投资工具之一，与其他工具结合使用，更有利于发挥其长处、规避其不足。在具体配置仓位时，投资者需要适当聚焦于确定性更强的标的，以获取更高的长期复合投资收益。

07

条件单介绍

很多朋友都是非专业投资者，没有时间盯盘，但可转债的价格波动比较剧烈，经常会有一些高价卖出的机会。如何把握这种机会呢？本章介绍的条件单有助于帮助大家解决盯盘痛点，把握更多盈利机会。使用该功能，完成触发交易的设置后，计算机会自动盯盘并触发相应委托买卖，省去了人工盯盘的痛苦。同时，计算机盯盘的委托速度快，可以弥补网络信号不佳、手工操作慢等不足。

什么是条件单？

条件单是指设置好相关的交易触发条件后，可以自动帮助投资者委托下单的交易系统，类似于自动买车票、自动抢红包等功能。

由于条件单需要专门的服务器存储并检测交易触发条件，所需的系统和服务器资源较多，目前支持条件单的券商不多。大中型券商中，银河证券和华泰证券支持条件单，但是功能相对简单；中小型券商中，华宝证券定位于智能交易，提供的条件单比较丰富，且支持设置可转债条件单。

下面我主要以华宝证券的条件单功能为例进行介绍，具体截图来自华宝智投 V5.9.8 版本手机客户端，所涉及内容均为示例，不作为操作建议。

条件单常用功能定义

本节主要介绍条件单的设置路径和主要功能。登录华宝智投客户端，在交易—条件单—新建条件单路径下，可以看到具体的条件单类型。在上方菜单栏可以选择不限、买入、卖出和双向四类，投资者可以根据自己的需求进行操作。我们先选择不限，查看所有的条件单。图7－1、图7－2及图7－3展示了华宝智投手机客户端中可选的全部条件单类型。

图7－1　新建条件单类型1

图7－1展示的热门条件单包括以下几种。

“价格条件”是指观察的可转债、股票、基金等交易标的达到设定的目标价格时，触发买入或卖出交易的条件单。

“网格交易”是指根据网格交易规则，在达到相应的条件时自动进行买卖的交易，适用于对特定标的进行低买高卖操作。

“涨停买入”是指当日可转债、个股、基金涨停时触发，按照涨停价委托买入，是一种追涨买入的条件单。

“拐点买入”是指可转债、个股、基金下跌到一定价格后，如果出现反弹则进行买入，是一种在目标价下反弹时进行委托的抄底交易条件单。

“新股开板”是当连续涨停的新股某一日打开涨停板后出现一定程度回落就自动委托卖出的条件单，适用于连续走强、而后走弱的新股。

图7－1展示的“交易条件单”还有以下两种。

“时间条件”是在指定时间进行委托的条件单，支持在交易日9：30—14：59的任何时点触发委托交易，适合在连续涨停或者跌停时提前设定，以提高买入或卖出成功率。

“涨跌幅条件”是在涨跌幅达到一定程度时触发委托交易的条件单，适用于技术上的追涨买入、杀跌止损，或者有目标价格时的委托买卖。

图7－2展示的“交易条件单”有以下几种（此前已介绍的不再赘述）。

“回落卖出”是指可转债、个股、基金上涨到一定程度后，如果出现回落则及时卖出止盈，适用于有卖出目标价的可转债或个股操作。

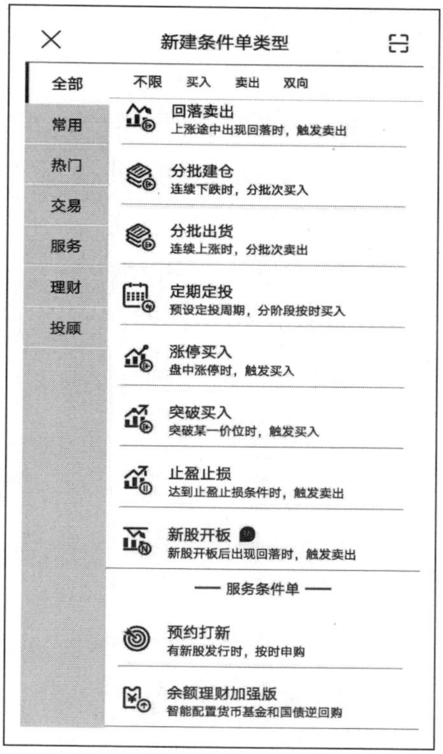

图7－2　新建条件单类型2

“分批建仓”是在可转债、个股、基金达到一定价格后根据涨跌幅间隔分批委托买入，适用于下跌时分批抄底或上涨时分批加仓（后者为部分技术派投资者的投资方式）。

“分批出货”是在可转债、个股、基金达到一定价格后根据涨跌幅间隔分批委托卖出，适用于上涨时分批卖出止盈，或下跌时分批止损或止盈。

“定期定投”是指按照设定周期、设定时间对可转债、个股、基金进行定投的委托交易，支持每个交易日、每周、双周、每月等频率的定投交易。

“突破买入”是在可转债、个股、基金突破某价格后委托买入的条件单。

“止盈止损”是在可转债、个股、基金达到某特定价格时止盈，在达到另外的价格时止损的委托条件单，可以同时设定双向委托的条件。

图 7－2 展示的“服务条件单”有以下两种。

“预约打新”是当有新股、新债发行时，可以在设定时间由系统直接委托参与新股和新债打新的条件单，能防止投资者忘记参与打新。

“余额理财加强版”是在余额理财（对应货币基金）和一天期国债逆回购之间做切换的理财委托条件单。余额理财的收益率比较稳定，而国债逆回购收益率波动较大。该条件单可以在设定监测时间和收益率后自动盯盘，当某日国债逆回购的收益率显著较高时，将账户内的余额优先切换至国债逆回购的委托交易。

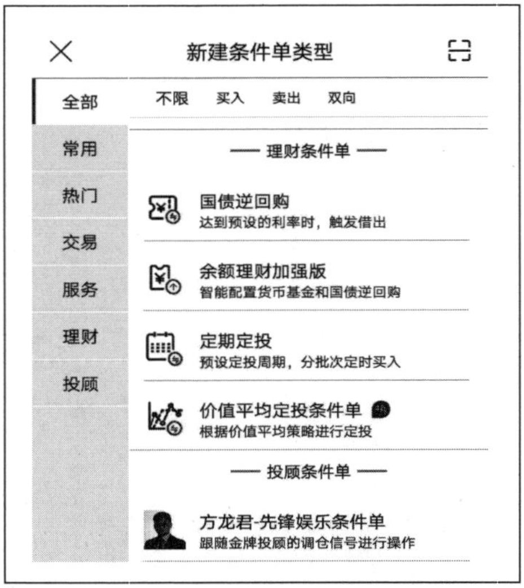

图 7－3　新建条件单类型 3

图 7－3 展示的条件单有以下几种（此前已介绍的不再赘

述）。

“国债逆回购”是当国债逆回购的收益率达到设定的收益率水平时委托交易的条件单。

“价值平均定投条件单”是按照价值平均定投的规则设定条件，触发特定频率委托交易的条件单。根据交易规则，价值平均定投条件单是在价格下跌较多时加大买入量，而在上涨较多时卖出的优化定投策略，有望带来更多盈利。

“投顾条件单”是根据专业投顾人员自己的交易规则设定的条件单。

新股开板

根据A股交易规则，沪市和深市主板上市首日涨幅限定为44%，其后每日涨停板为10%。因为上市股份较少，容易出现连续涨停的情况，而在打开涨停板后筹码相对松动，容易出现下跌，所以比较稳妥的方式是中签后一直持有，当个股不再涨停时卖出，这样可以获得较为丰厚的回报。

例如汇通集团（603176）于2021年12月31日上市首日上涨44.12%，其后连拉15个涨停，在第16日出现涨停板打开的情况，换手率达到45.86%，筹码松动明显。其后股价冲高回落，短短3个交易日，从最高的11.89元下跌到9.09元（见图7－4）。回头想想，第16日打开涨停板及其后的冲高回落阶段，均是非常好的卖出时机。这也反映了多数新股的走势。

新股开板就是为了满足上述需求设置的条件单。从图7－5示例中，我们可以看到新股开板条件单的参数设置。先是确认新股代码及新股名称，其后在触发条件栏目可以设置新股打开涨停板后累计回落多少时进行卖出委托。此处默认回落单位为百分比，点击右侧的差价可调整为回落多少金额触发卖出委托。为了在满足条件后尽快卖出，我们可以设置回落0.1%或0.1元卖出。

之后在委托设置栏目，我们需要设置委托价格，一般选择限价委托中的即时买三价容易尽快成交，即条件触发后按照尚未成交的五档买入价格的第三档卖出。有的投资者为了提高卖出价选择了即时买一价，但

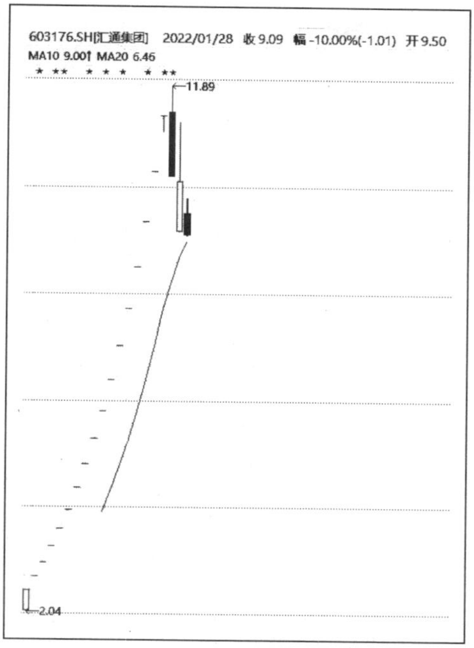

图 7－4　汇通集团新股开板走势

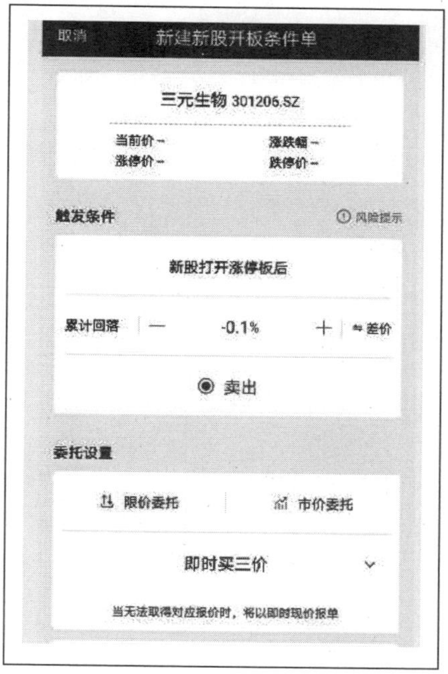

图 7－5　新建新股开板条件单 1

是根据“价格优先，时间优先”的原则，当委托卖单较多时，系统会优选成交价格更低的卖单，导致错失卖出机会。采取市价委托也存在类似问题。如果想进一步加快成交速度，也可以选择即时买五价。

关于价格有两点需要注意。

一是对于在临时停牌期间新建的新股开板条件单，系统观察的起点为临时停牌前的最新价格。如果复盘后不再涨停甚至下跌，会导致条件单在判定时认为尚未触发涨停（设置后未出现涨停），从而不提交委托。从这个角度看，投资者最好是在新股上市前设置该条件单。

二是上市首日不设涨跌幅限制的品种，例如科创板和创业板，不支持市价委托。科创板和创业板个股的价格容易“一步到位”，在上市首日就出现中短期的最高价，不适合使用该条件单。例如创业板新股益客食品（301116）于 2022 年 1 月 18 日上市当日上涨 212.46%，创下了

38.3 元的短期高点；其后连续下跌 7 天，最低下跌到 21.31 元（见图 7－6）。对于该类新股，回落卖出条件单更适合，后面会详细介绍。

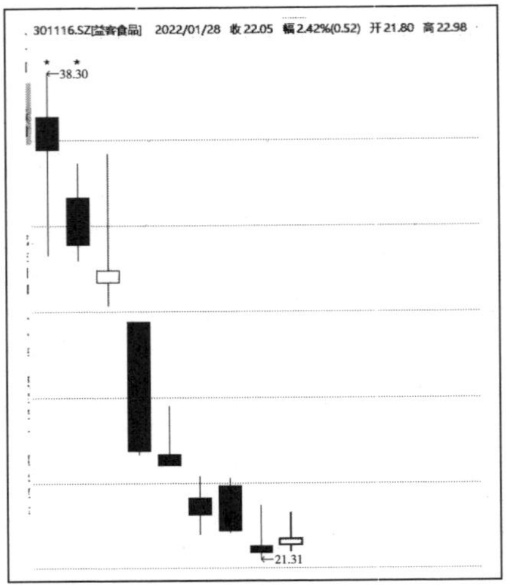

图 7－6　益客食品新股开板走势

设置好价格后，我们还需要设置委托股数，一般选择全部。截止日期栏，默认是 60 日，出于便利，我们也可以选择长期有效。全部设置好后，点击“提交创建”即可完成条件单设置（见图 7－7）。

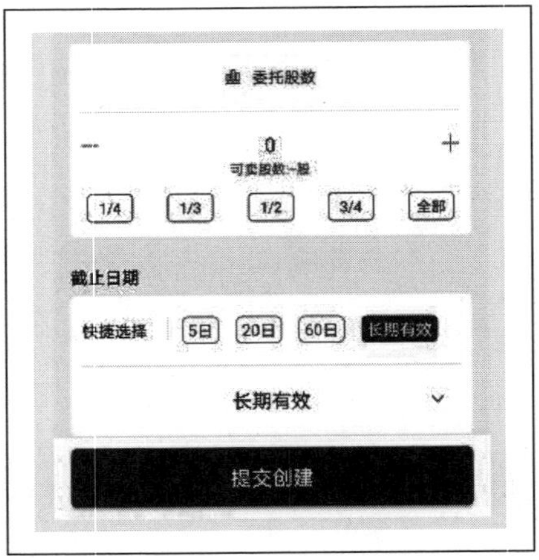

图 7－7　新建新股开板条件单 2

止盈止损

现在我们来看看如何借助止盈止损条件单投资可转债。

如图7－8所示，选择可转债后，在“触发条件”栏目可以设置止盈止损的触发价格。其中默认参考基准价为持仓成本价。

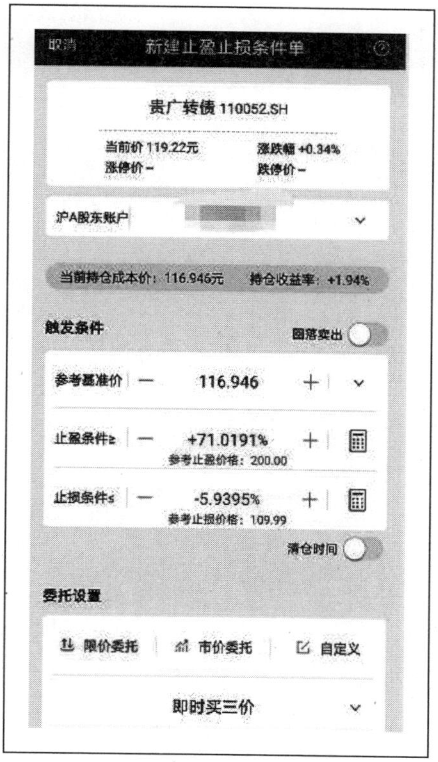

图7－8　新建止盈止损条件单

止盈条件设置即在达到何种盈利比例（相对参考基准价）时进行止盈，需要输入百分比。点击右方的计算器标识会显示价格与百分比的对应关系，如图7－9所示。输入计算价格，系统会自动计算涨幅比例，带入止盈条件栏目。止损条件的设置方法与此相似。

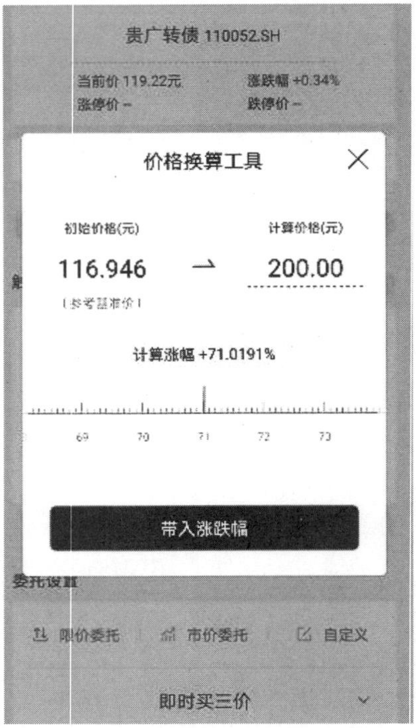

图7－9　止盈止损价格换算工具

如果我们希望获得可转债冲过目标价后继续上涨的利润，则可以点击触发条件右侧的“回落卖出”，设置超过目标涨幅后回落多少再进行卖出，如图7－10所示。这里选择了按照价差进行回落卖出。输入0.1元后（数值可修改），止盈条件下方对应的参考止盈价格从200元变为199.90元。实际交易中，如果价格冲过200元继续上涨，委托价格会进一步提高。

图7－10　止盈止损回落卖出设置

触发条件一栏右下方还有清仓时间可选，可供不希望持仓过夜或者过节假日的投资者使用。

图7－11展示的“委托设置”支持投资者对委托价格、委

托数量和截止日期等进行设置，与此前的介绍一致，这里不再赘述。其中委托价格的自定义选项支持自行设定价格，适合对定价有把握的投资者使用。

此外，在截止日期下方还有高级设置可供选择（如图 7－12 所示），默认为全部不使用。高级设置的主要功能包括监控时段、偏差控制、报价优化、延迟确认和保底价触发等非关键性选项。

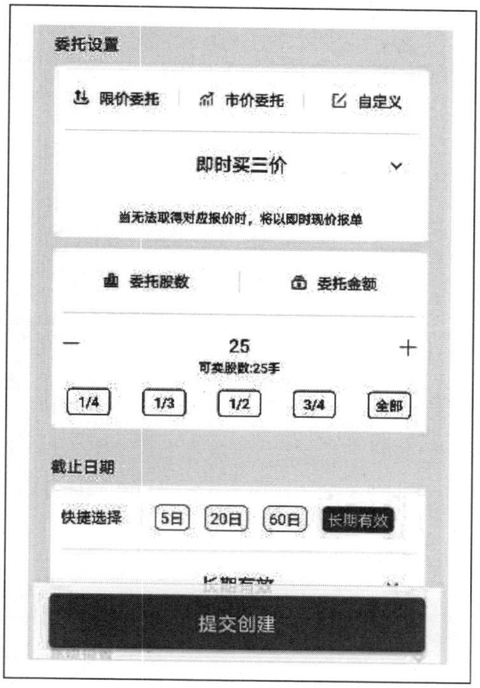

图 7－11　止盈止损委托设置

图 7－12　止盈止损高级设置

点开“监控时段”我们会发现，系统可供选择的周期是周一至周五，每个交易日可供选择的时段为 9：30—14：57，即开盘前和收盘前的集合竞价时间不在监控范围内。在上述时间段以外条件单不会触发，如果遇到可转债停牌至 14：57 后回落，投资者需要手动进行止盈或止损操作。

“偏差控制”是为了在可转债报价不连续、成交不活跃时低价卖出。例如某日贵广转债（110052）满足了 200 元上方回落 0.1 元的条件，对应价格为 201 元，此时买一、买二、买三价格分别是 200.95 元、200.50 元和 190 元，那么买价三较市场价格 201 元的偏差就达到 5.47%。若持有人不希望在此情况下按照该买入价委托造成卖出价过低，就可以点击“偏差控制”，当报价较市场价偏离 ±2%（可修改）时，止盈止损条件单终止，不实施任何委托。但是潜在的风险是无法及时成交，投资者可能需要继续等待机会。

“报价优化”是指委托时可以较上述设置的价格低 0.01 ~ 1 元（可修改），以按照“价格优先”的原则享受更快的撮合。

“延迟确认”是指为了防止技术上的假突破，在连续满足条件一定次数后再提交委托。该功能支持设置连续确认次数和累计确认次数，参数设置范围为 2 ~ 20 次。例如条件单设置为在 109.99 元止损并延迟确认三次，则当价格连续三次跌破 109.99 元时止损委托才会触发。这是为了防止出现一次假突破就止损，导致不必要的损失。

“保底价触发”是为了防止卖价过低而做的设置，防止委托低于保底价成交。例如设置了自高点下跌 2% 回落卖出，如果可转债小幅上涨（如 1%）即开始回落并实现下跌 2%，就会导致委托卖出价格偏低。此时如果勾选了保底价成交，就可以在下跌至保底价格时委托止损。该功能经常与延迟确认共同使用，防止止损过于敏感。

总之，高级设置相对复杂，使用时需谨慎。

定期定投

定期定投条件单支持定投股票、可转债、场内基金等多个交易品种，但不支持定投场外基金（场外基金定投在专门的菜单操作）。定期定投比较适合每个月有结余资金，希望在偏低位置积累廉价筹码的投资者。可转债价格普遍波动大，且多数会面临强制赎回，如果定投可转债，建议优先选择规模较大且企业不存在破产风险的，例如大秦转债、浦发转债和中信转债等。同时，投资者需要在价格较高时及时卖出，防止强制赎回带来不必要的损失。

图 7－13　新建定期定投条件单 1

图 7－13 为新建定期定投条件单的界面，此处我选择了 2022 年初估值偏低的中概互联网 ETF 做演示。输入代码后，在“触发条件”栏目下可以选择“间隔周期”，一般支持每日、每周、每两周和每月。这里我选择每周一下午 14 时 50 分作为买入时点。长期投资中，何时买入影响不大，具体买入时点主要看个人的资金情况。

在“委托设置”中，我们可以选择“即时卖三价”。该 ETF 成交量较大，价格连续性较好，基本不会出现价格的突变。

之后，我们需要选择“委托股数”或“委托金额”，一般选择“委托金额”。相比固定股数买入，固定金额买入花费的资金可控，且长期看平均成本更低，盈利更丰厚。图 7－14 选择的是每期买入 1000 元。

“截止日期”方面，选择“长期有效”能够支持更长时间的定投。设置完毕后，点击下方的“提交创建”即可。每期定投时，需要确保账户内资金充足。

图 7－14　新建定期定投条件单 2

价格条件单

价格条件单即设定在某个价格买入或卖出，是较为简单的条件单。图7－15展示了对乐普转2设置的，在股价不低于150元时按照即时买三价委托卖出的价格条件单。价格条件单中的委托数量和截止日期等设置与其他条件单类似，在此不再展开介绍。

图7－15 新建价格条件单

此外，“触发条件”栏目右侧的“跟踪目标”选项支持根据特定的目标触发卖出交易，但是跟踪目标仅能从自选品种和持仓品种中选择。图7－16就是选择跟踪上证指数并设定在上证指数大于等于4000点时止盈的卖出条件单。对于单纯的可转债交易而言，可以不用该功能，而是直接按照设定的目标进行委托交易。

图7－16　卖出条件单的跟踪目标设置

拐点买入

拐点买入条件单即在达到一定价格后行情出现反弹时委托买入。一方面，该条件单可以实现在指定价格附近买入；另一方面，当价格低于目标价并持续下跌时，可以暂不买入，以适当降低买入成本。例如某条件单设定在100元下方反弹0.1元买入某可转债，则当该可转债价格跌破100元并持续下跌时不会触发买入委托，当下跌至98元后反弹至98.1元时才触发委托。

图7－17是对城地转债（113596）设定的拐点买入条件单，条件为低于100元并反弹0.1元时触发买入委托。委托数量等设置与之前介绍的一致，不再赘述。

拐点买入条件单支持跟踪目标和踩线设置。其中踩线设置是指可转债价格需要同时满足最低价不低于设定的目标价格才会触发委托，相当于多了一个判断条件。

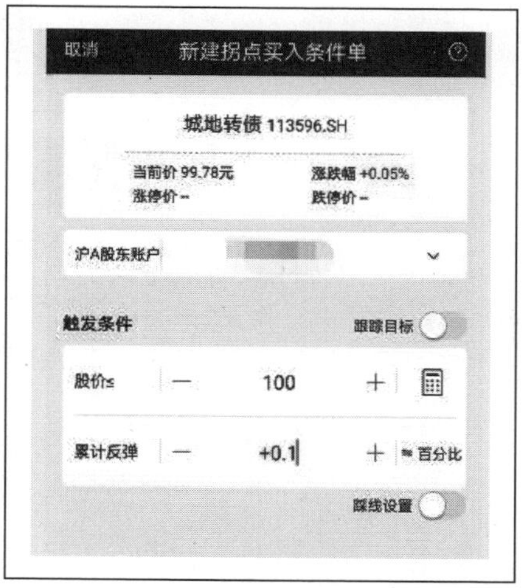

图7－17 新建拐点买入条件单

回落卖出

回落卖出是在标的达到目标价后回落一定幅度时委托卖出的条件单，也是常用的止盈条件单之一。该条件单一方面可以确保在目标价附近卖出，另一方面可以在价格超过目标价并直线拉升时继续持有，等待盈利攀升。

图 7－18 展示了对中装转 2 设置的回落卖出条件单，触发条件为可转债价格上涨至不低于 130 元后，自高点回落 0.1 元。后面的委托数量等设置与之前介绍的一致，不再赘述。

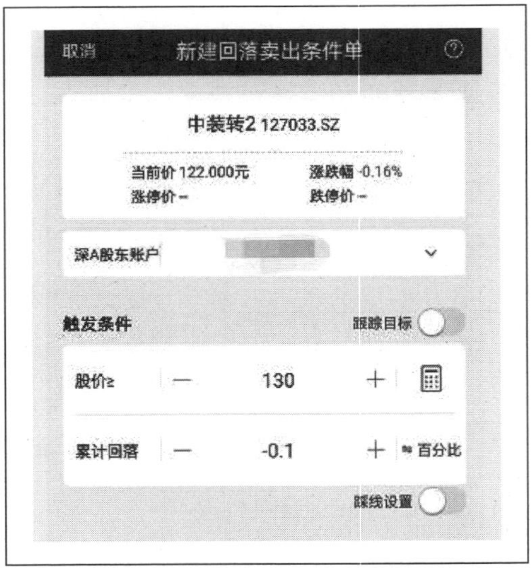

图 7－18　新建回落卖出条件单

对于设定的可转债目标价，我们既可以根据技术指标判断，也可以根据到期税后本息、强制赎回价、正股高估对应的转股价值、折价率为零对应的转股价值等指标进行估算。

总结一下，条件单可以按照指定条件自动进行买卖委托，解决普通投资者没有时间盯盘的烦恼，是投资的可靠帮手。但是在使用中，也存在集合竞价期间不会触发委托、价格不连续影响成交等问题，需要投资者在使用中留意，并适当干预。

如果在使用条件单的过程中有困难，投资者可以点击页面右上方的问号标识查看相关的设置说明。

08

持续赚的可转债网格交易

如果说股市中有什么必胜的秘籍，那一定是这四个字：高抛低吸。但是高抛低吸可分为不同的时间维度，长期赚企业价值成长带来的收益称为价值投资，短期赚市场情绪波动的钱称为网格交易。

本章内容就是这一秘籍在可转债投资中的应用，可谓可转债“薅羊毛”绝技！

什么是网格交易？

网格交易是以某一价格为中心设置特定的间距，将可能触及的价格划分成很多高低不同的格子，然后按照低买高卖的原则做中小波段交易。

比如，我们观察到某只可转债过去 3 个月的主要波动区间是 105～125元，就可以将这个区间划分成间距为 2 元的 10 个格子，在不同的格子分别买入一定量的可转债（例如在 123 元和 121 元各买 10 张），在价格高于买入价一格时卖掉（例如在 125 元卖掉以 123 元买入的 10 张，在 123 元卖掉以 121 元买入的 10 张），赚取一个间距的利润。这就是一个简单的网格交易。

哪些情况适合做网格交易？

网格交易主要赚取中短期波动的钱，所以特别适合价格在相对固定的区域反复振荡的品种，振荡的次数越多，赚钱的机会就越多。此外，考虑到交易的频繁程度，手续费越低的品种越适合做网格交易。

最适合做网格交易的市场是振荡市，即行情既不单边上涨，也不单边下跌，而是在某一区域上下振荡。在这种市场，股票、指数基金、可转债等品种都会呈现类似特征，提供的交易机会比较多。

如果考虑交易手续费和个股风险因素，没有印花税和个股风险的指数基金更适合网格交易；考虑手续费和定价难易程度，没有印花税且波动区间较为稳定的可转债比股票和指数基金更适合网格交易。①

以万分之2.5的股票和场内基金交易佣金为例。买卖10万元的股票，买入手续费=10万元×0.025%=25元；卖出手续费（含印花税）=10万元×（印花税率0.1%+手续费率0.025%）=125元。买卖一次，合计费用为150元。

买卖10万元的ETF指数基金或可转债，买卖手续费=10万元×（买入手续费率0.025%+卖出手续费率0.025%）=50元，费用仅是买卖股票的1/3。

① 印花税是一种对经济活动中订立、领受法律凭证行为征收的税。目前常见的投资标的中，卖出股票时，卖出方需要按照成交金额的千分之一缴纳印花税，由客户交易所在的券商代为收取；而基金和债券交易不收取印花税。

不少券商给买卖可转债设定了万分之一甚至更低的交易费率，最低的只要百万分之五。买卖 10 万元的可转债，手续费只要 1 元钱，费用是买卖股票的 1/150。

此外，从波动区间来看，影响指数基金涨跌的因素包括成分股盈亏、估值水平、市场情绪等，碰到极端情况，还可能出现幅度较大的波动。而可转债的理论最低价为其纯债价值，下跌有底，且随着时间变化，这个底部还会逐步提升，风险相对更可控。

怎样设置可转债网格交易?

这里我们以可转债为例，介绍网格交易的设置，主要步骤为：确定交易标的—制订网格交易方案—网格交易方案测试—网格交易方案的交易设置—网格交易的方案优化。下面我将逐步介绍。

1. 确定交易标的

在可转债的选择上，安全性第一，波动性第二。

(1) 安全性

安全即到期还本付息有保障，安全性与以下因素有关。

①信用级别。可转债的信用级别越高，还本付息越有保障。最安全的是 AAA 级的可转债。对于保守型投资者，建议选择 AAA 和 AA + 等较高级别的可转债。

②正股质地。正股净利润越稳定增长，可转债越安全。一般食品饮料、医药和公用事业等行业的个股，业绩稳定性好于其他行业。

对于净利润呈周期波动的正股，波动周期越短，可转债越安全。银行和证券等金融行业的业绩波动周期较短，安全性较好。

需要规避或轻仓的是企业净利润持续负增长甚至为负数，且账面资产小于负债的可转债。这种企业可能因为连续两年利润为负被暂停交易，且公司没有足够的资金偿付可转债。

③转债估值。可转债的理论最低价为其纯债价值，理论到期税后保本价为持有到期可以兑现的价值。

业内常用可转债的持有到期收益率衡量其估值。持有到期税后收益率越高越安全，大于 0 表示持有到期不会亏损。

从集思录公布的可转债平均到期税前收益率来看，2018 年 1 月 1 日—2022 年 1 月 31 日该数值平均为 -0.35%，最大值为 3.58%，最小值为 -5.67%。多数时间可转债到期收益率偏低。

（2）波动性

波动性表示可转债价格的上下波动程度，波动越大的可转债提供的网格交易机会越多。一般以下几种可转债的波动程度较大。

①企业业绩波动大的可转债。驱动可转债上涨的主要因素是正股价格，驱动正股价格上涨的主要是企业业绩和估值。对估值影响最大的是利率、业绩和市场情绪，如果企业业绩波动大，对应的可转债价格波动也会比较大。例如证券行业的业绩与牛熊市密切相关，波动程度高于其他行业；科技类行业的波动程度也相对较大。某些利好也会对行业估值产生较大影响。例如某类产品涨价或者需求大增，会刺激相关的行业个股及可转债估值提升。典型如 2020 年新冠肺炎引发疫情防护用品相关可转债价格大幅上涨，溢价率显著提高。

②规模小的可转债。买入量一定时，规模小的可转债供给小，价格波动更大。从历史数据看，规模在 2 亿元以下的可转债波动程度显著高于规模较大的可转债。

③转股溢价低的可转债。转股溢价表示可转债价格相对于转股价值的溢价水平，溢价水平越低，可转债的股性越强，波动程度越大。

这里我以浙商转债（113022）为例进行交易标的分析。该可转债的主要信息如图 8-1 所示。

该可转债评级为 AAA 级，正股属于证券行业，业绩与股市牛熊密切相关。按照我国股市的规律，浙商转债的 6 年存续期内肯定会遇到一轮牛市，具有比较确定的投资机会。2015—2019 年，公司虽然利润增速波动较大，但即使在 2018 年的熊市中也有 7.12 亿元的归母净利润，

代码、期限、转股价	利息、强赎、回售	规模、评级	估值、收益率
转债名称：浙商转债	各期利息：0.2，0.5，1，1.5，1.8，2	发行金额：35亿元	转债现价：115.12 价值溢价9.6%
转债代码：113022 上海	到期还本（不含息）：103 本息共110	剩余金额：35亿元 占市值10.5%	内在价值：105.02 期权价值9.14
股票名称：浙商证券 金融	强赎起始日：2019-09-19	今日成交：1,164万元 换手率0.3%	转股价值：79.94 转股溢价44.0%
股票代码：601878 上海	强赎股价：130%	债券评级：AAA	纯债价值：95.87 折现率2.8%
发行日期：2019-03-12	强赎转债价：应计利息+100	主体评级：AAA	回售价值：无权
到期日期：2025-03-12 剩余4.93年	强赎触发日：尚未触发	每股净资产：4.316 PB:2.31	税前到期收益率：-0.97%
股票现价：9.96 较转股价低-20.1%	回售起始日：0000-00-00 无权	历史波动率：48%	税后到期收益率：-1.33%
转股价格：12.46	回售股价：%	隐含波动率：33%	税前回售收益率：无权
转股起始日：2019-09-19（说明）	回售转债价：应计利息+100	预测波动率：18%（概念）	弹性：0.32

图 8－1　浙商转债基本资料

资料来源：宁稳网，2020 年 4 月 5 日。

盈利能力较强。

从到期收益率看，2020 年 4 月 5 日，该可转债的到期收益率为 −0.97%，虽然脱离保本区域，但仍可接受。从可转债的规模看，在 AAA 级别和券商类的可转债中，浙商转债规模相对较小，预计提供的波动机会更多。

2. 制订网格交易方案

古人有句话：凡事预则立，不预则废。意思是说，制订计划，然后按照计划行事，事情就很容易做成；反之，没有计划，事情要办成就很难。

做网格交易也需要提前制订交易方案，主要是确定网格区间、间距、买卖数量等。网格区间对应买卖价格的最小值和最大值，间距是区间内相邻操作的价格差，买卖数量为每个价格对应的交易数量。

（1）网格区间

对于可转债而言，网格区间的最小值为纯债价值，最大值取决于正股的上涨极限以及强制赎回价。上述区间为理论上的网格区间，为了更贴近现实，我们需要根据可转债过去 6 个月的波动区间进行调整。同时，考虑可转债的时间价值和业绩增长情况，需要按季度或年度评估、调整网格区间。

以浙商转债为例，纯债价值为95.87元，比较容易确定。但纯债价值受利率和到期时间影响，市场利率下降，或到期时间临近时，纯债价值会提升，逐步向到期赎回价靠拢（多数可转债的到期赎回价在105元左右）。

网格区间的最大值取决于正股的涨幅上限，正股估值可以参考如下三种方法。

①市盈率驱动法。正股的价格 P = 每股收益 EPS × 每股市盈率 PE。该估值方法适合每股收益相对稳定或者持续增长的行业，特别是食品饮料、医药生物、公用事业等。

②市净率驱动法。正股的价格 P = 每股净资产 BV × 每股市净率 PB。该估值方法适合每年盈利不稳定，甚至个别年度收益为负数的企业，适用于强周期性的证券、煤炭等行业以及周期性相对较弱的银行业。

③市销率驱动法。正股的价格 P = 每股销售额 S × 每股市销率 PS。该估值方法适合销售额相对稳定但毛利率不稳定、年度净利润波动较大的行业，或者因阶段性投资较大尚未进入盈利阶段的企业，例如零售、科技行业等。

在具体使用时，我们可以依次观察过去3~5年，企业的哪种估值驱动方法波动相对固定，然后选择该方法进行估值。

浙商转债的正股为浙商证券（601878）。该股于2017年6月上市，因新股上市初期估值较高，参考数据不多，目前的波动情况如图8－2所示。

从波动区间看，浙商证券的市净率主要在1.42~3.39。如果参考与浙商证券体量相当且上市时间较长的同行业个股长江证券（000783），我们会发现其过去10年的市净率估值区间主要在1.39~3.03。这可以从侧面验证，浙商证券1.42~3.39的估值区间较为

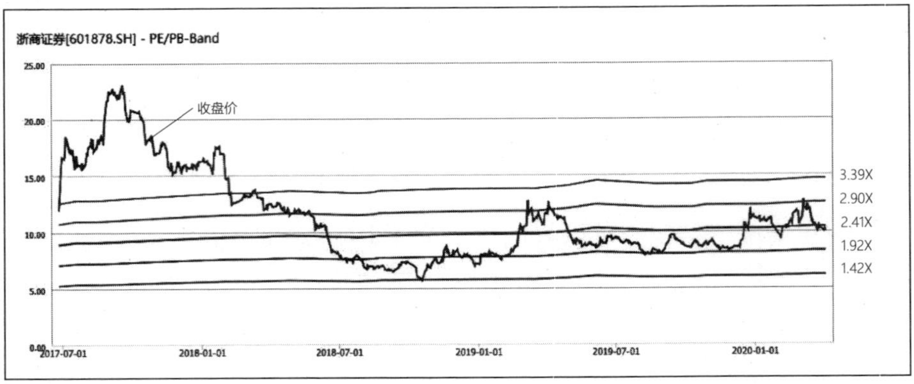

图 8－2　浙商证券市净率估值区间

资料来源：Wind，2020 年 4 月 5 日。

可靠。

此外，上一轮牛市中，长江证券的市净率曾达到 6，这也可以看成浙商证券在牛市顶点可以达到的估值水平。

2020 年 4 月 3 日，浙商证券的市净率为 2. 31，向上的估值高点分别为 2. 9 和 3. 39。达到上述估值高点，股价的提升空间分别为 25. 54%（2. 9 ÷ 2. 31 － 1）和 46. 75%（3. 39 ÷ 2. 31 － 1）。如果遇到牛市，极限的估值提升空间 = 6 ÷ 2. 31 － 1 = 159. 74%。

浙商转债的转股价值为 79. 94 元，实现上述涨幅对应的转股价值分别为 100. 36 元（79. 94 × 125. 54%）和 117. 31（79. 94 × 146. 75%）。如果遇到牛市，转股价值可以达到的极限数值 = 79. 94 × 259. 74% = 207. 64 元。

网格交易主要是赚取中短期利润，因此我们可以在上述几个高价以及强制赎回价 130 元中，取次高点 130 元作为网格交易的区间上限。

这样就得出浙商转债网格区间理论上的最小值为 95. 87 元，最大值为 130 元。观察浙商转债过去 6 个月（2019 年 10 月—2020 年 3 月）的走势，该可转债的最低价为 105. 64 元，最高价为 128 元，与理论网格区间的差异不大。

为了网格交易更容易触发，我们可以取理论区间与实际波动区间的重叠部分（最小值 105.64 元，最大值 128 元）作为网格交易的实际区间。

（2）网格间距

正常情况下，我们可以将网格区间平均划分为 10 份，网格间距 =（网格最大值 - 网格最小值）÷10。

对于浙商转债而言，最大值为 128 元，最小值取个整数 105 元，网格间距 =（128 - 105）÷10 = 2.3 元。

我们可以在网格区间内，按照网格间距划分若干交易价格，然后根据这些交易价格，制订对应的交易方案。根据上述网格间距，网格区间内从低价到高价对应的价格如下：

价格 1：105 元；价格 2：107.3 元；价格 3：109.6 元；价格 4：111.9 元；价格 5：114.2 元；价格 6：116.5 元；价格 7：118.8 元；价格8：121.1 元；价格 9：123.4 元；价格 10：125.7 元；价格 11：128 元。

可转债价格接近某一网格交易价格时，我们就可以买入该价格对应数量的可转债，然后在上涨至下一网格价格时，卖出之前买入的数量。

例如 2020 年 4 月 3 日浙商转债的收盘价格为 115.12 元，稍低于价格 6（116.5 元），我们可以买入该价格对应的数量，例如 10 张。当浙商转债触及价格 7（118.8 元）时，我们需要卖出之前买到的 10 张。

如果浙商转债价格继续下跌，则在跌至价格 5、价格 4 等价格时，继续按照计划买入，而在价格攀升时，将这些买入的可转债卖出。

（3）买卖数量

最简单的网格交易方式是每个价格对应的买入数量和卖出数量一致。如果每个价格的买卖数量均为 10 张，则交易方案如表 8 - 1 所示。

表 8 – 1　可转债交易方案

价格序号	交易价格（元）	买入数量（张）	卖出数量（张）	盈利金额（元）
1	105	10	0	0
2	107.3	10	10	23
3	109.6	10	10	23
4	111.9	10	10	23
5	114.2	10	10	23
6	116.5	10	10	23
7	118.8	10	10	23
8	121.1	10	10	23
9	123.4	10	10	23
10	125.7	10	10	23
11	128	0	10	23

简单解释下，价格序号 6 表示浙商转债价格达到 116.5 元时，买入 10 张可转债，而在价格达到序号 7 的 118.8 元时，将之前买入的 10 张卖掉，对应的盈利 =（118.8 – 116.5）× 10 = 23 元（不考虑交易手续费）。当交易价格触及交易区间的最低价 105 元时，只买不卖；在交易价格触及最高价 128 元时，只卖不买。

需要说明的是，在 2020 年 3 月 12 日之前，浙商转债的到期税前本息合计为 110 元，税后本息合计为 108 元。在 108 元以下买入，理论上持有到期不会亏损。如果投资者的风险承受能力较弱，可以只在价格低于 108 元时按照网格交易方案执行买入指令，在高于此价格时才执行卖出指令。

3. 网格交易方案测试

做网格交易方案测试，是为了让投资者知道在极端情况下可能出现的亏损，做好心理准备。

例如，按照表 8 – 1 所示方案，自 2020 年 4 月 3 日以收盘价 115.12

元开始买入浙商转债，如果价格直线下跌至纯债价值95.87元，则最大买入量为60张（第一次买入价为115.12元，其余五次买入价为序号1~5对应的交易价格），那么累计成本支出为6631.2元，整体亏损为879元（6631.2-60×95.87），亏损13.26%。该数值可以看成是该方案可能出现的最大亏损幅度。

此外，我们可以借助软件，测试交易方案的追溯收益。

4. 网格交易方案的交易设置

对于网格交易，我们既可以设置触发价格提醒并手工操作，也可以借助券商的条件单功能，由机器监测网格的触发情况，自动进行相关交易。下面我就对这两种方式进行介绍。

（1）触发价格提醒

我们以同花顺客户端为例，在首页输入目标可转债代码113022（见图8-3）并查看详情，点击右下方的“功能”按键（见图8-4）。

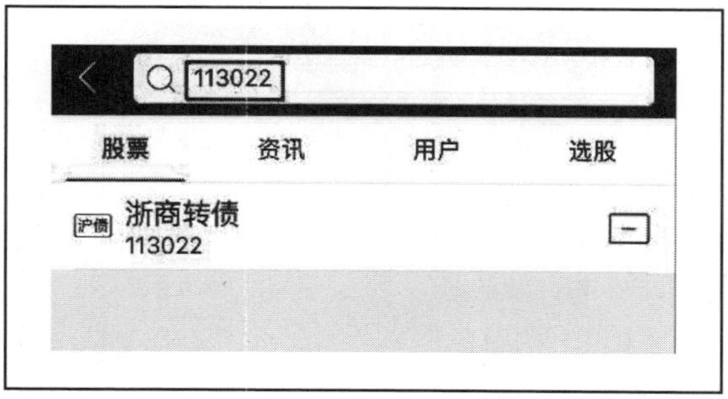

图8-3 搜索可转债

在功能界面，点击“预警”按键（见图8-5）。

在“添加预警”界面，设置股价上涨或下跌的价格预警（见图8-6）。其中上涨的预警对应卖出价提醒，下跌的预警对应买入价提醒。完成设置后，提交即可。

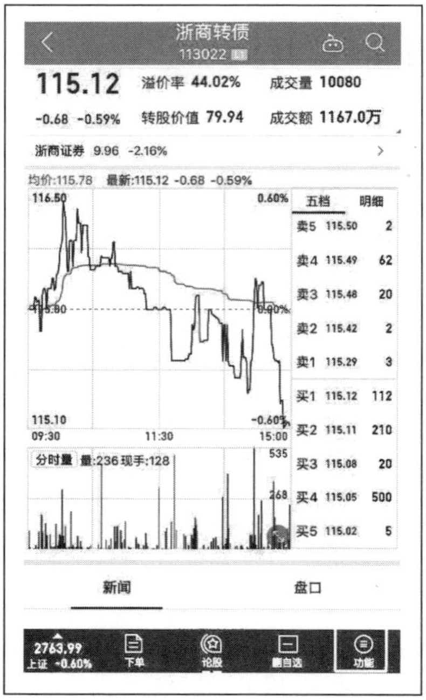

图 8-4　选择"功能"按键

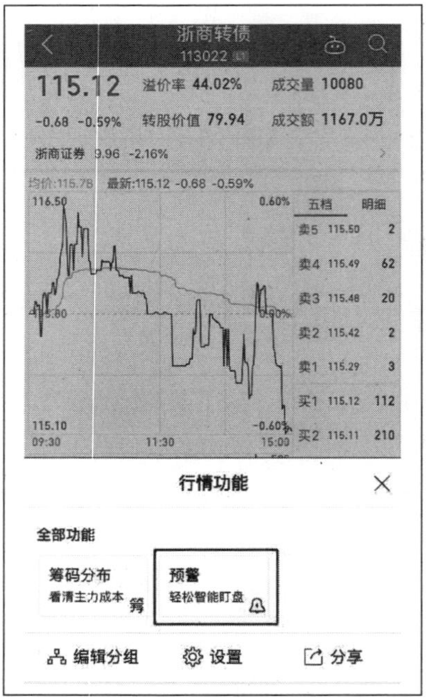

图 8-5　选择"预警"按键

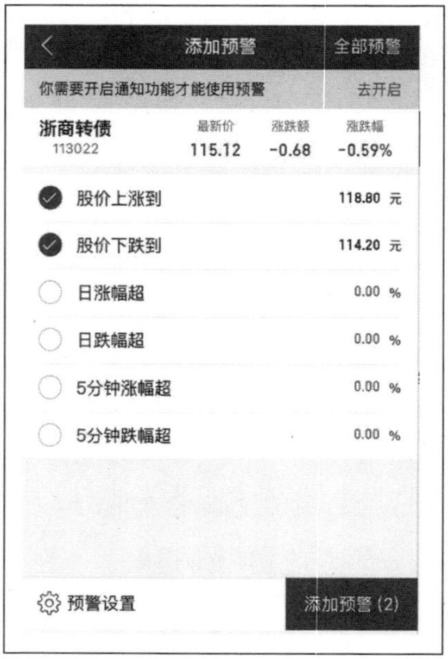

图 8-6　完成"预警"设置

之后，在收到软件的价格提示后，我们按照价格进行买卖操作即可。

（2）条件单设置

下面我以华宝证券交易软件为例，说明可转债网格交易的条件单设置。

①在华宝智投App首页点击条件单—新建条件单（见图8－7）；

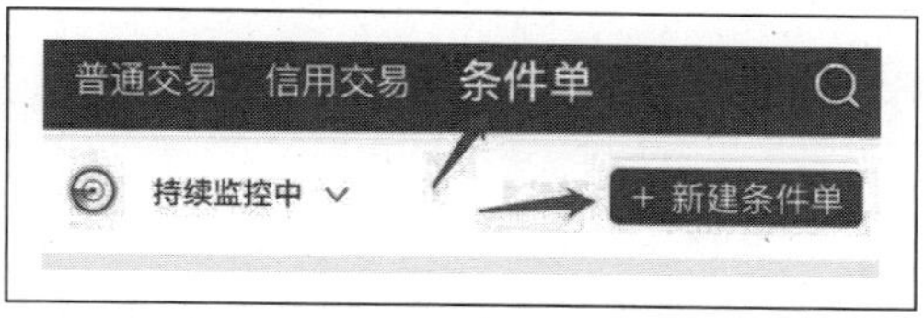

图8－7 新建条件单

②在“新建条件单类型”中，选择“网格交易”（见图8－8）。

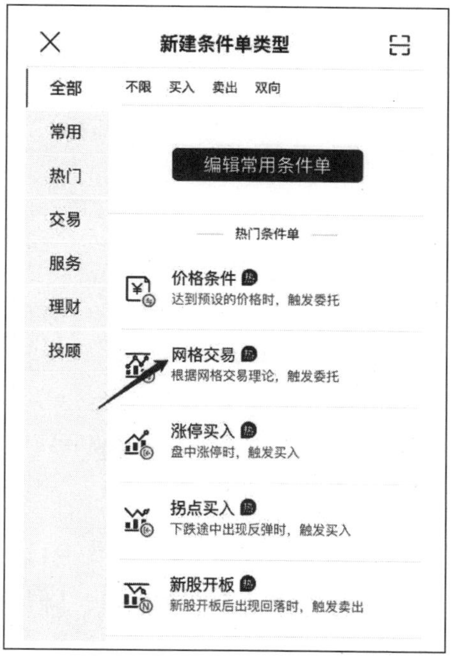

图8－8 点击网格交易

③在“新建网格交易条件单”中填写必要的选项，详见图8-9、图8-10和图8-11。需要填写或选择的内容有：可转债品种，价格区间（对应网格交易区间），触发基准价①，涨跌类型（按差价或按百分比），买入和卖出的价差，委托设置（包括限价/市价委托、委托数量、最大持仓和最小底仓）。

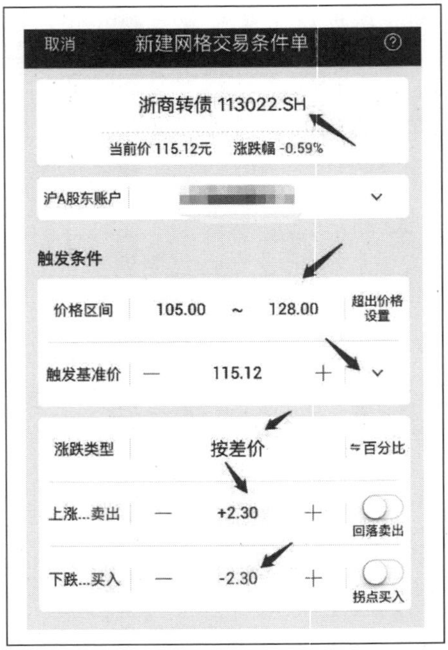

图8-9　新建网格交易条件单1

如图8-9所示，在“价格区间”右侧，有“超出价格设置”按键，默认超出设置的价格区间时，条件单自动休眠，不作处理。我们也可以点击进去，设置超出价格上限清仓止盈或者跌破价格下限清仓止损。对于风险可控的可转债，我们可以直接采用默认设置。

“触发基准价”表示不高于该价格时，系统自动触发首次网格交易。因目前的价格在网格交易区间内，这里直接选择了最新当前价，便

① 第一次触发交易的价格，选择市价或者更高的价格有利于快速成交，选择低价风险更低。

于及时触发买入交易。如果有底仓，我们还可以按空格右侧的箭头，选择“持仓成本价”，即只在不高于持仓成本价时执行买入的网格交易。网格交易触发后，后续的交易以最新成交价为基准执行判断。

“涨跌类型”是指网格间距是按照绝对值设置还是百分比设置，这里我们选择最简单的“按差价”（即绝对值），并填写相应的数值。

如果希望多赚一些，可以点击空格右侧的“回落卖出”或“拐点买入”。

“回落卖出”表示执行卖出条件单时，超出目标价后不立即执行，而是在满足回落条件后再执行。例如首笔买入价为 115.12 元，设置回落 0.2 元卖出，那么系统在满足卖出条件 117.42 元（115.12 元 + 2.3 元）时不会立即卖出，而是在价格超过 117.42 元后冲高回落 0.2 元时才会执行卖出操作。假设可转债价格冲高至 118 元后回落至 117.8 元，相比之下回落卖出会比直接卖出每张多赚 117.8 − 117.42 = 0.38 元。

“拐点买入”与之类似，可转债价格下跌到买入价后拐头向上到一定幅度时才会买入。

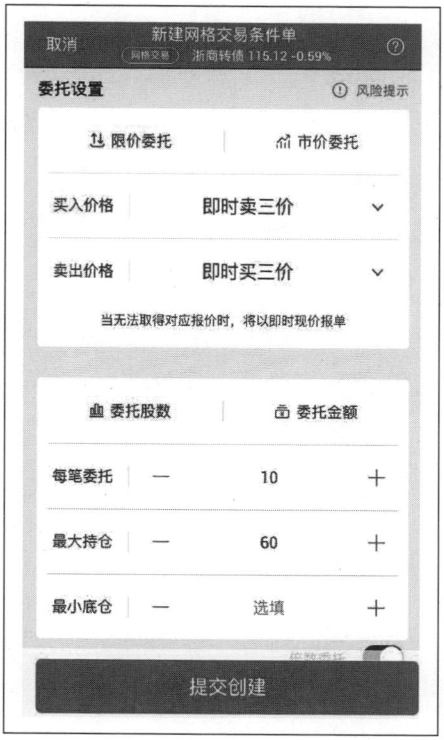

图 8 − 10　新建网格交易条件单 2

如图 8 − 10 所示，“委托设置”中，“限价委托”是指限定了价格，只在不高于限价时买入或者不低于限价时卖出，价格对己方有利，推荐选择这一种。“市价委托”则是以有利于对方的价格成交，速度快一些，但价格可能对我们不利。

为了快速成交，我们选择买入价格为“即时卖三价”，即现在挂出的卖单中，我们按照卖出方从低到高的第三个价格来买，会优先于市价买入。同样的，为了快速卖出，卖出价格也选择“即时买三价”。如果想进一步提升速度，可以选择“即时卖五价”和“即时买五价”。

委托数量方面，“最大持仓”和“最小底仓”均可选填。最大持仓表示最大买入量，达到最大持仓量后停止买入，防止持仓过多。最小底仓表示触及最小持仓后停止卖出，一般情况下不填写，表示可以清仓。

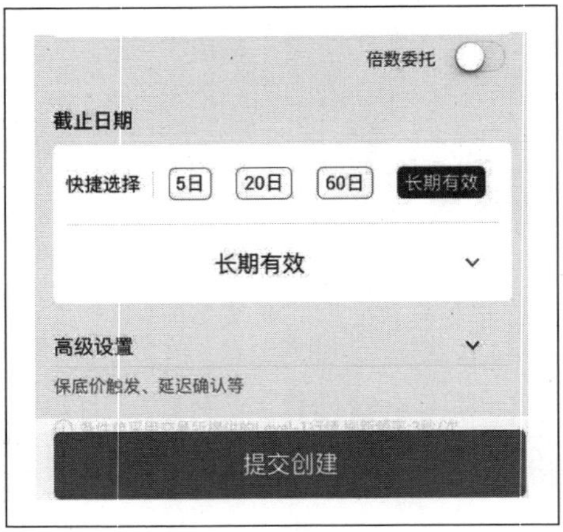

图 8-11　新建网格交易条件单 3

如图 8-11 所示，“倍数委托”开启后，每笔委托下单报送的数量将会根据行情波动幅度与设定的涨跌幅，成倍数关系委托下单。例如下跌 2.3 元买 1 手，下跌 4.6 元买 2 手，以此类推。

“截止日期”表示条件单的有效时间，选择“长期有效”的话，条件单会一直运行。建议看好品种后，开启这一选项。

全部设置好后，点击“提交创建”，复核各要素后，点击“确认提交”，即可完成网格交易的条件单设置。

5. 网格交易的方案优化

上面的可转债方案可以让我们稳健赚钱，但是赚的钱不够多。我们可以适当改进方案，在同样的情况下，赚取更多的收益。下面介绍两种常见的改进策略。

（1）调整交易量

可转债向下有底，因此我们可以调整交易量，采取“越跌买入量越大，越涨卖出量越大”的方式赚取更高收益。在此我仍以浙商转债为例进行介绍，具体如表8－2所示。

表8－2 可转债交易量优化买卖方案

价格序号	交易价格（元）	买入数量（张）	卖出数量（张）	盈利金额（元）
1	105	40	0	0
2	107.3	20	10	23
3	109.6	10	10	23
4	111.9	10	10	23
5	114.2	10	10	23
6	116.5	10	10	23
7	118.8	10	10	23
8	121.1	10	10	23
9	123.4	10	10	23
10	125.7	10	20	230
11	128	0	40	690

该策略是，可转债进入安全区域后，价格越低，买入量越大；价格越高，卖出量越大。这一方案在价格降低至价格序号2时多买10张，共20张，这多买的10张在价格达到128元时才卖出；价格降低至序号1时多买30张，共40张，在价格达到125.7元时卖出多买的10张，在价格达到128元时卖出其余多买的20张。

经过上述调整，整个方案的合计盈利水平从230元提升至1104元，效果显著。该方案的缺点是实现的可能性低于原方案，但如果市场提供机会，确实可以赚取更多收益。

需要注意的是，对于该类交易我们没有办法一次性设置好条件单，需要手动买入。

（2）保留底仓

人类在心理上对亏损有着天然的恐惧，不喜欢账面浮亏，在亏损转盈利时容易拿不住，导致卖飞。但多数可转债在存续期内价格都会超过130元，部分可转债的价格甚至能超过400元。我们可以在可转债的持有成本降低至纯债价值之后，保留剩余的底仓，在总价超过130元后再移动止盈。

该策略适合持有一定底仓，同时使用网格交易，在网格交易赚取的波段收益大幅冲抵成本后使用。

假设在105元持有20张浙商转债的底仓，按照表8-1做完一轮网格后，累计盈利230元。兑现盈利后，剩余的20张可转债成本降低至93.5元（105－230÷20），低于该可转债的纯债价值95.87元。该部分可转债可以拿到130元以上再移动止盈，或者参照正股的估值区间，拿到正股高估或者可转债面临强制赎回时再卖出。此前我们曾计算牛市时，浙商证券高估对应的价格可达207.64元。如果剩余的20张可以卖到205元，则该部分提供盈利2000元［20×（205－105）］，较为丰厚。当然，上述价格能否实现，取决于市场的走势。

09

狠狠赚的可转债长期持有

对于可转债，除了打新、做波段、网格交易外，我们也可以长期持有。从历史上看，长期持有优质个股对应的可转债能够提供非常丰厚的收益。例如东华转债（128002）退市价格为341元，招商转债（125024）退市价格为290.37元，国电转债（100795）退市价格为211.88元，都处于较高水平。下面我们就重点分析哪些可转债具备长期投资价值。

哪些可转债可以长期持有?

要长期持有赚取更多收益，重点是选择那些价值随着时间不断增长的可转债。

可转债定价有两个公式：

可转债价值 = 纯债价值 + 转股期权价值

可转债价值 = 转股价值 + 转股溢价

第一个公式用于计算可转债的底部。转股期权可以放弃，因此该部分对应的价值最小为零，这表明可转债的绝对底部是纯债价值。随着到期时间的临近，纯债价值逐步向到期税后保本价靠拢，而转股期权价值逐渐降低至零。

第二个公式用于计算可转债的上涨空间，表明正股及可转债的估值为可转债价格提供的目标空间。在理性的市场中，可转债价格高于强制赎回价时，如果存在双向套利机制[①]，转股溢价会消失。

实际情况中，只存在单向套利，转股期内多数可转债在价格高于强制赎回价后，转股溢价逐渐消失。理想情况下，可转债价格 = 可转债价值 = 转股价值。在资金较为宽裕或可转债较为稀缺时，转股溢价率会较长时间保持为正数，存在一定的风险。

从保守角度出发，我们不考虑转股溢价，只计算可转债的转股价值，据此确定可转债的目标价。

---

① 可转债能随时按照转股价转为股票，股票也能按照转股价折算为可转债。

转股价值 = 股票价格 × 转股数量

由于每张可转债的转股价格是固定的，转股数量也是确定的，影响转股价值的主要是股票价格。

股票价格 = 每股收益 × 市盈率

该公式适用于每股收益为正且增长较为稳定的个股，如果每股收益为负或者波动较大，可以使用“每股净资产 × 市净率”或“每股销售额 × 市销率”等公式计算。

基于上述公式，我们有两种方法测算股票价格的上涨空间。

需要说明的是，测算的主要依据之一是公司具备持续经营能力，不会中途退市。下文将对持续经营能力的判断做进一步展开介绍。

1. 估值提供的上涨空间

我们计算时，假定盈利稳定，每股收益不变（实际每年有变化，但是季报才会反映），那么股票价格主要由市盈率决定。我们可以根据市盈率的过往变化空间，推测股票价格的变动空间，再推测转股价值的变动空间，三者的关系是：市盈率提升空间 = 股价上涨空间 = 可转债价值上涨空间。

我们以华森转债（128069）为例，解析计算过程。

先看华森正股的历年业绩（见图 9 - 1）。利润增幅和扣非净利润增幅非常稳定，适合使用市盈率估值法进行计算。

再看个股过去 5 年（可转债存续期是 6 年，基本一致）的市盈率波动区间情况，如图 9 - 2 所示。

从华森制药的市盈率看，当前数值为 41. 79，在此上方经常触及的市盈率档位分别为 57. 43、74. 46 和 91. 49，当前市盈率上涨至上述数值对应的涨幅分别为 37. 43%、78. 18% 和 118. 93%。

估值档位越高，触及的次数越少，触及概率越低，因此我们可以只取较低的两个上涨空间数据 37. 43% 和 78. 18%。

	2019-12-31	2019-09-30	2018-12-31	2017-12-31	2016-12-31	2015-12-31
报告期	年报	三季报	年报	年报	年报	年报
数据来源	业绩快报	合并报表	合并报表	合并报表	合并报表	合并报表
日 利润表摘要						
营业总收入	84,208.67	62,656.95	70,341.53	59,209.54	55,166.70	46,931.91
同比(%)	19.71	17.28	18.80	7.33	17.55	10.19
营业总成本		49,385.21	57,331.59	48,538.74	45,803.85	39,583.97
营业利润	19,701.68	16,263.99	15,847.09	13,105.18	9,362.85	7,347.94
同比(%)	24.32	25.51	20.92	39.97	27.42	29.58
利润总额	19,674.71	16,229.97	16,090.72	13,237.87	11,345.14	8,675.99
同比(%)	22.27	22.72	21.55	16.68	30.76	24.32
净利润		13,776.38	13,737.18	11,198.75	9,570.77	7,268.82
归属母公司股东的净利润	16,709.82	13,776.38	13,737.18	11,198.75	9,570.77	7,383.62
同比(%)	21.64	22.99	22.67	17.01	29.62	25.67
非经常性损益		2,644.30	2,628.85	2,178.85	1,677.64	1,176.69
扣非后归属母公司股东的净利润		11,132.07	11,108.33	9,019.90	7,893.13	6,206.93
同比(%)		26.44	23.15	14.28	27.17	32.33

图 9－1 华森制药历年业绩

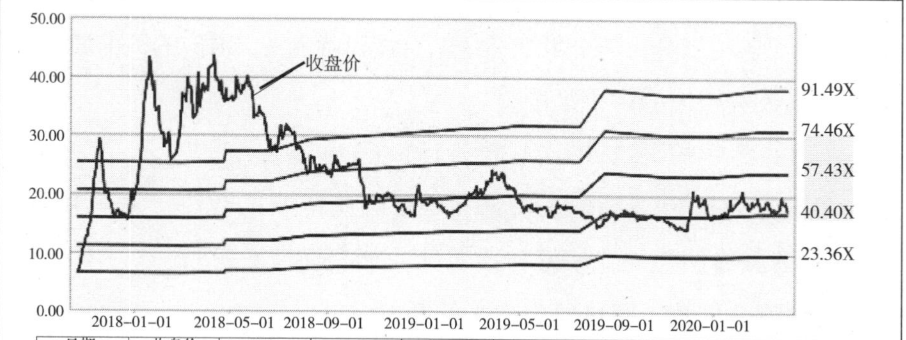

日期	收盘价	EPS	91.49X	74.46X	57.43X	40.40X	23.36X	PE
2020-04-03	17.390	0.416	38.071	30.984	23.897	16.810	9.723	41.790

图 9－2 华森制药市盈率估值波动区间

资料来源：Wind，2020 年 4 月 3 日。

当前华森转债的转股价值为 96.18，则上涨 37.43% 和 78.18% 分别对应 132 元和 171 元。

部分系统或网站提供估值分位数，我们也可以使用 50% 和 80% 的估值分位数（对应估值平均水平和较高水平），测算当前估值的提升空间。

2. 业绩提供的上涨空间

在估值一定的情况下，正股的上涨空间主要取决于每股盈利的增长。可转债的存续期一般是 5 ~ 6 年，预测这种周期的业绩，难度非常大，但是有个指标可供参考，那就是 ROE。

股票的长期收益率 = 初始收益率 × 分红率 + 再投资收益率 ×（1 − 分红率）= ROE ÷ PB × 分红率 + ROE ×（1 − 分红率）。

在估值 PB 和分红率一定的情况下，股票的长期收益率与 ROE 一致，ROE 可以看成是企业的年均收益率，是较为确定的预测数值。所以我们可以使用个股过去 5 年的加权平均 ROE，对正股未来 5 年的业绩进行估算。

加速增长的企业容易实现“戴维斯双击”，上涨空间更大。我将适合长期投资的可转债划分为两个星级——钻石级和黄金级，对应的标准如下。

钻石级可转债的评价标准：

①过去 5 年的平均 ROE 不低于 15%；

②年度 ROE 和业绩增长稳定（年度利润持续正增长，大于 10% 为佳），或者具有明显的业绩好转预期（业绩会加速增长）；

③估值分位数不超过历史水平的 80%。

黄金级可转债的评价标准：

①过去 5 年的平均 ROE 不低于 10%；

②业绩增长相对稳定，或者具有明显的周期波动规律（周期不超过 4 年，存续期内至少有一个业绩爆发期）；

③估值分位数不超过历史水平的 80%。

经过上述筛选，在可转债存续的 5 ~ 6 年时间内，钻石级的可转债正股业绩有至少 100% [$(1+15\%)^5-100\%$] 的上涨空间，黄金级的可转债正股业绩有至少 60% [$(1+10\%)^5-100\%$]的上涨空间。这种空间即便打个对折，也可以确保可转债价格上涨至 130 ~ 150 元。

3. 可转债估值空间示例

上述第一小节中的估值法适用于可转债的中短期（1 年以内）上涨空间测算，第二小节的业绩法适用于可转债的中长期（1 ~ 6 年）上涨空间测算。两种估值方法叠加使用，可以测算可转债存续期的极限涨幅。

我们仍以华森转债为例。该可转债对应的正股华森制药（002907）过往 5 年（2015—2019 年）的平均 ROE 为 18.14%，因此业绩部分可以提供的空间 $=(1+18.14\%)^5-100\%=130\%$。[①]

估值方面，我们取较高的空间 78.18%，叠加的可转债上涨极限空间 $=(1+130\%)\times(1+78.18\%)-100\%=309.81\%$。

测算时，华森转债的转股价值为 96.18 元（华森转债概况见图 9－3），则该可转债长期持有的极限价格 $=96.18\times(1+309.81\%)=394.16$ 元。

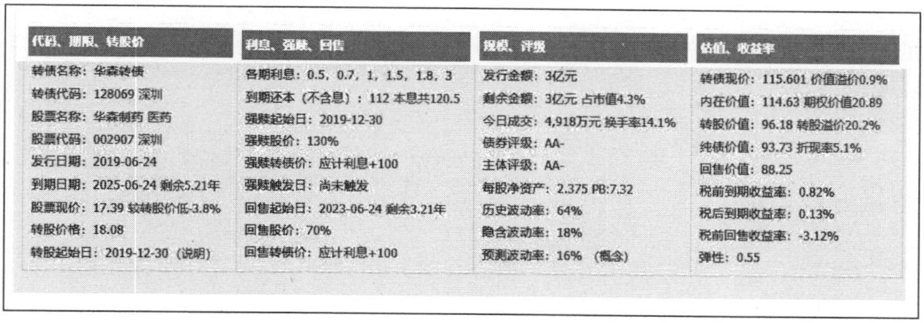

代码、期限、转股价	利息、强赎、回售	规模、评级	估值、收益率
转债名称：华森转债	各期利息：0.5，0.7，1，1.5，1.8，3	发行金额：3亿元	转债现价：115.601 价值溢价0.9%
转债代码：128069 深圳	到期还本（不含息）：112 本息共120.5	剩余金额：3亿元 占市值4.3%	内在价值：114.63 期权价值20.89
股票名称：华森制药 医药	强赎起始日：2019-12-30	今日成交：4,918万元 换手率14.1%	转股价值：96.18 转股溢价20.2%
股票代码：002907 深圳	强赎股价：130%	债券评级：AA-	纯债价值：93.73 折现率5.1%
发行日期：2019-06-24	强赎转债价：应计利息+100	主体评级：AA-	回售价值：88.25
到期日期：2025-06-24 剩余5.21年	强赎触发日：尚未触发	每股净资产：2.375 PB:7.32	税前到期收益率：0.82%
股票现价：17.39 较转股价低-3.8%	回售起始日：2023-06-24 剩余3.21年	历史波动率：64%	税后到期收益率：0.13%
转股价格：18.08	回售股价：70%	隐含波动率：18%	税前回售收益率：-3.12%
转股起始日：2019-12-30（说明）	回售转债价：应计利息+100	预测波动率：16%（概念）	弹性：0.55

图 9－3 华森转债基本资料

资料来源：宁稳网，2020 年 4 月 6 日。

可转债带有强制赎回条款，且企业业绩可能受经营及市场环境变化影响而波动，因此一般难以最终获得测算涨幅的回报。但是，上述测算为我们持有可转债提供了不错的思路和具体指导。

---

① 华森转债上市时间为 2019 年 6 月 24 日，测试时间为 2020 年 4 月 3 日，故业绩按 5 年期计算。

长期持有的可转债什么时候买?

投资的买点很重要。短期看，可转债的纯债价值是最坚实的底部，能在纯债价值附近买入是最佳选择，但是优质的可转债很难跌到纯债价值附近。此外还有一些比较好的买点，总结如下。

1. 面值以下

下跌到面值以下的可转债，到期拿到的本金、持有期间的利息和到期的补偿已经能够确保不亏损，安全性比较高。历史上，很多优质可转债在下跌到面值以下后，后续的下跌空间比较小。面值以下的可转债已经具备非常好的投资价值。

例如防水材料龙头企业东方雨虹（002271）发行的雨虹转债（128016）于2017年10月上市，受熊市影响，在2018年10月出现最低价92.606元。但其在面值之下停留的时间不长，前后只有4个月左右。之后价格一路攀升，退市前收于147.9元，详见图9-4。

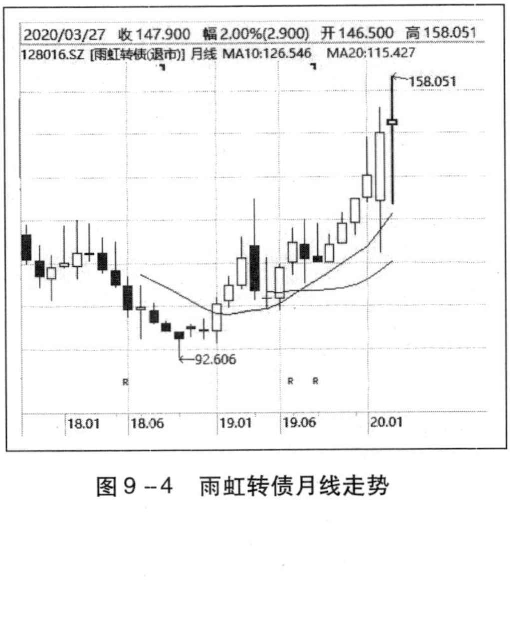

图9-4 雨虹转债月线走势

2. 到期税后保本价以下

有些正股质地优良且较稀缺的可转债，市场价格较为坚挺，一般在跌至到期税后保本价后，就很难再继续下跌。此时买入不能享受本金保障，但是持有到期依然不会亏本，也是不错的买点。较为稀缺的可转债，甚至跌不到税后保本价，在到期本息价附近就会止跌。

例如于2019年2月上市的平银转债，正股为快速成长的零售银行平安银行（000001）。其业绩在2017年见底，而后增速不断加快，正股走势较强。该可转债到期本息价为118元，税后保本价为114.4元。观察可转债走势（见图9-5），我们会发现平银转债在上市首月和之后的低价分别为112.512元和112.667元，说明价格均在低于税后保本价后不久见底。

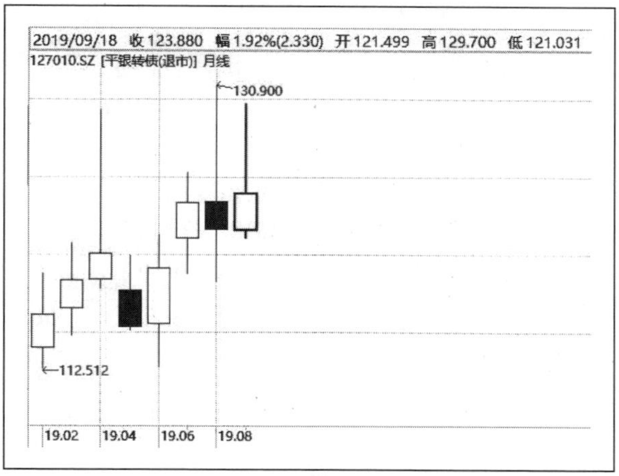

图9-5 平银转债月线走势

东财转债（123006）于2018年1月上市，正股是互联网理财龙头东方财富（300059），业绩过硬且弹性大、成长快，可转债较为稀缺。该可转债到期本息合计110.7元，到期税后本息为108.56元。在上市半年后，因遇到熊市，东财转债最低下跌到109元，实际的最低价非常接近税后本息（见图9-6）。

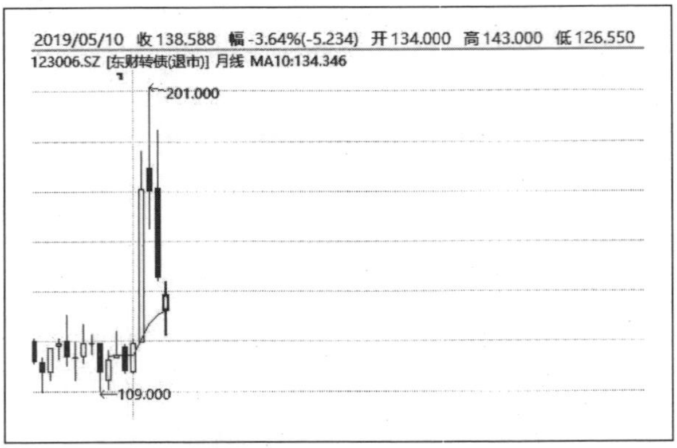

图 9 –6　东财转债月线走势

康泰转债（123008）于 2018 年 3 月上市，正股为乙肝疫苗龙头股康泰生物（300601）。公司业绩维持快速增长，从 2017 年开始每年年度 ROE 都高于 20%，2017 年和 2018 年利润增幅分别达到 149.04% 和 102.92%，可转债较为稀缺。该可转债上市后一路走高，转股期前最高上涨至 219.97 元。其后遇到熊市，康泰转债价格随着正股下跌，但是最低跌至 111.025 元时就开始走高（见图 9 –7）。该可转债到期本息为 111.1 元，税后本息为 108.82 元。最低价与到期本息非常接近，高于税后本息。

图 9 –7　康泰转债月线走势

3. 保守预期转股价值以下

有些可转债对应的正股业绩稳定增长，自身概念也非常稀缺，那么它的最低价可能一直处于较高水平，我们可以容忍的买入价也可以适当提高，至该可转债对应的到期保守预期转股价值以下。

例如白云转债（110035）于2016年3月上市，其正股为白云机场（600004）。公司主要以白云机场为经营载体，对外提供航空服务保障、场地租赁、货邮代理等业务，业绩较为稳定，2011—2015年的年度净利润增幅均在10%～22%。该可转债上市时，转股价为12.88元（对应市盈率约为11），转股价值大约为96元。可转债存续期为5年，历史最低市盈率大约为8.5倍。如果按照净利润每年增长10%计算，5年后的净利润大约是当前的1.61倍。如果到期市盈率下降至最低8.5倍，则保守预期转股价值＝96×1.61×8.5÷11＝119.43元。即如果转股价值低于119.43元，预计到期不会亏损。

从实际情况看，白云转债最低价格为116.35元，仅比上述计算值略低（见图9－8）。

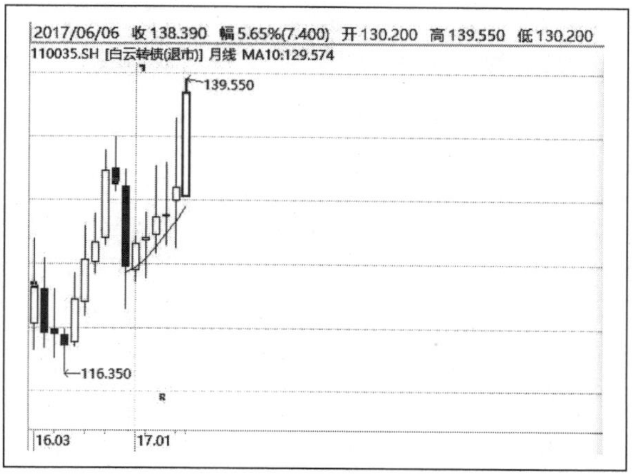

图9－8 白云转债月线走势

长期持有的可转债什么时候卖?

可转债的价格越高，股性越强，波动越大。稳健型投资者可以考虑分步止盈，即将持有的可转债分成几份，在达到设置的目标价格时逐步卖出，这样持有可转债的成本会逐渐降低。按照普通投资者的心理，对于已经获得盈利的品种，他们更愿意长时间持有，赚取更丰厚的收益。具体而言，我们可以在可转债达到如下几个价格时分阶段止盈。

1. 到期本息

到期本息是指可转债持有人持有债券到期，可以获得的期间利息、到期补偿和本金之和。其中高于面值的利息和到期补偿部分需要缴纳20%的所得税，扣税后的到期税后本息是可转债持有人持有到期获得的所有现金流之和。对于转股溢价高、债性强的可转债，我们可以根据到期本息止盈。

下面我以核建转债（113024）为例，介绍到期本息的计算，核建转债基本资料详见图9－9。

2020年6月7日核建转债的转股溢价为59.8%，债性较强，波动较小。此时，公司已经支付了一期利息，剩余五期利息及到期补偿对应的到期本息＝109.9－0.2（第一期利息）＝109.7元。因此税后本息＝100＋3（补偿）＋（9.7－3）×（1－20%）＝108.36元。

如果按照市价101.5元买入，我们可以在价格达到108.36元时进

核建转债（113024 上海）	正股：中国核建（601611 上海）	行业：建筑—建筑工程
发行日期：2019-04-08	发行金额：29.96亿元	转债现价：101.5 价值溢价5.1%
到期日期：2025-04-08 剩余4.83年	剩余金额：29.96亿元 占市值18.0%	内在价值：96.54 期权价值2.64
股票现价：6.27 较转股价低-36.5%	今日成交：898万元 换手率0.3%	转股价值：63.53 转股溢价59.8%
转股价格：9.87	强赎起始日：2019-10-14	纯债价值：93.91 折现率3.3%
转股起始日：2019-10-14（说明）	强赎转债价：应计利息+100	回售价值：93.61
债券评级：AAA 主体评级：AAA	强赎触发日：尚未触发	税前到期收益率：1.65%
各期利息：0.2，0.4，1，1.5，1.8，2	回售起始日：2023-04-08 剩余2.83年	税后到期收益率：1.26%
到期还本（不含息）：103 本息共109.9	回售转债价：应计利息+100	税前回售收益率：0.56%

下修条件：连续30个交易日中至少15个交易日收盘价格低于当期转股价格的80%

强赎条件：连续30个交易日中至少15个交易日收盘价格不低于当期转股价格的130%，或者余额小于3000万元

回售条件：连续30个交易日收盘价格低于当期转股价格的70%

担保：无

图9－9 核建转债基本资料

资料来源：宁稳网，2020年6月7日。

行第一步止盈，降低持有成本。该笔止盈对应的盈利空间为6.17%。

2. 强制赎回价

可转债达到强制赎回价后，未来可能触发强制赎回，此时可转债的走势与正股基本一致，波动比较大。强制赎回价为应计利息加100元，远低于强制赎回触发时的可转债价格（一般为130元及以上），此时做第二阶段的止盈，可以进一步降低持有成本。

下面我以高能转债（113515）为例进行介绍，详见图9－10。

高能转债于2018年8月上市，上市开盘价为97.98元，2018年10月最低下跌至90.55元后见底，2019年4月首次站上130元，2020年2月再次站上130元，最高价格达153.39元。因触发强制赎回条款，最终高能转债于2020年6月17日暂停交易。

该可转债公布强制赎回后，价格逐步回落。如果在强制赎回价上方做第二次止盈，我们可以进一步降低持有成本。

高能转债 - 113515 (正股：高能环境 - 603588　行业：公用事业-环保工程及服务Ⅱ-环保工程及服务Ⅲ)							
价格：120.50		转股价值：121.86		税前收益：-1.59%		成交(万)：6870.69	
涨幅：-0.31%		溢价率：-1.12%		税后收益：-2.15%		剩余年限：4.142	
转股起始日	2019-02-01	回售起始日	2022-07-26	到期日	2024-07-26	发行规模(亿)	8.400
转股价	9.33	回售价	100.00	赎回价	108.00	剩余规模(亿)	3.161
股东配售率	46.74%	转股代码	191515	质押代码	-	债券评级	AA
网上中签率	0.3366%	已转股比例	62.37%	折算率	0.000	主体评级	AA
担保	无担保						
转股价下调	在本次发行的可转债存续期间，当公司股票在任意连续三十个交易日中至少有十五个交易日的收盘价低于当期转股价格的 80%时						
强制赎回	在本次发行的可转债转股期内，如果公司 A 股股票在任何连续三十个交易日中至少十五个交易日的收盘价格不低于当期转股价格的 130%（含 130%）						
回售	在本次发行的可转债最后两个计息年度，如果公司股票在任何连续三十个交易日的收盘价格低于当期转股价的 70%时						
利率	第一年为 0.40%、第二年为 0.60%、第三年为 1.00%、第四年为 1.50%、第五年为 1.80%、第六年为 2.00%						
税前YTM计算公式	1.80/(1+x)^3.142 + 1.50/(1+x)^2.142 + 1.00/(1+x)^1.142 + 0.60/(1+x)^0.142 + 108.000/(1+x)^4.142 - 120.5000 = 0						

图 9－10　高能转债基本资料

资料来源：集思录，2020 年 6 月 7 日。

注：“税前 YTM 计算公式”一栏中，(1＋x)^3.142 即 $(1+x)^{3.142}$，余同。

3. 高估价

可转债的顶取决于正股涨幅，而正股的涨幅取决于业绩和估值。当企业处于高估阶段时，对应的可转债也处于高位，此时卖出可以获取较好的回报。

例如千禾转债（113511）于 2018 年 6 月 20 日发行（详见图 9－11），当时正股千禾味业的市盈率为 37.63。假设可转债转股价对应的市盈率也跟随该数值，此前千禾味业的最高市盈率为 82，那么估值提升空间＝82÷37.63－100%＝117.91%，可转债对应的高估区间价格＝100×(1＋117.91%)＝217.91 元。

考虑到千禾味业 2016 年 3 月才上市，未来股价不一定能回到最高点，我们可以将估值提升空间打八折，那么进入高估区域的价格＝100×(1＋

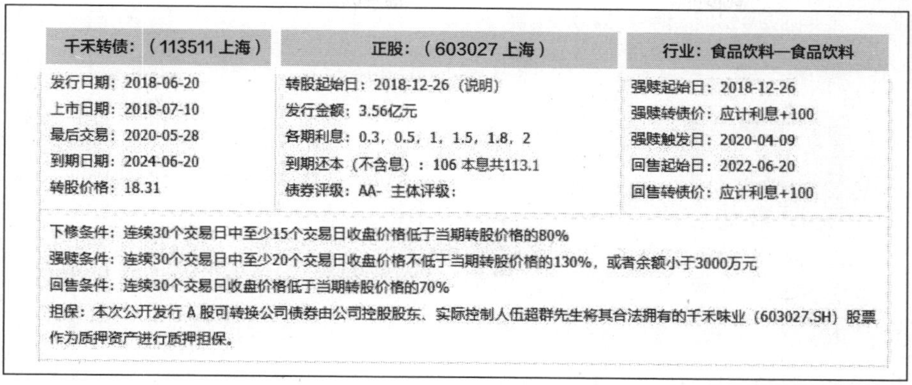

千禾转债：（113511 上海）	正股：（603027 上海）	行业：食品饮料—食品饮料
发行日期：2018-06-20	转股起始日：2018-12-26（说明）	强赎起始日：2018-12-26
上市日期：2018-07-10	发行金额：3.56亿元	强赎转债价：应计利息+100
最后交易：2020-05-28	各期利息：0.3，0.5，1，1.5，1.8，2	强赎触发日：2020-04-09
到期日期：2024-06-20	到期还本（不含息）：106 本息共113.1	回售起始日：2022-06-20
转股价格：18.31	债券评级：AA- 主体评级：	回售转债价：应计利息+100

下修条件：连续30个交易日中至少15个交易日收盘价格低于当期转股价格的80%

强赎条件：连续30个交易日中至少20个交易日收盘价格不低于当期转股价格的130%，或者余额小于3000万元

回售条件：连续30个交易日收盘价格低于当期转股价格的70%

担保：本次公开发行 A 股可转换公司债券由公司控股股东、实际控制人伍超群先生将其合法拥有的千禾味业（603027.SH）股票作为质押资产进行质押担保。

图 9－11 千禾转债基本资料

资料来源：宁稳网，2020 年 6 月 14 日。

117.91% ×0.8）=194.33 元。即当千禾转债价格触及 194.33 元时，我们可以再进行一次止盈，甚至清仓。

千禾转债于 2018 年 7 月上市，开盘价为 97.5 元，最低下跌至 89 元，而后振荡走高。2020 年 5 月该可转债最高触及 252 元，按照上述方式止盈，可以卖在相对高点。千禾转债月线走势详见图 9－12。

图 9－12 千禾转债月线走势

资料来源：Wind，2020 年 6 月 14 日。

之所以千禾转债的最大涨幅较大，是因为公司2019年净利润相对2017年增长了37.5%，正股既享受估值的提高，又享受企业业绩的增长，可转债也就有了更大的上涨空间。

4. 退市前卖出

随着时间的流逝，优质可转债的正股利润往往更多，股价上涨的空间更大。最“懒”的一种方式，就是持有到退市前再卖出。根据历史数据，可转债退市时的价格平均超过160元。如果我们坚持持有到退市前卖出，也能收获非常丰厚的利润。

最后说一点，影响可转债高点的因素比较多，且部分可转债可能因触发强制赎回提前退市，所以比较稳妥的方式是：采用阶梯式减仓，在触及到期本息价、强制赎回价和高估价这三个价格时分批减仓。稳健的投资者可以每次减少1/3仓位。风险承受能力较强的投资者，可以在强制赎回价减仓1/3，在高估价减仓2/3。如能承受较大波动，为了多赚钱，也可以在达到卖出价时，采取回落卖出的方式减仓。

10

可转债套利

套利被视为一种中低风险的赚钱方式，也是很多机构热衷的投资行为。当具备股债双重性质的可转债遇上套利，又会蹭出何种火花、提供哪些盈利方式？在这一章我将对可转债套利进行详细分析，并结合案例进行实战讲解。现在让我们一起见识下可转债的套利玩法吧！

什么是套利?

套利是指在定价出现偏离的市场中，使用与波动相反的对冲手段，将投资的风险大部分规避或完全规避，从而稳健赚取差价。广义的套利可以分为时间套利、地点（市场）套利、品种套利、事件套利等，即借助不同时间、地点（市场）、品种、事件之间的价格差异进行投资操作，赚取差价。

例如早年的国库券，同一品种在不同地方的交易价格不同，股民“杨百万”嗅到商机，通过打电话、看报纸等方式了解各地国库券之间的价格差异。他从 2 万元本金起步，在 1988—1989 年的 2 年时间内，通过在价格偏低的区域收购国库券到价格偏高的区域出售，顺利赚取了上百万的收益，成为地点（市场）套利的典型案例。

可转债具有两大特点，一是持有到期还本付息，二是在转股期内，可以按照约定的转股价格转换为股票。上述两大特点，决定了该品种存在两大套利机会——时间套利和品种套利。可转债投资过程中也会因为某种可能发生的事件出现事件套利机会。

时间套利是指借助可转债在不同时间点之间的定价差进行套利，典型如可转债价格低于纯债价值、回售价格等，只要持有到一定时间，就能赚取其中的差价。

品种套利是指在可转债价格低于转股价值、纯债价值低于同信用级别债券的纯债价值等情况下，投资者可以借助金融工具赚取其中的差价。

什么样的可转债能成为套利标的？

套利主要是以低风险赚取差价，能否成功取决于是否存在差价，以及能否以低风险将差价赚取。只有同时具备上述两个条件，才能实施套利。下面我们就分情况进行分析。

1. 时间套利

可转债在不同的时间点，对应的价值分别为转股价值、回售价值和到期价值。

当可转债价格低于转股价值时，如果尚未处于转股期内，我们可以买入可转债，同时卖空转股对应的正股数量，实现到期转股套利。

当可转债价格低于回售价值且触发回售条件（最后 2 年，连续 30 个交易日收盘价格低于当期转股价格的 70%），我们可以通过回售可转债实现套利。

当可转债价格低于到期价值（到期本金 + 利息 + 补偿 - 税收），且偿付能力没有问题，我们只要等待即可收获到期前价格逐步接近到期价值的收益。如果企业的偿付能力较强，我们甚至可以以低成本融资参与这类套利。只是这类套利操作耗时比较长，且相对其他套利方式而言，年化收益率较低，吸引力不足。

2. 品种套利

品种套利主要包括以下两种。

①可转债作为纯债，收益率高于其他品种时，我们可以用低息债券融资，在高息可转债上加杠杆实现套利，但需要这类可转债支持融资买入方可完成操作。

②若可转债可以转股且转股后价值更高，则在转股期内，我们可以购买可转债并转换为股票卖出。只需要满足“可转债转股价值 - 可转债价格 - 交易成本 >0”，且可转债在转股时间范围内，即可实施品种转换套利。

3. 事件套利

事件套利是指，如果某事件发生会使可转债价值提升，我们就可以在该事件发生概率较大时参与，以赚取价值突变的收益。例如某可转债的价格满足下修条件，且此前下修过，则未来继续下修的概率较大，我们就可以在价格偏低时买入潜伏，等待利好兑现后卖出获利。

事件套利的前提是该事件发生的概率较大，且发生后能显著提升可转债的价值。

可转债套利怎样操作?

虽然可转债套利分类不少，但是有些操作步骤是非常相似的。下面我就通过举例的方式，对可转债的套利操作进行演示。这里使用我最常用的华宝智投软件进行介绍，其他软件的操作可能存在差异，具体操作时，可以咨询客户经理或在线客服。

1. 做空套利

例如2020年2月25日鸿达转债收盘后的转股溢价率为 -2.58%，价格为128.5元，而转股价值为131.91元。此时，每张可转债转成股票可以盈利的比率 = 131.91 ÷ 128.5 - 100% = 2.65%。

该可转债的转股期起始日为2020年6月22日，上述时间尚不在转股期内，无法直接转股套利。但是如果我们能在券商处借到对应的正股鸿达兴业，则可以在买入可转债的同时卖出对应转股数量的股票，到期将可转债转股后偿还券商即可。

例如买入1000张鸿达转债，需要花费的资金 = 128.5元/张 × 1000张 = 12.85万元。

如果转股，可以转换的个股数量 = 131.91元/张 × 1000张 ÷ 转股价格3.98元 = 3.32万股（结果有进位）。

所以，为了对冲风险，在买入鸿达转债的同时，我们需要借入3.32万股卖出，并在4个月后于转股期内将买入的可转债转换为股票，然后偿还借券。

借入个股卖出，需要投资者的证券账户开通融资融券功能，同时所在券商有对应的股票可以借才行，否则不能起到对冲的作用。

图 10 - 1 展示了融券卖出（又叫卖空，即没有股票，却通过借入卖出）的菜单选项。我们在登录后，进入“信用交易”，选择“融卖”，输入正股代码、融券卖出数量等，点击“融券卖出”按键即可完成操作。卖出后所得资金可以使用，但尚不支持用于可转债购买。

图 10 - 1　融券卖出菜单示意

上述交易中，交易费用主要包括可转债的买入佣金和税费，股票的卖出佣金和税费，以及融券期间的借款利息。

假定可转债的买入佣金是十万分之 8，股票佣金是万分之 1.5，印花税率为卖出收取 1‰，则买入可转债佣金 = 12.85 万元 × 0.008% = 10.28 元，股票卖出佣金和印花税 = 13.19 万元 ×（0.015% + 0.1%）= 151.69 元，两者合计为 161.97 元。

假定融券利率为年化 7%，则融券 4 个月的利息费用 = 13.19 万元 × 7% × 4 ÷ 12 = 3078 元。

整体的套利费用 = 161.97 元 + 3078 元 = 3239.97 元。

本次套利的整体收益 = 融券卖出收入 13.19 万元 - 可转债买入成本 12.85 万元 - 费用支出 3078 元 = 322 元。

上述操作比较复杂，更省心的方式是单边买入处于折价状态的可转债，等待折价消失后卖出。但是这种操作方式可能面临可转债和正股同时下跌带来的损失，适合在走势平稳或向上的市场中使用。

2. 转股套利

在转股期内，如果可转债存在折价，且能够抵销套利的手续费，那么投资者可以购买可转债，然后转成正股卖出，赚取其中的差价。但前提是正股走势稳健，不能在正股大跌时买入，否则第二日正股继续下跌，可能将原先的套利空间吞噬。

例如2021年2月2日，鸿达转债收盘时转股折价率为2.71%，正股当日上涨4.4%。我们可以买入可转债，转股后第二日卖出。

假如按照2021年2月2日收盘价买入1000张，花费8.24万元，第二日按照均价卖出（正股均价下跌0.9%），整体的盈利空间约为1.8%。即便剔除交易手续费，也有不错的盈利。

华宝证券中，可转债转股的操作路径为：更多功能—转股回售—转股，输入可转债代码以及数量，提交即可（见图10－2）。

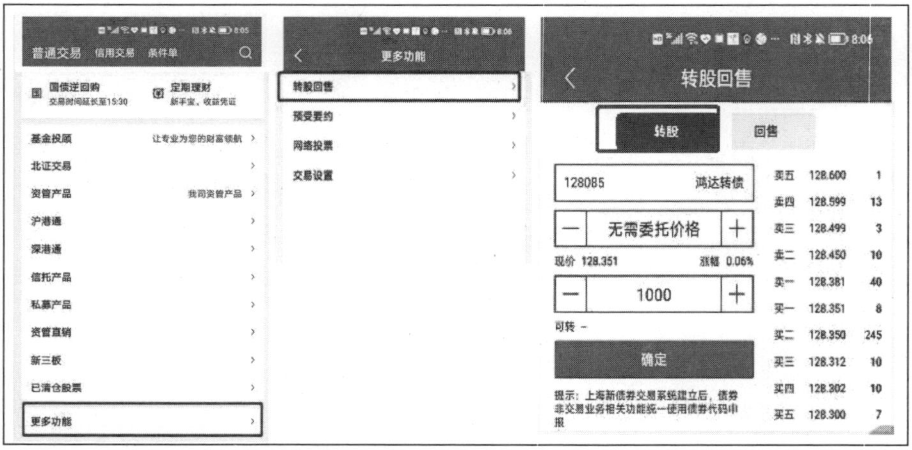

图10－2　可转债转股操作示意图

可转债转股，于T日提交，T+1日开盘可以看到转换的股票到账，并进行卖出操作。

需要说明的是，套利资金的存在，可能会使T+2日开盘时卖出压力较大，正股价格较低。等待价格适度恢复再卖出，有机会卖到更有利的价格。

3. 回售套利

在回售期内或者临近回售期时，如果可转债满足回售条款，同时其价格低于回售价格，我们就可以买入，通过回售进行套利。

例如辉丰转债的回售触发条款为：最后两个计息年度，股票价格连续30个交易日的收盘价格低于当期转股价格的70%，可转债持有人有权将其持有的可转债全部或部分按债券面值103%（含当期利息）的价格回售给公司。

2020年6月5日，辉丰转债触发回售条款。该可转债2020年2月3日的最低价约为94元，其后在2020年4月28日，因最近两个会计年度经审计的净利润为负数而被交易所停牌。停牌前的收盘价为99.999元，仍低于可转债的回售价格，存在套利空间。

我在停牌前，以低于100元面值的价格买入了辉丰转债进行套利。

停牌后，公司在2020年6月8日发布回售公告，将回售申报期定于7月27日—31日，回售款到账日定为8月7日。

回售的操作如图10-3所示。在回售申报期内，我们需要在证券账户进行回售操作。华宝证券的操作路径为：更多功能—转股回售—回售，填写回售代码和数量后确认，即可完成回售。

我于2020年4月下旬参与，扣税后实际到账金额折算为102.4元/张（高于面值的部分征收20%的所得税）。持有时间约为3.5个月，对应收益率为2.4%，年化收益率为8.23%。

需要注意的是，回售触发日期与投资者拿到钱的时间并不一致。企业会在触发回售后再启动相关工作，拖延一段时间，因此实际的收益率会随着时间的拉长而降低，对此投资者需要有充分的准备。

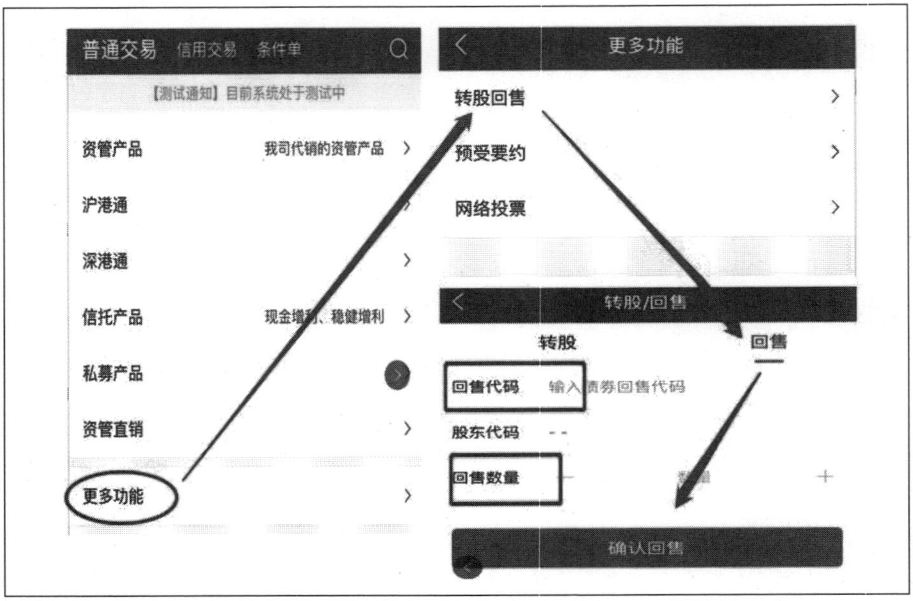

图 10－3　可转债回售操作示意图

4. 下修套利

对于满足下修条件的可转债，如果此前有过下修，则我们在其再次满足条件时参与套利，有望获得下修带来的价值提升。这里需要说明的是，之所以选择此前有过下修的可转债，是为了避免部分“揩油债”带来的时间成本，具体后面会再详细论述。

下修套利的典型案例是搜特转债，其下修条款为：在本次发行的可转换公司债券存续期间，当公司股票在任意连续三十个交易日中至少有十个交易日的收盘价低于当期转股价格的 90% 时，公司董事会有权提出转股价格向下修正方案并提交公司股东大会审议表决，上述方案须经出席会议的股东所持表决权的三分之二以上通过方可实施。

可以看出，下修是公司董事会的权利，而非股东的权利。能否下修成功，还需要看公司董事会的意见和股东大会表决的结果。此前已经成功下修的可转债，说明董事会和股东均有意愿推进可转债下修，因而未来继续推进的可能性比较大。

搜特转债曾于2020年9月下修可转债的转股价格，时隔一年，再次满足下修条件。2021年7月31日，公司发布《搜于特集团股份有限公司关于董事会提议向下修正“搜特转债”转股价格的公告》。

根据2020年的下修情形，发布董事会下修提议时，可转债价格会跳涨，并会振荡上涨至实际下调的当日。2021年，上述情况再次出现，在董事会提议下修的后一个交易日，搜特转债从78.22元跳涨至89.3元，涨幅约为14.17%。2021年8月17日可转债转股价格实际下调的后一个交易日，搜特转债收于101.35元，较董事会刊发下修提议的后一个交易日再次上涨13.49%，其后更是在2021年9月8日上涨至121.9元（见图10-4）。

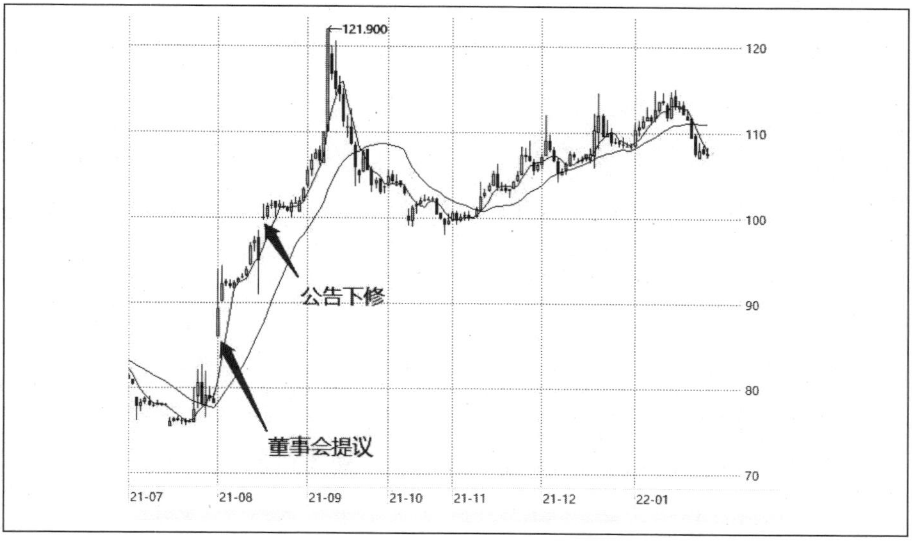

图10-4 搜特转债走势

对于下修套利，我们可以参照上一次可转债下修后的转股价值，推测可转债大致的价格。例如，2020年9月15日搜特转债下修后，转股价值为 97.5862 元，对应的可转债价格为 106.8 元。按照 2021 年 8 月 16 日的正股收盘价，下修后搜特转债的转股价值 = 100 ÷ 1.62 × 1.6 = 98.765 元，比 2020 年 9 月 15 日的转股价值高了 1 元多，那么可转债的合理价格也应高 1 元左右，约为 108 元。如果可转债实际价格低于上述合理估价，则存在套利空间。

从上述案例来看，下修套利有 3 个参与时点：满足下修条件时、董事会提议下修时以及股东大会公布下修时，只要在这些时刻可转债的价格低于合理的估算价值，就可以买入可转债参与套利。

需要说明的是，上述套利操作只是单边买入符合条件且价格偏低的可转债，不能对冲市场波动风险，存在可转债价格长期低于合理价值的风险。

5. 杠杆套利①

债券投资中，一种常见的方式就是对收益率较高、确定性较强的债券加杠杆买入，赚取更为丰厚的回报。如果我们观察债券基金，会发现很多基金整体的仓位超过 100%，这也是加杠杆的结果。例如鹏华可转债债券 A（000297），其 2018 年三季报显示债券仓位为 104.59%，就是通过质押式回购再次买入债券所致。

这里介绍两个概念——正回购和套作。正回购是指使用符合条件的债券做质押借入资金的行为。如果借入资金的投资收益率高于借入成本（一般在 3% 左右），就能贡献收益。套作即通过正回购借入资金后买入债券，然后继续正回购，如此循环操作。一般券商要求套作不能超过 5 倍，有的券商甚至不允许套作，具体由各家券商规定。

但需要说明的是，因交易规则调整，正回购不再对个人开放，公司户可以联系券商申请开通正回购功能。

---

① 本书只进行相关知识介绍，不作为投资指导。投资有风险，入市需谨慎。

具有正回购资格的投资者可以买入符合条件的可转债（一般为AAA级），办理质押入库，卖出可转债的质押代码得到标准券[①]，然后使用标准券做正回购借钱，到期后质押出库，买入对应的可转债质押代码，提交后就可以在账户中看到对应的可转债及数量。

雪球社区的“球友”@阿土哥a和@DAVID自由之路曾于2014年通过正回购投资中行转债、民生转债等可转债，获得了丰厚的回报。

@DAVID自由之路曾分享当时的主要投资思路：中行转债的正股中国银行2014年净利润同比增长超过13%，分红收益率超过7%，两者相加超过20%；可转债比正股还多了一层债券利息收益，税后超过1%；同时正股市净率仅0.8出头，处于较低水平，风险可控。此外，中行转债2014年一季度末的价格为98.86元，尚低于面值，也较为安全。套作最多每年损失一点利息。

我当时使用了更为轻松的方式——买入可转债基金的B类份额（该品种目前已经退出市场），相当于为普通的可转债基金加了3倍杠杆。当时我主要做的品种是转债进取（150189），投资该可转债会借助母基金本身的杠杆以及分级基金的杠杆。2014年四季度，该基金B类份额的场内价格上涨了293.27%，远高于中证转债当季度56.94%的涨幅。

需要说明的是，这种套利方式主要使用杠杆博取收益，有相对较大的风险。特别是杠杆使用倍数高、成本高时，投资者必须考虑自己的实际情况再进行操作。

6. 发债套利

根据统计，多数股票从公司可转债发行临近到实际打新日的走势显著强于整体股票指数。如果是大资金套利，可以在公司拿到证监会核准同意批文至打新日期间买入股票，同时做空沪深300指数，赚取这类事

① 标准券按照质押率折算，如果质押率为0.65，100手质押能得到65张标准券。

件的超额收益。

但是对小资金而言，比较好的方式是在得知公司拟发行可转债时，分析正股的质地和估值，在机会较确定时买入正股，持有至打新日前后卖出获利。

例如南银转债于2021年6月15日发行，对应的正股南京银行在2021年1—5月累计上涨了29.95%。我提前买入，获得了较为丰厚的回报。回头看，2020年底，南京银行的市净率为0.86，市盈率为6.39，处于相对偏低位置。同时过往的企业净资产收益率年均在15%以上，说明其经营水平在商业银行中也处于靠前位置，我们实际参与的风险不大。

当然，这类套利并没有做完全的风险对冲，存在正股继续下跌的风险。

可转债套利有哪些风险？

虽然可转债套利的整体风险可控，但是仍有一些风险需要警惕。我在这里重点盘点几类较为典型的风险。

1. 政策风险

政策风险是指政策变动引发的风险，这也是最难规避、最难预测的一类风险。比如对于期货保证金的缴存比例要求、开仓要求、个股做空要求等，监管部门可能会在某个阶段出台特殊政策，导致相应工具无法使用或限制使用。

例如 2015 年 9 月 2 日，在经历两轮大幅下跌后，中国金融期货交易所（以下简称“中金所”）发布政策对股指期货市场进行规范，影响较大的有以下两条。

一是调整股指期货日内开仓限制标准。中金所决定，自 2015 年 9 月 7 日起，沪深 300、上证 50、中证 500 股指期货客户在单个产品、单日开仓交易量超过 10 手的构成“日内开仓交易量[①]较大”的异常交易行为。

二是提高股指期货各合约持仓交易保证金标准。自 2015 年 9 月 7 日结算时起，沪深 300、上证 50 和中证 500 股指期货各合约非套期保值持仓交易保证金标准由 30% 提高至 40%，沪深 300、上证 50 和中证 500

① 日内开仓交易量是指客户单日在单个产品所有合约上的买开仓数量与卖开仓数量之和。

股指期货各合约套期保值持仓交易保证金标准由10%提高至20%。

再比如2020年初，监管针对摊余成本法债基下发窗口指导，要求产品规模上限80亿元，信用债AAA以下品种不能融资回购，AAA品种杠杆比例不超过120%，成立时要提交上述杠杆要求承诺函。

这类风险可能导致原先的套利操作成本攀升、敞口收窄，杠杆被迫下降。

2. 市场风险

市场风险是指市场价格急剧不利变化引发的风险，即市场产品的价格大幅异常变动或较长时间异常变动等引发的风险。

最著名的市场风险案例是美国的长期资本管理公司（Long Term Capital Management，LTCM）。

该公司创始人麦利威瑟是华尔街的套利之王，掌管所罗门兄弟公司的固定收益套利部门超过二十年，负责的曾是所罗门兄弟公司最赚钱的业务。他还挖来了两位诺贝尔奖得主，一位是哈佛大学的教授罗伯特·默顿，另一位是著名的Black - Scholes期权定价模型创建者迈伦·斯科尔斯。

含着金钥匙出生的长期资本管理公司，在1994年成立时管理的资产规模就达到12.5亿美元，是当时有史以来规模最大的新成立对冲基金，基金的认购门槛高达1000万美元，投资者包括全球各大央行和主权基金。长期资本成立后，初始阶段的业绩不负众望：基金成立后10个月的回报率高达20%，1995年回报率为42.8%，1996年为40.8%，1997年为17%，而且最大单月回撤只有2.9%。他们确实在用一种看起来非常完美的、科学的思维管理风险，即参考历史数据做多可能上涨的债券，做空预期下跌的债券。

1998年初，良好的业绩吸引了更多的资本，长期资本的净资产达到46亿美元，控制的总资产达到1500亿美元，杠杆比例达到32.6倍，主要合伙人身价均达到亿万富豪水平。

但是1998年，资本市场互换利率交易利差持续放大，基于历史数据构建的模型，长期资本认为互换利率交易利差会逐渐回缩。所以，他们动用大量资金抛空互换利率交易利差。可惜这次他们建立的数学模型犯了致命的错误。1998年8月，E国金融危机爆发，这个大国还郑重承诺绝对不会允许本国货币贬值，并会按期偿还所欠贷款。长期资本相信了政府承诺，购买了大量该国债券。可惜，上述两个承诺都没能兑现。被危机吓坏了的国际炒家和投资者纷纷撤资，仓皇而逃，大量卖出E国债券并购买风险较低的欧美国家债券，导致资本市场互换利率交易利差迟迟不收窄。

在交易利差扩大的同时，长期资本的净资产从年初的46亿美元缩减到8月末的30亿美元。为了保证抵押品充足，长期资本公司不得不低价卖出大量资产，但是在当时的市场根本就没有买家愿意接手。9月5日，长期资本管理公司净资产缩水2亿美元之巨，净资产缩小到仅仅17亿美元。

最终，长期资本被迫宣布破产。

套利往往基于历史数据，但是市场价格可能出现极端的走势或者长时间的异常，需要投资者提前准备预防措施，对各品种的仓位和杠杆加以控制。

此外，另一种常见的市场风险是正股短期下跌造成可转债短时间内出现折价，但这种折价会随着正股的继续下跌消失，实际上无法通过其完成套利。

例如2020年12月15日，鸿达转债转股折价率为5.12%。这主要是因其正股控股公司出现债务违约传闻，导致正股跌停，而由于没有涨跌停限制，鸿达转债当日下跌21.9%，阶段性出现转股溢价率为负数的情况。下一个交易日，正股继续跌停，但转股折价很快又恢复为转股溢价。

正股跌停或者短时间正股快速拉升期间可转债出现的折价，不能作为套利机会。投资者需要注意正股的走势表现以及日常的交易情况，尽量选择日常股价波动偏小、流动性好，且可转债折价大于 2% 的套利机会。

3. 个债风险

个债风险主要是个债自身的原因导致的套利失败，比较典型的有管理层或控制人问题、业绩暴雷等。这里我们重点聊一下对“揩油债”的规避。

所谓“揩油债”就是公司并无推动可转债转股的动力和意愿，纯粹希望借助可转债进行低息融资，到期偿付。投资这类“揩油债”，资金长期被占用，拿到的利息收益又显著低于同信用级别的纯债，即被“揩油”（占便宜）。

因为股东可以直接参与企业利润分配，而债权人仅能拿到有限的利息，所以发行股票的融资成本（给股东的回报）一般显著高于债券（给债权人的回报）。如果公司有还钱实力，以低成本进行融资才是“最高境界”。

可转债附带转股权价值，实际付息通常大幅低于普通的公司债。正常可转债到期偿付，既不会因为转股摊薄股东权益，又不用负担较高的利息成本，公司何乐而不为？

这类企业纯属为了“揩油”发行可转债，十分可恨，但是普通投资者也没什么法子应对。毕竟合同约定下修转股价的权利属于董事会和股东，而非可转债持有人。

这就类似于让你拿 2 元钱参与抽奖，但是最大的奖项就是 2.5 元。虽然有机会赚钱，但是这点奖励会是投资人期望的吗？

所以对这类可转债，我一般是不建议参与的，免得耽误时间少赚钱。

比较典型的是广汽转债（113009），2016 年 3 月 14 日就满足下修条款，但是公司愣是拖着，一点推动转股的意思都没有！该公司 2021 年三季度末账面有 216.67 亿元资金，偿还 25.26 亿元的剩余转债不在话下。

广汽转债于2016 年1 月22 日发行。2016—2020 年，公司年度扣非净利润增速分别为53.76%、68.57%、-4.72%、-60.82%和25.17%，个股年度涨幅分别为3.58%、7.69%、-39.65%、17%和15.88%。对应的可转债价格多数时间在130 元下方徘徊，虽然曾经短暂触及150 元，但一直未能触发强制赎回。最终，广汽转债耗时6 年正常到期退市，退市前的收盘价格为106.43 元。

这类“揩油债”的特点主要有：

①公司现金余额大，不愁还款；

②转股意愿不强，满足下修条件也不推动下修，日常也不“蹭热点”；

③公司业绩一般或偏差，正股走势平稳，波澜不惊；

④可转债规模较大，日常炒作资金不光顾。

4. 操作风险

操作风险是指由信息系统、内部控制或其他操作类缺陷导致的损失，包括人为操作不当、电脑或网络故障、内部控制不当等。其中最常见的是人为操作不当。

例如在做正回购套作时，由于正回购期限一般是1 天或7 天，相对偏短，需要经常手动操作，投资者如果错过操作时间，就会导致强制平仓，可能因产品的流动性不佳出现损失，甚至因为违约影响个人资信。

此外，经常遇到的操作风险还有填写委托单时，选错了买卖方向，将卖出弄成买入；委托时没有留意深市和沪市的可转债交易单位不同，导致交易额超出预设目标；使用条件单交易时因触发时间处于集合竞价期间或者买卖单不连续，导致符合条件却不触发，或是触发了但无法成交等。

实际生活中，操作风险可以通过适当多留意予以解决或降低危害。

总结一下：可转债套利是一种偏稳健的盈利方式，但是其中也蕴藏着一定的风险，在具体实施套利操作时，需要做好预防。

11

可转债基金

基金是一种专家理财工具，投资基金就相当于我们“团购”了一帮理财专家，帮助我们打理财富，不仅省心、省力，还可以快速获得专家级投资水平的收益。

什么是可转债基金？

从不同的角度，基金可以分成很多类。其中主要以可转债为投资对象的基金，称为可转债基金。

以汇添富可转换债券基金（A 类代码 470058，C 类代码 470059）为例，该基金合同约定“本基金重点投资于可转换债券（含可分离交易可转债)”，具体条款为“投资于固定收益类资产的比例不低于基金资产的 80%，其中对可转换债券（含可分离交易可转债）的投资比例不低于基金固定收益类资产的 80%；非固定收益类资产的比例合计不超过基金资产的 20%”。

即如果规模为 1 亿元，则该基金会将不高于 20% 的资金（对应 2000 万元）投资股票等非固定收益资产；将不低于 80% 的资金（对应 8000 万元）投资债券等固定收益资产，且其中不低于 80% 的资金（对应 6400 万元）投资可转债。

可以看出，可转债基金一般投资三类资产：股票（一般不高于 20%）、可转债（一般不低于 64%）和债券（一般在 16% 左右）。由于可转债基金的投资范围主要由基金合同约定，部分可转债基金对各类资产的投资比例与上述比例有所不同。

高价可转债股性强，且可以借助固定收益上杠杆，偏激进型的可转债基金波动可能会接近甚至超过偏股型基金。这也是为什么部分风格激进的可转债基金，涨起来不比股票型基金少赚，跌起来也不比股票基金少亏。

低价可转债债性强，偏保守型的可转债基金，其风险特征与纯债基金类似。

所以，可转债基金的风险可大可小，主要看基金经理的投资水平，以及对市场的理解和择时。但是从可转债的属性与过往基金表现看，可转债基金整体的风险高于普通债券基金、低于偏股型基金，长期收益也呈现类似特征。

目前有哪些可转债基金？

一般的可转债基金，名字都带有“可转债”字样。除此之外，有些基金投资范围比较灵活，并没有约定投资可转债，但是基金经理非常擅长投资可转债，这种基金也可以被归纳为可转债基金。

简单划分下，可转债基金可以分为以下三类。

一是标准型可转债基金。该类基金投资股票的比例不高于基金资产的20%，投资可转债的比例不低于基金资产的64%，属于最常见的标准型可转债基金。例如之前介绍的汇添富可转换债券基金、博时转债增强债券基金（A类代码050019，C类代码050119）、富国可转债基金（A类代码100051，C类代码009758）等，都是标准型可转债基金。

二是指数型可转债基金。这类基金跟踪可转债指数，以复制指数走势为诉求，净值会随可转债指数波动。例如博时可转债ETF（511380）跟踪中证可转债及可交换债券指数，东吴中证可转债指数基金（165809）可以用90%～100%的仓位投资可转债。

三是灵活型可转债基金。虽然该类基金也会投资一部分可转债，但是投资股票的范围规定较为灵活。比如兴全可转债混合基金（340001）约定投资股票的比例不超过30%，投资可转债的比例为30%～95%；再比如华夏可转债增强债券基金（A类代码001045，C类代码012887）和鹏华可转债债券基金（A类代码000297，C类代码010964）对可转债投资比例有限制，但对股票投资比例无限制。

这类基金因为投资股票的仓位波动大，风险差异也比较大，具体取决于基金的资产配置和投资倾向。此外，易方达安心回报债券（A 类代码 110027，B 类代码 110028）虽然没有约定，但是一直保持较高的可转债投资比例，本质上也是一只灵活型可转债基金。

可转债基金怎样赚钱？

下面我重点以汇添富可转换债券基金为例，介绍可转债基金的赚钱策略。

1. 优选可转债赚钱

基金经理会综合各类因素，优选可转债，提高盈利能力。例如2014年该可转债基金重仓的平安转债和国电转债分别上涨68.2%和99.85%，贡献了超额收益。

需要说明的是，可转债基金因为资金量大且对质地有要求，重仓转债主要投向大盘转债，以金融、能源和基础设施为主。当这类可转债涨幅靠前时，基金表现优异；而在中小盘可转债表现靠前时，基金表现并不突出。2020年就很典型。

2. 适当加杠杆赚钱

可转债基金持有的高评级可转债以及债券，可以作为抵押物进行融资，适当借助杠杆放大阶段性收益。汇添富可转换债券基金从2012年二季度开始将可转债仓位提高至107%，并在2015年三季度前的多数时间维持较高的可转债仓位，利用杠杆放大了基金收益。例如2014年，汇添富可转换债券基金A上涨82.17%，显著高于当年中证转债指数56.94%的涨幅。

3. 优选个股赚钱

汇添富可转换债券基金 A 的股票仓位主要集中于大中盘绩优蓝筹股，可以分享它们的长期上涨收益。例如 2018 年底，该基金的前三大重仓股分别为中国平安、中炬高新和格力电器，2019 年三者分别上涨 55. 85%、34. 35%和 91. 66%，平均涨幅为 60. 62%，显著高于同期沪深 300 指数 36. 07%的涨幅。

4. 适当择时赚钱

该基金成立于 2011 年 6 月 7 日，成立不久，可转债市场出现罕见的大跌。中证转债指数在 2011 年三季度大跌 15. 28%，而汇添富可转换债券基金 A 的净值仅下跌 5. 29%，显著低于指数跌幅。基金经理在年报中描述：

投资者在担心经济下滑的同时，又遇到了严厉的紧缩政策，市场资金明显趋紧。转债票息较低，在高企的短期利率面前，短期价值受到质疑，抛售源源不断。其中几只大型转债受供求面的影响，跌幅较大，一度跌至纯债价格附近，盘面上大批转债破面值，价值严重低估。

……

在 9 月 30 日转债跌入历史罕见的最低谷时，本基金坚决地增加转债仓位。我们认为：第一，由于综合因素，转债市场出现了史无前例的下跌，其中一些原因是具有持续性的，而另一些原因是短期的、可以改变的，而且已经在转债价格中反映出来了；第二，由于转债具有债性保护，很多品种在大幅下跌后，其债券价值与普通债券品种的价值所差不多，其期权价值明显低估；第三，一些转债受条款限制，已经出现回售和下修转股价等对于投资者有利的举措，其转债价值也得到了提升。事实证明，转债的价值终究会反映到价格上来，随着四季度资金面的放松，大部分的转债回到了面值附近。

从上述分析可以看出，在可转债市场出现明显机会时，可转债基金适度进行择时操作，可以显著提高业绩。

需要说明的是，我们不能期望基金经理每次都能准确择时。例如天天基金数据显示，截至2021年4月30日，汇添富可转换债券基金A过去5年涨幅为62.01%，在同类基金中居前1%。但是该基金在2014年9月底时的股票仓位仅为3.2%，而在2015年6月底时的股票仓位为16.38%，未能做到准确择时。

怎样挑选可转债基金？

对于个人投资者而言，挑选可转债基金可以从如下几方面入手。

一是观察中长期业绩。俗话说“路遥知马力”，对于可转债基金而言也是如此。因可转债既有股性也有债性，一轮周期的涨跌往往需要3～5年，只有至少完整经历一轮周期且表现优异的基金，才算经受住了考验。我们可以打开天天基金App，依次点击“数据专题—排行—债券”，查询过去3年或5年业绩排名靠前的债券基金作为备选基金，如图11－1所示。

图11－1　近5年债券基金收益排行榜

资料来源：天天基金App，2021年5月5日。

二是观察基金经理变动。查询备选基金过去3～5年基金经理是否发生变动，对于有变更的，查询变更后的业绩是否依旧出色，如果不是则建议舍弃。

三是观察阶段跌幅。观察筛选出的基金过往3～5年的年度涨跌，优先选择年度跌幅较小、风险控制能力较强的基金。

优质可转债基金介绍

基于上述分析方法，我挑选了几只不错的可转债基金，下面就对它们一一进行介绍。需要重点强调的是，本章是我根据个人标准筛选出的投资标的，仅为分享，不作为投资建议。还请各位投资者着重关注分析过程，分析结果仅供参考。投资有风险，入市需谨慎！

1. 鹏华可转债债券A（000297）

该基金为标准的可转债基金，成立于2015年2月3日。截至2021年3月31日，该基金的规模为18.68亿元，属于规模偏大的可转债基金。从天天基金App展示的可转债基金近5年业绩看，该基金位列第一。

该基金先后由4位基金经理管理，其中任职时间最长的是王石千。王石千自2018年7月13日开始担任该基金的基金经理，累计任职已有3年多。

王石千，经济学硕士，2014年7月加盟鹏华基金，曾任固定收益部高级债券研究员，从事债券投资研究工作。2018年3月开始，他先后担任鹏华双债加利债券、鹏华纯债债券、鹏华丰利债券（LOF）、鹏华可转债等基金的基金经理。他擅长可转债交易，被称为“转债小王子”。

在可转债投资方面，王石千有着自己成熟的投资体系，注重采取由面到点的思路做投资。他会先根据各种宏观变量、市场情况等决定资产配置层面的大类资产配置，再深入各资产内部，决定股票、可转债和债券如何进行挑选。

王石千认为，在资产配置上不应过度承担某一类资产的风险，风险控制既要有投资纪律，也要有识别和判断风险的能力。基金经理需要通过研究评估各类资产的收益机会和风险，预判各类资产的未来表现，在事前降低风险较大资产的配置比例。当市场情况发生变化时，应及时采取措施降低组合面临的风险。

在具体配置时，他会重点关注股票、可转债的核心影响因素，例如利率、盈利增长、整体估值（如可转债的转股溢价率、股票市盈率等），以及标志性事件（如国际贸易摩擦或者政策拐点等）。

但是从实际运行情况看，王石千资产配置中的股票仓位和可转债仓位在不同市场环境下变动不大。例如 2018 年三季度、四季度以及 2019 年一季度，他管理的鹏华可转债债券 A 的股票仓位分别为 10.99%、8.21% 和 10.52%，整体变化比较小；可转债（可交换债）的仓位分别为 79.27%、97.85% 和 82.22%，变化稍大，但整体仍在 20 个百分点的变动范围内，择时不明显。

在具体的基金管理中，王石千会精选中高评级、中等久期优质信用债作为底仓，获取较高的票息收益，作为基金的打底收益。在久期管理上，他通过自上而下的宏观环境和中观政策分析，制订组合久期管理策略，力争把握利率的中长期走势。

在可转债的选择上，他会自下而上筛选转股溢价率较低、纯债溢价率较低、正股质地优良的高性价比可转债进行配置，且以安全的金融行业为主。

在股票投资上，他会根据宏观分析配置合理仓位的股票，且整体仓位有攀升趋势，以增厚组合的投资收益。目前看效果非常明显。

举个小例子。2018 年四季度，全球股市大幅下跌，王石千管理的鹏华可转债基金净值也出现了较大的下跌。但是在下跌的过程中，他认识到市场的整体估值接近历史低点，股票和可转债均处于底部区域。其后他果断卖出部分性价比较低的品种，并在股票仓位中增加了华泰证券、生益科技和恒生电子等进攻型品种，在可转债方面减持债性强的银行可转债，增持东财转债和长证转债等高弹性券商，显著提升了组合的弹性。最终在2019年一季度，鹏华可转债基金净值大涨19.57%，为全年业绩的上涨提供了坚实的基础。

王石千将股票按照盈利波动特征分为成长型和周期型，按照价格波动特征分为高波动和低波动。组合后，他将股票分为四类：成长低波动、成长高波动、周期低波动和周期高波动。

日常，他重点配置成长低波动个股和周期低波动个股，前者可以在分享成长收益的同时，将组合的波动控制在较低水平；后者可以在股息保护下，获取市场整体上涨带来的收益。此外，对于景气度较高的高波动股票，他也会在估值偏低时配置，以提高组合的收益率。

对于可转债投资，王石千也颇具心得。他将可转债分为以下三类。

一是高性价比可转债，即转股溢价率和纯债溢价率均较低的可转债。它们向下有债底的保护，向上容易跟随正股上涨，性价比非常高，是最佳配置标的。

二是股性可转债，即转股溢价率低，但是纯债溢价率高的可转债。这类可转债安全性不足，但是如果正股稳定成长，投资者依然可以分享其中的成长收益。

三是债性可转债，即纯债溢价率低，但是转股溢价率高的可转债。这类可转债安全性非常好，利润率波动较大的TMT行业（科技、通信、传媒）或周期股，以及小市值股、题材股等领域的可转债存在较多机会。此外，投资这类可转债还能博弈转股价下调的收益，投资者也可以择优配置。

整体来看，王石千是位在可转债领域投研经验丰富的基金经理，他选择单只可转债的能力突出，值得关注。

2. 易方达裕祥回报债券基金（002351）

该基金为混合型债券基金，成立于2016年1月22日。截至2021年6月30日，该基金的规模为392.28亿元，属于规模较大的债券基金。从天天基金App展示的可转债基金近5年业绩看，该基金位居同类前4%。截至2021年9月30日，该基金成立以来累计上涨67.1%，复合年化收益率为9.43%。

历史上，该基金先后由4位基金经理管理，其中任职时间最长的是张清华。张清华自2016年1月22日开始担任该基金的基金经理，累计任职超过5年，于2021年9月8日辞任。其后该基金由与张清华联合管理4年多的林森和另一位经理林虎联合管理。

这里我们重点介绍张清华和林森的投资策略。两人在2017年7月28日—2021年9月7日共同管理该基金。

张清华，物理学硕士，曾在晨星资讯和中信证券做分析和研究工作，后加入易方达基金从事专户、社保基金和公募基金等投资管理，现任易方达基金公司副总经理级高级管理人员、多资产投资业务总部总经理、固定收益投资决策委员会委员，擅长偏债混合型资产管理。

投资中，张清华认为首先要根据账户的资金性质进行管理。公募基金要在保证绝对收益的基础上追求一定的相对收益，这是投资的出发点。其次，要善于根据市场的变化，在不确定中做最优的资产配置，阶段性多配置高性价比的资产，以突出资产和组合的安全性。最后，要依托强大的投研平台，让研究为持续获取超额收益提供支撑。

在具体操作中，张清华重配置、轻交易，注重趋势投资与价值投资相结合。他会从资产配置的大局观出发，寻找市场的主要矛盾和中长期趋势，看准大方向再进行配置。

他认为，投资首先要做的不是精选个券或个股，而是厘清市场的环境和阶段，抓住市场的主要矛盾，做好最基本的资产配置。一个主要趋势的形成或者类属资产的转换，不是几天或几周就完成的。要在加强基础研究和多维度论证、降低错误的基础上，再调整资产配置，并淡化短期噪声，减少不必要的交易，追求更好的中长期收益。

典型如2014年，央行连续降息降准，货币政策明显宽松。上半年利率债上涨较多，而信用债涨幅不大，不少可转债到期收益率为2%～3%，机会成本很低，同时对应股票的估值也不高。可转债无论是纵向对比历史估值，还是横向对比纯债、股票等资产，风险收益比均处于较好水平。

2014年下半年开始，张清华管理的基金重点配置了可转债，同时淡化择时，没有在短期上涨或回调时减仓，反而在每一次的短期回调过程中加仓，充分分享了下半年可转债大幅度的上涨，可以说是抓住了当时的主要矛盾。①

林森，硕士研究生，曾任道富银行风险管理部风险管理经理、外汇利率交易部利率交易员，太平洋资产管理公司基金管理部基金经理，易方达基金固定收益投资部总经理助理。目前他同时管理公募和私募基金，擅长自下而上进行债券和股票的选择。

林森的投资策略强调坚守能力圈、立足中长期，重视基本面研究，坚持自下而上的投资。他管理的产品基本不做择时，股票和债券仓位都相对稳定，主要通过在自己熟悉的行业和领域内优选债券和股票进行配置。

具体投资上，他强调股票和债券的分散度，会将资金尽量分散到多个细分品种进行投资，以分散风险、控制回撤。

在具体品种的选择上，他会先看估值、再看公司治理，在稳定的基础上寻找机会。但对中长期成长空间较大的赛道品种，他会适度给予较

① 他当时管理的易方达安心回报债券A(110027)在2014年重仓可转债,年度大涨77.68%,居同类基金第三位。

高的容忍度，强调采用广义价值投资方法（区别于低估买、高估卖的博弈价值投资），重在分享企业中长期较高的复合收益。

在风险控制上，除了提前做好分散配置外，他特别重视借助研究团队对各类债券和股票进行“排雷”，回避可能存在风险的品种。例如对于公司治理存在隐患的标的，林森采取回避态度。

从易方达裕祥回报债券的资产配置情况看，基金建仓期结束后，多数时间股票仓位都维持在 20% 附近的水平，债券仓位则主要在 85% ~ 110% 。在可转债的配置上，该基金一直相对克制，2017 年开始可转债的仓位占比一直在 10% 左右，基金的仓位主要配置企业债、中期票据等安全性较高的品种。

该基金曾经在 2020 年年报中称：从本基金的角度来看，低价可转债与我们股票持仓的相关性很低，能够使组合的夏普比率得到提升；预计本组合未来仍以参与低价可转债投资的策略为主。

可以看出，该基金更看重安全性，在整体吸引力不是特别大时，对可转债的配置保持在偏低的水平。

整体看，张清华和林森都是熟悉资产配置、经验丰富的基金经理，且公司的投研能力比较强，基金历史业绩稳健，值得关注。根据以往经验，选择由相同基金经理管理但是规模偏低的基金，可以取得更好的投资效果。

3. 汇添富可转换债券基金（A 类 470058，C 类 470059）

汇添富可转换债券为可转债基金，成立于 2011 年 6 月 17 日。截至 2021 年 6 月 30 日，该基金的规模为 67.71 亿元，属于规模较大的可转债基金。从天天基金 App 展示的可转债基金近 5 年业绩看，该基金位居同类基金前两位。截至 2021 年 9 月 30 日，该基金成立以来累计上涨 143.54%，复合年化收益率为 8.96%。

历史上，该基金在 2014 年、2017 年和 2019 年表现优异，A 类基金年度业绩分别为82.17%、11.26%和33.36%，分别居同类基金前七、前一和前三。

该基金的合同约定，投资于固定收益类资产的比例不低于基金资产的80%，而投资可转债（含可分离交易可转债）的比例不低于固定收益类资产的80%。即日常可转债的投资比例不低于基金总资产的64%，而权益类资产不高于20%。

历史上，该基金先后由5位基金经理管理，其中任职时间最长的为曾刚，任职7年多，于2020年6月12日辞任；其次是吴江宏，自2015年7月17日任职至今；2021年2月3日追加一位基金经理胡奕。

该基金在运作过程中，会先根据全球经济形势、中国经济发展情况（含经济周期、财政政策、货币政策等）、市场估值水平等，综合确定股债的配置比例，再进一步考虑大类资产下属的细分品类性价比，确定细分品类占比。

从过往情况看，该基金早期在股票仓位上有一定的择时动作，但是效果不佳。例如2013年一、二季度配置了12%以上仓位的股票，而2014年三季度牛市大涨初期，股票仓位仅为3.2%，把握不佳。2017年二季度开始，股票配置比例一直维持在15%以上，较少参与择时操作。在个股的选择上，该基金主要以大盘蓝筹绩优股为主，重在获取个股的中长期收益。

对于可转债的投资，该基金会综合运用多种策略，宏观的方式是先做行业配置，再做个券选择，择机参与博弈和套利。

行业配置上，该基金会根据宏观经济走势、经济周期、投资主题、产业政策等选择前景明确或政策扶持的行业。例如在经济复苏阶段侧重配置周期型的资源类行业，而在经济衰退时重点配置防御型的非周期行业。

个券选择上，该基金将基本面与量化分析相结合，选择具备良好成长性且估值合理的股票对应的可转债，在可转债价格显著低于理论价值时会重点配置。

此外，转股期内的可转债存在折价时，该基金会买入并转股卖出套利；优先配售具备吸引力时，会积极参与抢权配售；存在下修转股价、提前回售等预期时，则会判断参与价值，积极参与。

整体看，该基金会较为全面地参与可转债的各类投资机会。

2014 年，该基金准确把握了“宽货币”向“宽信用”转变的政策趋势，重仓配置了可转债，且重点是偏股型转债，充分享受到市场上涨带来的机会，A 类份额基金全年大涨 82. 23%。

但是该基金也有不足之处。2015 年在市场估值明显偏高时，该基金依然在可转债上配置了较高仓位，且债券仓位上了一定杠杆，基金最大回撤达到 52. 16%。

整体看，汇添富可转换债券是一只中长期业绩优异的可转债基金，团队的管理能力也比较强，但是在风险控制方面稍有欠缺，波动比较大。

4. 西部利得稳健双利债券基金（A 类 675011，C 类 675013）

西部利得稳健双利债券是混合型债券基金，成立于 2012 年 6 月 26 日。截至 2021 年 6 月 30 日，该基金的规模为 3. 26 亿元，规模适中偏小。截至 2021 年 9 月 30 日，该基金 A 类份额成立以来累计上涨 88. 39%，复合年化收益率为 7. 02%。从天天基金 App 展示的可转债基金近 5 年业绩看，该基金位居同类基金前 2. 5%。

历史上，该基金先后由 8 位基金经理管理，其中任职时间最长的为韩丽楠。韩丽楠自 2016 年 6 月 3 日开始担任该基金的基金经理，累计任职 5 年以上。

韩丽楠，英国约克大学金融学硕士，17 年证券从业经验，曾任渣打银行国际管培生、诺德基金研究员、上海元普投资固定收益投资总监。她于 2015 年 5 月加入西部利得基金公司，曾任基金经理助理、机构部副总经理，现任基金经理。

截至2021年9月30日，韩丽楠担任该基金的基金经理以来，累计任职回报78.4%，复合年化收益率为11.47%，居同类基金前1.16%，任职期间最大回撤为14.01%。

韩丽楠追求在稳健的基础上获取合理回报，特别重视在下跌的市场中寻找机会。在做具体投资时，她会按照资产配置、战术配置和个券选择三个层次实施管理。

资产配置主要是站在中长期的角度设定不同资产的目标配置比例，一旦设定好基本不会做很大调整，除非基本面发生较大变化。配置时她会应用美林投资时钟来判断经济所处的周期阶段——复苏、过热、滞胀、衰退，在对应阶段选取更优资产；同时也会根据资产配置核心中枢的位置，上下做一些细微调整。

战术配置主要是应对市场短期的变化，抓住一些市场短期的投资机会。她会从绝对收益的角度来评估股票和债券的性价比，选择性价比更高的资产进行重点配置。她会在股票市场低迷的时候重点关注债券，力争通过债券的票息收益来对冲股票的风险。例如2018年一季度，市场受到国内外环境双重挤压，她的基金偏重配置纯债资产，有效控制了组合的波动回撤。而当债券市场低迷的时候，股票市场往往会有较好的表现，此时她会重点把握股市的投资机会。

从基金过往情况看，股票的配置仓位一般在10%附近。2017年一季度最高配置到15.82%，2018年二季度至四季度，股票仓位一度为零，整体风险暴露较少，择时贡献了一定的正收益。债券仓位则多数时间维持在85%～110%。

股票的配置上，基金经理偏好配置消费、医药和科技等长赛道的龙头股，充分分享相关行业和个股的稳健增长收益。

西部利得稳健双利债券基金在可转债的投资上非常谨慎。直到2019年二季度，基金一直不配置或者超低配置可转债，债券仓位主要配置企业债券和金融债。2019 年三季度该基金才开始将可转债仓位提高至 19.7%，2020 年二季度进一步提高至 56.88%，2020 年底提高至 80.38%。该基金在 2020 年一季度和 2021 年一季度的市场振荡阶段，都曾出现过显著下调可转债仓位的行为，择时动作比较明显。

可转债的收益来源主要有四个方面——正股、估值、债底、条款博弈。其中债底变动较小，条款博弈机会不多。该基金在投资时，重点关注正股驱动和估值水平变动。具体选择时，基金经理会先评估信用风险，尽量避免遇到“黑天鹅”。

在谨慎的信用筛选之后，经理会从正股收益的角度去考量公司是否值得投资。涉及的考量因素比较多，例如行业进入壁垒高低、商业模式是否合理清晰且不可复制、行业是否处于高速增长时期，同时优先考虑利润影响因素相对简单的标的；现金流方面，要求稳定可测；还有行业竞争格局要好，对上下游拥有良好话语权且不容易受到外围因素影响等。同时经理也会使用 ROE、每年利润增速、应收占比等一些量化指标，辅助实现优中选优。

在选出正股标的之后，基金经理还需要再去看它对应可转债的估值水平，选择转股溢价率较低的可转债。这是因为过高的转股溢价其实是透支了未来正股的涨幅，可转债更容易跟着正股跌，而不会跟着正股涨。

此外，还需要考虑可转债市场的估值水平和整体的市场情绪。例如 2020 年 12 月—2021 年 1 月，部分企业信用风险事件的爆发导致一些债券基金遭遇巨额赎回。可转债作为流动性比较好的资产，在债券基金遭遇巨额赎回的时候较容易被抛售，受到纯债市场流动性风险的冲击。

整体看，西部利得稳健双利债券基金经理的投资经验丰富，偏右侧投资，会阶段性参与可转债市场行情。

5. 博时信用债券投资基金（A 类 050011，B 类 051011，C 类 050111）

博时信用债券投资为混合型债券基金，成立于 2009 年 6 月 10 日。截至 2021 年 6 月 30 日，该基金的规模为 53.97 亿元，属于规模偏大的债券基金。截至 2021 年 9 月 30 日，基金成立以来 A 类份额累计上涨 265.64%，复合年化收益率为 11.12%，居同类第一，其间最大回撤为 18.03%。从天天基金 App 展示的可转债基金近 5 年业绩看，博时信用债券投资 A 类基金业绩位居同类基金前 6.94%。

自成立以来，该基金一直由过钧担任基金经理，非常难得。按年来看，该基金没有错失任何一个可转债投资大年，且没有出现明显的投资失误。2014 年该基金年度盈利 88.34%，居同类基金第一；2019 年和 2020 年年度上涨幅度分别为 19.97% 和 17.28%，分别居同类基金前 3.49% 和 6.08%，表现非常优秀。

过钧有 20 年证券从业经验，17 年基金经理管理经验。1995 年起他先后在上海工艺品进出口公司、德国德累斯顿银行上海分行、美国 Lowes 食品有限公司、美国通用电气公司、华夏基金固定收益部工作。2005 年他加入博时基金公司，现任公司董事总经理、固定收益总部指数与创新组负责人、基金经理。

过钧的投资强调控制波动率，获取稳健回报，重点投资信用级别 AA 以上、收益率比较高的信用品种，并积极参与新股发行、二级市场股票投资和可转债投资，以争取超额收益。

在股票投资上，建仓期结束后，该基金的股票仓位会逐步攀升至 20% 附近的位置，之后长期维持在该水平。过钧较少做择时，主要通过优选个股获利，且选股主要集中于金融、制造和周期等行业。

该基金的债券仓位在 2011 年、2012 年、2014 年和 2015 年明显有上杠杆，近年来维持在 95% 附近的较高水平。在可转债的配置上，过钧非常善于择时。

例如2013年底他将可转债仓位配置到102.78%，2014年三季度可转债仓位进一步提升至131.36%，充分把握了可转债的牛市。2015年二季度，基于对宏观市场弱势企稳和权益市场出现结构化泡沫的判断，他清仓可转债，在债券仓位中重点配置了企业债、中期票据和金融债，完美躲过了可转债市场的下跌。其后在机会较少的2018年，他的可转债配置仓位仅为20%出头；而在机会较为确定的2019年，则配置了40%~80%的较高仓位，整体的择时操作非常出色。

他作为基金经理的整体投资风格非常稳健，对于市场的风险判断也较为精准。2018年基于对经济数据下行、宽信用政策传导机制不畅、信用债违约数量持续上升、中美贸易摩擦等的担忧，他一度不配置企业债券，回避了可能的信用风险。

整体看，过钧投资经验丰富，擅长择时和择券，管理的博时信用债券投资中长期业绩优异，能较好地把握各阶段行情。但是由于可转债配置较多，也可能出现阶段性较大回撤。

最后总结一下，可转债基金的风险介于纯债和股票之间，优秀的可转债基金能够提供不错的收益。具体筛选时，投资者可以重点从中长期业绩出色、基金经理任职稳定、各阶段表现较好的基金中选择。同时，了解基金经理的投资风格和特点，也有利于我们进一步筛选适配自己的基金。

12

可转债的两类升级玩法

除了常见的投资方法，我们还可以将投资界常用的资产配置理论和周期轮动策略应用到可转债投资中。

什么是资产配置?

资产配置就像炒菜，目的是把色香味各异的瓜果、蔬菜、鱼肉等食材放到一起，做出一顿好吃不贵、营养均衡的大餐。投资中，资产配置是指将股票、债券、商品和现金等风险和收益不同的各大类资产以及细分的各投资品种进行搭配，在保证整体收益率的前提下，使波动更小、体验更舒服。

1. 配置大类资产

资产配置的第一层是大类资产，主要确定组合中的中长期股票、债券、商品和现金等标的的占比，确保大方向上不偏离。在具体配置时，最常见的两种方式是固定比例和固定风险。这里我主要介绍固定比例法。

固定比例是指确定各类资产在组合中的占比，并定期进行调整。比如固定使用20%的资金配置股票，剩余资金配置可转债和纯债等资产。这个方法的好处是简单实用。我做一个简单的测试供大家参考。

假设组合的原始配置比例为20%的沪深300指数、40%的中证转债指数和40%的中证国债指数。再平衡（恢复至原始比例）频率为每年末。测试时间段为2010年1月1日—2020年12月31日。具体测试结果如表12－1所示。

表 12-1　指数配置组合情况　　单位：%

年份	沪深 300	中证转债	中证国债	组合表现
2010	-12.51	-6.33	1.93	-4.26
2011	-25.01	-12.77	6.85	-7.37
2012	7.55	4.11	2.64	4.21
2013	-7.65	-1.41	-2.81	-3.22
2014	51.66	56.94	11.07	37.54
2015	5.58	-26.54	7.87	-6.35
2016	-11.28	-11.76	2.55	-5.94
2017	21.78	-0.16	-1.87	3.54
2018	-25.31	-1.16	8.64	-2.07
2019	36.07	25.15	4.33	19.01
2020	27.21	5.26	2.63	8.60
累计收益率	45.74	10.90	52.37	42.00

资料来源：Wind。

数据显示，配置组合的累计收益率与沪深 300 指数接近，显著高于中证转债指数；年度最大下跌仅为 7.37%，显著低于沪深 300 指数的 25.31%。

有的投资者会疑惑：为什么这期间沪深 300 指数和中证转债指数的表现尚不如中证国债指数呢？

这是因为其间经历了 2011 年的滞胀和后期的经济转型，经济增速和企业的业绩增速逐渐平缓，同时更为关键的是沪深 300 指数的市盈率从 2010 年初的 28.49 下滑到 2020 年底的 16.1，出现了“杀估值”现象。

可转债方面，受 2010 年初市场估值较高且个券较少的影响，指数表现不佳。但是如果使用合理的策略或者借助可转债基金参与配置，效果会显著改观。此处，我暂用指数进行测试，主要是让大家了解资产配置的作用。

在确定具体占比时，大家可以使用发生金融危机的 2008 年、股债双杀的 2011 年、出现多次大幅下跌的 2015 年、突发熔断的 2016 年、新冠肺炎疫情冲击的 2020 年等历史上的各种极端情形，做组合的压力测试，确保回撤和收益都在预期范围内。

例如希望组合的最大回撤不超过 5%，则按照 2018 年的情形，在可转债占比稳定为 40% 的情况下，股票类资产的最大配置不能超过 30%。这是因为如果股票占 30%、国债占 30%，对应的年度收益率 = $-25.31\% \times 30\% + (-1.16\% \times 40\%) + 8.64\% \times 30\% = -5.47\%$，已经突破最大回撤要求。

2. 配置细分资产

资产配置的第二层是确定大类资产内部的细分资产占比。例如可转债按照股性强弱可以划分为偏债型、偏股型和平衡型；按照行业风格可以划分为消费、医药、周期、科技等。

偏债型可转债是指纯债溢价率不高、债性比较强的可转债，一般价格在 110 元以下，防御性较好，走势主要由利率和资金宽裕程度等决定。

偏股型可转债是指转股溢价率不高、股性比较强的可转债，一般价格在 130 元以上，走势主要由正股决定，与货币政策和公司业绩增速也密切相关。

平衡型可转债是指纯债溢价率和转股溢价率均不高，会同时受利率和正股走势影响的可转债，一般价格在 110 ~ 130 元。

在具体操作时，投资者可以根据自己的风险承受能力进行配置。例如稳健型投资者，重点可以把偏债型可转债作为投资对象；激进型投资者可以多配置偏股型可转债，以分享正股走强带来的机遇；而风险承受能力适中的投资者，可以重点关注平衡型可转债。

在行业风格上，各行业的影响因素不同，会体现出不同的波动性。其中，公路、铁路、机场、电力等公用事业类的可转债往往波动较小；

业绩稳健的大消费和医药等往往走势相对平稳；而周期类、科技类的可转债，受正股业绩波动大、估值波动大等影响，整体走势变化剧烈。从资产配置的角度看，我们可以将不同行业风格的可转债适当搭配，以控制组合的整体波动。

表 12－2 是各行业 2010—2020 年的年度涨跌幅度。从中可以看出，累计收益率较高的为消费、医药和信息，但是从年度涨跌幅来看，各行业并不一致。例如 2013 年、2015 年和 2019 年，1000 信息表现较好；1000 材料在 2014 年表现较好；国证公用在 2014 年居领涨地位，而在市场普跌的 2011 年和 2018 年较为抗跌。

表 12－2　2010—2020 年各行业年度涨跌幅　　单位：%

年份	1000 消费	1000 医药	1000 信息	1000 材料	国证公用
2010	18.56	26.19	32.59	1.39	－18.39
2011	－17.95	－31.54	－41.06	－36.54	－20.44
2012	－1.15	8.86	－2.47	1.25	5.03
2013	－1.03	29.37	50.09	－20.34	1.74
2014	14.88	10.87	23.56	38.25	71.38
2015	22.83	48.04	67.40	15.15	8.28
2016	0.55	－12.58	－26.26	－10.73	－20.30
2017	42.70	14.12	6.08	15.79	－5.66
2018	－21.34	－25.07	－35.46	－35.61	－15.80
2019	61.83	38.28	62.04	25.70	7.25
2020	68.85	57.49	34.11	33.57	0.38
累计收益率	314.17	227.43	159.60	－7.67	－12.23

怎样用可转债做资产配置?

在具体操作时，我们可以将可转债作为资产配置的一部分，长期进行配置。如果用基金代替指数，情况如何呢?这里我以重点投资可转债的汇添富可转换债券A（470058）①代替中证转债，用富国沪深300指数增强A（100038）代替沪深300，用大成债券（090002）②代替中证国债，依然使用股票20%、可转债40%和债券40%的比例进行配置，得到的结果如表12-3所示。

表12-3　基金配置组合情况　　单位：%

年份	沪深300增强	可转债基金	大成债券	组合表现
2010	-9.00	7.65	6.56	3.88
2011	-17.67	-13.68	0.94	-8.63
2012	12.64	0.91	4.85	4.83
2013	-8.50	-1.41	0.90	-1.90
2014	55.39	82.17	31.97	56.73
2015	20.89	-14.43	11.44	2.98
2016	-5.01	-9.99	0.61	-4.75
2017	27.08	11.26	1.83	10.65
2018	-16.94	-9.93	10.06	-3.34
2019	39.05	33.36	4.89	23.11

① 该基金成立于2011年6月17日。在其未成立及建仓期的2010年和2011年，我使用最早的可转债基金兴全可转债混合（340001）代替。

② 大成债券为一级债券基金，一般不投资可转债，只参与股票打新。

续表

年份	沪深 300 增强	可转债基金	大成债券	组合表现
2020	23. 29	20. 77	3. 71	14. 45
累计收益率	149. 33	109. 36	105. 27	126. 15

从上述资产配置的情况看，使用各基金进行配置相对于指数提供了更好的超额收益，例如沪深 300 增强基金相对于沪深 300 指数，实现了 103. 59 个百分点的超额收益，可转债基金和大成债券也都实现了不错的超额收益。

从组合表现看，2010—2020 年累计收益率为 126. 15%，与沪深 300 增强收益率接近，比指数模型提高了 84. 15 个百分点；最大年度跌幅为 8. 63%，较指数配置组合仅提高了 1. 26 个百分点。基金配置组合整体获得了非常明显的超额收益，但是并未显著提高年度跌幅。

对于可转债的行业分布较难进行测算，但是如果想获得相对稳健的回报，在可转债配置时不宜过度集中于某一行业，分散到 3 个或以上行业为佳。

什么是周期轮动?

投资中最经典的周期轮动是美林时钟。它是2004年美林证券基于对美国经济30多年的研究，提出的一个配置各类资产的分析框架。通过它我们可以简单看出不同资产在不同条件下的表现，见图12-1。

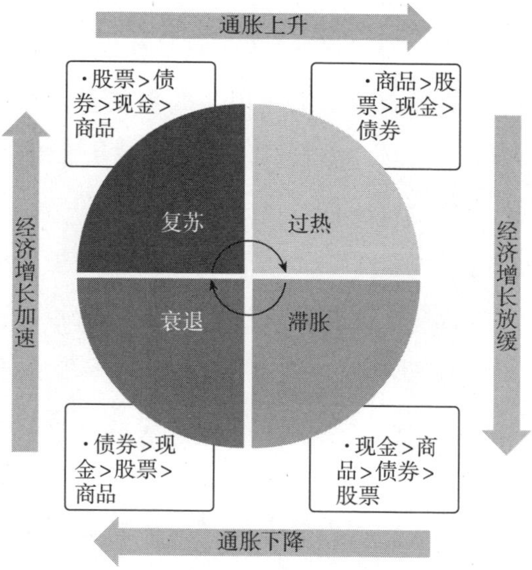

图12-1 美林时钟

股票在企业利润同比增速上升期间表现更好，而债券在市场利率下降期间表现更好。企业利润增速作为一个整体，与GDP增速密切相关；市场利率基于央行的逆向调节政策，与CPI增速反向变动。将两者两两组合，可以得到如下四种经济周期。

①复苏期：GDP 增速上升，CPI 维持低位，股票表现最佳，其次是债券、现金和商品。在各行业中，金融、可选消费等容易有较好表现。

②过热期：GDP 增速上升，CPI 维持高位，商品表现最佳，其次是股票、现金和债券。在各行业中，科技、有色金属、煤炭、钢铁等容易有较好表现。

③滞胀期：GDP 增速下降，CPI 维持高位，现金表现最佳，其次是商品、债券和股票。在各行业中，石油、天然气、科技和工业等容易有较好表现。

④衰退期：GDP 增速下降，CPI 维持低位，债券表现最佳，其次是现金、股票和商品。在各行业中，石油、医药、必需消费、公用事业等容易有较好表现。

美林时钟虽然不是百分之百精准，但是作为一种分析工具非常实用，在多数情况下也比较有效。需要说明的是，美林时钟并非严格按照“复苏—过热—滞胀—衰退”的顺序运行，在政策干预下，可能出现逆向或者跳跃式变化，甚至阶段性打乱运行规律。

上述分析框架同时提供了一个可转债配置的框架。即在经济向好或出现向好趋势时，适合多配置可转债，特别是金融和可选消费类的可转债，反之则多配置债券和现金类（货币）基金；在通货膨胀较高时可以适当多配置商品、材料这类的可转债，反之多配置债券和现金类基金。

此外，行业具有周期性的可转债容易受产品涨价或者销量暴增影响而上涨，比如 2021 年有色金属、化工、煤炭、钢铁等周期行业受价格上涨影响，出现大涨。

科技类可转债容易受产业政策、科技周期等影响出现大涨，典型如 2019 年的半导体和 5G 类可转债，2020 年和 2021 年的新能源汽车类可转债。

消费和医药等行业的可转债由于正股业绩稳定，日常波动较小；但是在业绩出现趋势性上涨或者受事件影响时，可能出现较大幅度上涨，比如 2020 年的疫苗、新冠肺炎防护和检测等可转债。

上述分析既提供了可转债作为大类资产的配置思路，也给可转债的行业轮动提供了不错的思路。

怎样用可转债做周期轮动？

利用可转债做周期轮动分成两种类型，一是借助牛熊周期进行轮动，二是借助美林时钟做可转债的行业轮动。

1. 借助牛熊周期

先看如何借助牛熊周期轮动投资可转债。

先定义下市场的牛熊周期。国际上，技术性熊市是指主流指数跌幅超过20%的情况。如果我们以沪深300指数为观察对象，若某年沪深300指数年度跌幅不小于20%，同时市盈率低于15倍，股票市场触底的概率非常大，则将该年定义为熊市。

我们可以模拟一个债券基金与可转债基金的轮动组合，演示资产轮动的效果。

组合原始配置比例为100%的大成债券，每年末进行观察，考虑是否执行轮动。轮动策略是在熊市年初配置100%的可转债基金，累计上涨50%后，全部转换为大成债券。测试时间段为2010年1月1日—2020年12月31日。具体情况如表12－4所示。

表12－4 可转债基金与偏债混合基金轮动配置情况

年份	沪深300收益率（%）	年底市盈率	年末可转债占比（%）	可转债基金收益率（%）	大成债券收益率（%）	组合收益率（%）
2010	－12.51	15.34	0	7.65	6.56	6.56
2011	－25.01	10.45	100	－13.68	0.94	0.94

续表

年份	沪深300收益率（%）	年底市盈率	年末可转债占比（%）	可转债基金收益率（%）	大成债券收益率（%）	组合收益率（%）
2012	7.55	11	100	0.91	4.85	0.91
2013	-7.65	8.92	100	-1.41	0.90	-1.41
2014	51.66	12.91	100	82.17	31.97	82.17
2015	5.58	13.67	0	-14.43	11.44	11.44
2016	-11.28	12.91	0	-9.99	0.61	0.61
2017	21.78	14.3	0	11.26	1.83	1.83
2018	-25.31	10.23	100	-9.93	10.06	10.06
2019	36.07	12.48	100	33.36	4.89	33.36
2020	27.21	16.1	0	20.77	3.71	20.77
累计收益率	45.74	—	—	109.36	105.27	294.52

测试结果显示，2010年1月1日—2020年12月31日，上述轮动策略可以实现累计294.52%的收益率，复合年化收益率为13.29%，年度最大下跌为1.41%。上述轮动策略，既能规避可转债大幅下跌的年份，又能分享可转债上涨的大行情。

2. 借助美林时钟

最后再简单谈谈如何借助美林时钟做可转债的行业轮动。

典型如2020年下半年，GDP增速逐步提高，CPI在2020年三、四季度维持在较低水平，市场处于复苏阶段，金融和可选消费两大行业会有较好表现。果然，2020年下半年，中证金融上涨13.95%，可选消费上涨25.36%，均取得了不错的收益。

2021年上半年，GDP增速依然较高，但是工业产品价格指数PPI开始回升，市场处于过热阶段，有色金属和中证煤炭分别上涨10.37%和21.02%，也取得了不错的上涨幅度，提供了较好的投资机会。

13

可转债的投资风险

可转债下方有底，但是并非没有风险，操作不当依然会产生损失。在这一章，我们将详细介绍可转债投资者面临的各类风险。其中部分内容与第10章的可转债套利风险相似，各位读者朋友可以结合阅读，提高风险意识，做好防范。

系统风险

系统风险又称市场风险，是指外部环境和因素变化，导致所有可转债都会受影响的风险。典型如利率升高、股票市场走熊、流动性危机等。

根据贴现公式，利率走高会降低可转债的纯债价值，对偏债型可转债的影响大于平衡型和偏股型。比如2020年10月华晨汽车集团控股有限公司债务违约，11月河南永城煤电控股集团有限公司债券违约，两大国企债务违约给债券市场投资者造成极大的心理冲击。一时间，大量偿债能力存在瑕疵的企业被抛售，债券基金被赎回。部分债券类基金为了应对赎回，开始抛售偏债型可转债。

2020年10月下旬到2021年2月初，前后3个多月，可转债均价下跌了约10%，接近2011年中证转债指数12.77%的跌幅。高达47.80%的可转债跌破100元面值，其中15.25%的可转债跌破90元。341只可转债价格的中位数为100.69元，仅略高于面值。

此外，可转债的转股价值由正股价格决定，偏股型和平衡型可转债的价格非常容易随正股下跌而下跌。如果可转债整体已经取得较大的涨幅，转股溢价率较高，则此时多数可转债为偏股型，当正股市场下跌时，可转债整体也会出现较大的跌幅。

比如经历2006—2007年连续两年牛市，可转债主要是偏股型。2008年沪深300指数下跌65.95%，中证转债指数下跌32.35%，虽然跌幅小于正股，但是对于可转债而言，这个幅度已经可以说是巨大了。

流动性危机是指因买入量不足，造成个股或可转债卖出受阻、无人接盘，而出现持续大幅下跌。一般是受到突发利空消息影响，导致市场阶段性恐慌。

例如经过2014年和2015年上半年的大涨，可转债整体处于偏股状态。2015年三季度，因场外严查配资和杠杆交易，A股暴跌，沪深300指数下跌28.39%，中证转债指数下跌20.69%。如果考虑可转债在2015年二季度的冲高回落，中证转债自高点最多下跌了35.14%，已经超过2008年金融危机期间的可转债跌幅。

在大幅下跌期间，A股多次出现千股跌停的流动性危机。电气转债（113008）多次出现单日超过10%的跌幅，价格从2015年6月初创下的最高304.85元，于3个月内两次下跌到115元，最大跌幅达到62.28%。其间转股溢价率从30%以上下跌至10%，转股价值最多出现了50%以上的下跌，可转债遭受了估值和价值的“双杀”。

同期，洛钼转债（113501）转股溢价率从4.7%下滑到-10.4%，由正到负，显示出市场情绪从过热转向冰点。

某可转债基金因加杠杆重仓可转债，2015年的最大回撤达到62.09%，基金净值低点较高点下跌超过60%，给持有人带来巨大的损失。

对于系统风险，比较好的防范措施有：

一是提前做好防控，控制偏股型可转债的持有比例，以及激进型可转债基金的配置比例，特别是在利率处于低点，A股市场出现较大上涨以后。

二是事后及时处理，当发现股票市场出现整体显著回落，或者市场利率快速攀升时，为了控制风险，可以及时减持高波动的可转债和相应的基金。

非系统风险

非系统风险是指由于企业或可转债自身原因导致的价格下跌。投资者可以通过配置其他可转债或品种适度分散非系统风险。典型的非系统风险包括双高转债、信用级别下调、出现其他重大利空等。

1. 双高转债

双高转债是指可转债价格高，远离债底保护，安全性不足；同时溢价率高，相当于可转债估值高，更容易受情绪波动影响出现大幅下跌。

比如泰晶转债（113503）2020年5月6日的收盘价格为364.94元，转股价值为134.749元，对应的转股溢价率为170.83%，属于典型的双高债。但是当晚，公司发布公告表示会进行强制赎回。

2020年5月7日开盘后，泰晶转债出现“杀估值”现象，当日下跌47.68%，从前一日的364.94元下跌至190.92元，接近腰斩，同时转股溢价率大幅下跌至37.36%。而在5月26日的最后交易日，转股溢价率进一步下降到-1.5%，即从转股溢价变成转股折价，最终以125.47元的价格收盘（见图13-1）。

根据我的了解，参与双高转债投资的投资者，多数会蒙受重大损失。投资者需要警惕并尽量回避双高转债。

图 13-1 泰晶转债走势

2. 信用级别下调

可转债信用级别下调时，对应的折现率会提高，可转债的纯债价值会下降，对偏债型可转债有较大影响。

比如花王转债（113595）于 2021 年 6 月 29 日公告信用级别从 AA-下调至 A。该可转债 2021 年 6 月 28 日收于 86.99 元，属于偏债型。如图 13-2 所示，这次信用级别下调后，纯债价值从 2021 年 6 月 28 日的 90.77 元直线下降至 6 月 29 日的 74.49 元。

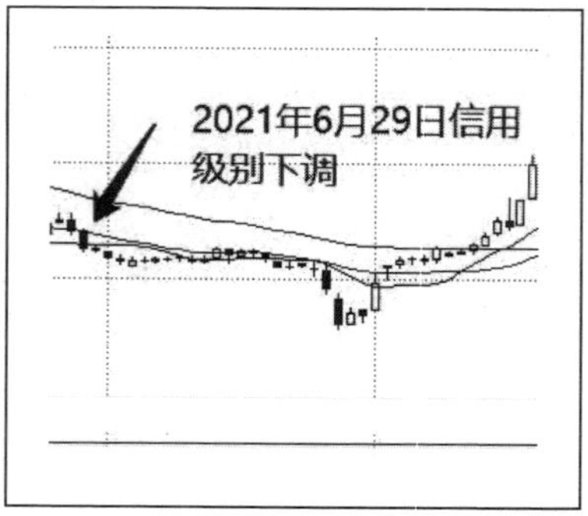

图 13-2 花王转债走势

此前市场已经对其信用级别的下调有一定预期，但是实际结果还是超出了市场预期。该可转债自 2021 年 6 月 28 日已经开始下跌，在信用级别下调结果公告后，价格进一步下跌。2021 年 7 月 28 日，花王转债最低下跌至 82. 79 元，但依然高于下调后的纯债价值 74. 49 元。这也能看出调整后的纯债价值对后期花王转债的价格有较强的支撑作用。

3. 重大利空

重大利空出现时，对可转债而言，打击比较大的主要是正股下跌拖累偏股型可转债下跌，或是偿债能力下降引发纯债价值下降，使可转债价格走低。

例如 2021 年 9 月 15 日，华自转债（123102）发布公告称，因项目实施地变更、技术条件变化及子公司精实机电产能档期原因，子公司与宁德时代经过友好协商，取消两项订单。

由于市场对上述合作订单期望较高，华自转债此前 5 个月内涨幅达到 260. 15% 。上述利空公布后，2021 年 9 月 16 日（公告后的下一个交易日），华自转债下跌 29. 97% ，其后持续走低至 214. 14 元才企稳，较 9 月 15 日的收盘价下跌了 35. 36% （见图 13 – 3）。

图 13 – 3　华自转债走势

针对非系统风险，应对措施主要有以下三点。

一是控制单只可转债的持仓比例。一般的可转债持仓应在总仓位的10%以内，特别是对容易受到非系统风险冲击的偏股型可转债，更应该控制持仓比重；同时还应将仓位适当分散至3个及以上行业，防止行业出现“黑天鹅”（例如新能源汽车停止补贴、医药集采等）。

二是研究并关注可转债的偿债能力。基本面上，应重点关注经营现金流变化、流动比率、资产负债率、净利润增长、主要产品价格变动、行业政策等。投资时应当规避经营现金流恶化、偿债能力较差、业绩大幅下降或出现亏损、主要产品价格大幅下跌、行业出现重大利空的可转债。

例如花王转债，在2020年8月上市之初，公司2020年中报就显示其经营现金流净额为负数，流动比率小于1，扣非净利润同比下降97.96%，基本面较差。果不其然，该可转债自上市开盘时的122.51元，振荡下跌至81.88元。

三是及时止盈或止损。重大利空出现时，可转债价格往往会持续下跌一段时间，这主要是因为市场消息从传递到被完全消化需要一段时间。投资者应尽早止盈或止损，以减少损失。

例如我曾持有华自转债，并在大幅上涨过程中陆续减持，但在2021年9月15日利空出现后尚有少量底仓。在利空消息出现后的第二天，该可转债直接跌停，并没有给我卖出的机会。但是在下一个交易日，我完成清仓，避免了后面的持续下跌。

操作风险

操作风险是指不完善或有问题的各类操作导致资金损失。例如填错买卖方向、填错买卖数量、情绪失控的操作、系统故障影响交易等。

1. 操作错误

填错买卖方向或买卖数量，主要是不熟悉交易规则、操作匆忙等所致。

一个典型例子是英科转债。2020 年4 月7 日公司发布公告，原本要减持公司可转债偿还债务（股票质押借款）的董事长刘方毅因操作失误，连续两日将“卖出”点成了“买入”，且新买入部分已处于亏损状态。此次“乌龙指”事件发生后，公司实际控制人刘方毅表态称，未来 12 个月内将不再减持所持有的英科转债。

公告称，实际控制人刘方毅一直未发现误买可转债，直到公司收到深交所关注函、调取交易对账单后才知悉此错误操作。事后，他非常自责，表示如果该交易有收益，将上交公司。但当时，刘方毅误买入英科转债的均价为 332. 92 元，卖出均价为 322. 23 元，收益为负值，不存在收益上交公司的问题。

我查看发现，这次操作失误交易金额少的一次有 66 万元，多的有 1. 25 亿元，金额巨大。好在整体的交易价格不高，后来碰到正股上涨带动转债大涨，才将上述亏损扭转为盈利。

2. 情绪失控

除了误操作以外，情绪失控也是一种常见的操作风险。情绪失控是指投资者心态变坏造成非理性频繁交易。

例如雪球“球友”@一直会飞的牛牛在2021年10月2日发布的一个帖子《炒股欠债17万，绝望……》，引发近2000人点赞，评价超过3000条。故事的主要内容如下，希望对大家有所警示。

作者是位36岁的妈妈，2010年开始接触股票，在老公的账户中买紫金矿业赚了几百元，对投资产生兴趣。但是2011年，她炒概念追高买入中国北车（当时股价半年翻倍后阴跌），站到山顶，后来就没管它了。

4年后的2015年，听同事说中国北车赚了几倍，她也准备卖出，却发现老公在刚盈利一两千时就卖了，原因是有个非常勤快的公公，提醒儿子说：“之前亏的中国北车终于涨回来了，赶紧卖吧！”这位妈妈听了非常愤怒，于是自己开了账户单干。初始阶段也是亏。她主要买的是估值低且业绩好的白马股，例如格力电器、万华化学、五粮液等，可是到了2015年下半年，只有格力因为前海人寿举牌大涨，其他的股票都是亏损。

中间有两个细节。一次是同事说自己炒新股赚了一倍多，这位妈妈声称自己坚持价值投资，但是心里很不是滋味。另一次是和公公聊天时，她说如果茅台涨到1000元，五粮液也绝对不是几十元。但是公公的一句反问“你觉得茅台能涨到1000元?”让她心里发虚，无力辩驳（当时是2015年底，茅台218.19元，五粮液27.28元）。

这位妈妈后来失业了。没有收入来源加上亲人重病需要照顾，她的心态逐渐变差，总想着赚快钱。五粮液做T几次总亏钱，最后不得不割肉。现在看到几百元的五粮液，她难过不已。

中间她还加入炒股群，但总是买入后冲高被套。开始她以为自己手不够快，后来才明白，这一切就是套路，别人买了，就等自己去“抬轿子”。

后来她又经历几次失业。失业后，年龄不小的她找工作难上加难。当时她手上还有 10 万元，就边学驾驶边投资。其间她买过不少大牛股，但是涨起来拿不住，拿住做 T 又不断亏损。当时她的心态是“不操作感觉一天就荒废了”，结果操作了反而亏更多，沃森生物、星源材质、北方稀土等大牛股都没有拿住。

一次她中了东财转 3，发现可转债上市涨跌幅很大，而且允许T+0交易，更适合赚钱，于是她开始玩可转债。但是这位妈妈没有认真研究这个品种，她在乎的只是正股有没有涨停、溢价率高不高。一次她买了伊力转债，一天赚了 30 多个点，激动得不得了，认为自己很适合做可转债。结果，不堪回首的日子开始了。一天操作数次，越是亏损操作越多，心态更差了。有时明明是上升趋势，一个小波动她就吓得赶紧卖出，每天可以“轻松”亏损 1 万元。

她遇到的最大的“坑”是某天收到信用贷款的提示。虽然日常很节约，买几块钱的东西都左右掂量，但是为了尽快回本和赚钱，她决定拿信用卡的资金加杠杆投资，赚了钱再补回去。

结果如作者所言：我那已经崩溃的心态注定了我买什么都一定会赔。最终她亏钱越来越多，欠款几十万。不仅失眠、脱发、做噩梦，家庭关系也脆弱到冰点，对孩子也无心照顾……

从她的投资经历中，我们可以看到负面情绪对投资的影响，各位投资者需引以为戒。

3. 系统故障

最后一类操作风险——系统故障主要是指网络或服务器故障，导致交易无法正常进行。如果这期间可转债价格产生大幅波动，则可能造成一定损失。例如某券商在交易火热的阶段，服务器无法接受投资者委托，只得暂停交易。投资者焦急万分，并持续投诉，直至券商紧急借助外部服务器解决交易异常。

这背后的主要原因是券商的服务器设定了交易容量，如果遇到牛市阶段交易频繁，就会导致无法登录、无法委托等情况。

总结一下，操作风险基本都有具体的防范措施，我盘点的主要措施有如下几点。

一是持续加强专业知识学习，提高投资技能。相比于其他产品，可转债的价格影响因素、交易规则等相对较多。可转债既可能受债券市场走势影响，也可能受正股走势影响；且涨停牌交易规则、交易单位等与股票存在差异，需要投资者持续学习。

二是谨慎交易，严防投资失误。委托提交前，要对交易标的、买卖方向和交易数量等进行复核，不要草率应对。

三是使用条件单或开多个账户，减少系统故障风险。条件单可以让计算机自动监测价格，并在满足要求时自动委托，能减少即时交易遇到的网络和服务器故障等影响。在多家券商开户，能在紧急情况下用备选方式交易，防止受单一券商系统影响。

四是避免情绪化，坚持理性投资。当心情不好或者接连失败的时候，要及时停止交易、冷静思考、认真反思，防止情绪失控给后期交易造成更大损失。诚如查理·芒格所言：“当你面对一场意想不到的灾难时，永远不要因为意志崩溃，而让灾难演变为两场，甚至三场。”

14

其他中低风险的投资品种

除了带有保底属性的可转债，市场中还有一些中低风险的投资机会。这里我简要介绍比较常见的国债逆回购、“固收+”基金和股票打新。

国债逆回购

国债逆回购其实就是你把闲钱借给有需要的人，对方使用安全性非常高的国债作为抵押品。本质上国债逆回购属于短期贷款，借出方可以获得约定的投资收益，期限在1～182天不等[①]。该品种理论上不会出现亏损，具体的收益根据借出天数和市场资金的紧张情况变动。善于使用的投资者可以获得不错的短期收益。

该产品有如下的“一低一高两好”四大特点。

①门槛较低。最低1000元即可参与，以1000元为单位递增。和存款类似，投的钱越多越容易拿到高收益。同样期限的国债逆回购，沪市的利率一般高于深市。例如2021年10月29日收盘时的1天期国债逆回购利率，深市为1.649%，沪市为2.36%，后者明显比前者高。

②收益率高。国债逆回购年化收益率一般在0.5%～3%，碰到季末资金紧张时，经常会超过10%，甚至超过70%（如2017年12月28日沪市1天期国债逆回购利率最高为72%）。对比年利率只有0.35%的活期存款，同等安全级别的国债逆回购利率高了太多。一天当中，往往在上午或下午开盘时收益率比较高，收盘时的收益率则取决于当时的资金需求，时高时低，不确定性较大。国债逆回购的收益率反映市场的资金紧张情况，所以该收益率走高时，股市往往出现下跌。

③安全性好。用国债作为抵押，有国家信用做担保，不怕对方要

① 这里的天是指自然日。到期日如果是非交易日，会顺延至交易日。

赖。只要借出收益高于手续费，就能盈利。一般 10 万元的国债逆回购手续费仅为 1 元/天，也不算高。

④便捷性好。在交易时间内，国债逆回购的收益率像股票一样不时变动，投资者可以随时根据收益率进行交易。1 天期限的产品，第二个交易日早上资金就能到账使用，不影响第二天的交易，再下一个交易日可以取款。比如我们在 T 日购买 1 天期限的产品（即 T 日借出资金），T+1 日资金到账可以使用，T+2 日资金可以取出。每个交易日 15：30 停止国债逆回购交易，在股市交易时间结束后还能操作。

国债逆回购有 9 种期限的产品，分别为 1 天、2 天、3 天、4 天、7 天、14 天、28 天、91 天和 182 天，大致对应一周前四个工作日、一周、两周、一个月、一个季度和半年。

深市使用代码 R-001 表示借款期限为 1 天的逆回购，2 天期产品代码为 R-002；沪市对应的产品代码为 GC001、GC002 等。正常情况下，借出的时间越长，收益率越高。很多证券账户会提供国债理财、国债逆回购等菜单，展示 10 万元按照相应期限投资的收益，非常直观。投资者可以进入菜单查看所有品种的收益情况，然后选择期限合适且收益较高的品种。

由于长时间投资时短债基金和纯债基金的收益率更有优势，对于国债逆回购我们最常使用的是 1~7 天的产品。

国债逆回购收益 = 投资金额 × 资金实际占用天数 × 年化利率 ÷ 365 天。2017 年 5 月 22 日开始，国债逆回购新规将计息天数改为实际占用天数（自然日，算头不算尾），全年计息天数按照 365 天计算。

如果逆回购到期日为周五，资金下周一才能使用，那么实际占用天数会多 2 天。碰到节假日或者国庆，资金实际占用的天数比较长，我们能够拿到的收益也比较高。

例如 2019 年 9 月 24 日（周二）借出 3 天期的国债逆回购，借出时间为周三至周五，但是实际占用天数为周三至周日，合计 5 天，就有 5

天的收益；借出 4 天期的国债逆回购，实际占用 13 天，可以获得 13 天的收益。

以深市为例，2019 年 9 月 24 日借出 10 万元，4 天可以赚 89.08 元，而借出 3 天只有 20.55 元。虽然期限只差 1 天，但是前者的收益是后者的 4.33 倍！由于资金 2019 年 9 月 30 日可用但不可取，如果我们交易 7 天期产品，还可以赚取更多收益。

还有个小技巧：不少人到最后一刻才知道自己有多少资金在节假日不会使用，再来参与逆回购，所以每天下午的逆回购利率会回落。如果在节假日倒数第二天或者倒数第一天上午参与交易，更有机会拿到较高的利率。平时我们可以选择在周五上午交易。

“固收 +”基金

“固收 +”是指主要投资债券，同时使用小仓位（一般不超过20%，激进型不超过40%）投资股票、可转债，并借助股票打新、套期保值等方式增强收益的偏债型基金。其最大的特色是借助股债等不同资产的配置，追求中长期收益高于纯债基金、回撤显著小于股票基金的效果。

对于上述各类投资标的，我们需要重点关注的要素如下。

债券配置主要关注货币政策、通胀水平和宏观经济情况。在货币政策宽松、通胀回落、经济相对低迷的阶段，债券最容易取得好收益。

在品种选择上，经济向好时，低等级的信用债（公司债等）容易取得好收益；经济下行时，利率债（国债、政策性金融债等）和高等级信用债容易取得好收益。例如2018年，在金融去杠杆和中美贸易摩擦的背景下，国内经济下行压力较大，市场避险情绪浓厚，利率债和高等级信用债涨幅较大。这一点在久期较长的债券上表现得尤其明显。

对于可转债我们主要关注两要素：股市和转债估值。可转债同时具备股性和债性，股市上涨可以提高可转债的转股价值，促进价格回升；而债券市场走牛既能提升可转债的债底，也能提升价格。

在“股债双牛”时期，可转债投资价值最大。例如在2018年底，经济下行压力进一步加大，货币政策继续趋向宽松（对股市走牛有利），而可转债的估值（转股溢价率）已经大幅压缩，具备较大的配置价值。随后市场验证了上述逻辑——Wind 数据显示，在股市走牛和估值提升的双重推动下，2019 年一季度中证转债指数大涨 17.48%。

投资股票要重点关注两要素：货币政策和经济增速。股票价格主要由估值（PE）和业绩（EPS）推动。估值在短期内对货币政策变化较敏感，宽松的货币政策容易提升整体市场的估值；而业绩回暖可以提高企业自身的价值。两者合力时，会出现大牛市。

典型如 2014 年，由于经济持续低迷，年初货币政策即趋于宽松，二季度央行实施定向降准，9 月和 10 月向商业银行注入流动性，11 月降息，全年流动性异常宽裕。同时在二季度，经济初步呈现见底迹象，企业业绩开始回暖。在上述背景下，市场呈现“股债双牛”——Wind 数据显示，全年沪深 300 指数大涨 51.66%，可转债指数大涨 56.94%，中证综合债指数大涨 9.75%。

市场中，有不少基金经理擅长管理“固收 +”类基金，比较典型的是华安安康灵活配置混合 A（002363）。该基金成立于 2016 年 2 月 1 日。截至 2021 年 10 月 30 日，该基金累计上涨 71.42%，且成立以来的 6 年中，年年赚钱，复合年化收益率达到 9.83%；其间最大回撤为 3.77%，整体处于较低水平。

我使用三只风格有差异的“固收 +”基金组建了“打新基金策略”组合（目前升级为国联证券投顾的“季季红固收加”组合），并在天天基金平台实盘运行。数据显示，2020 年 8 月 24 日—2021 年 10 月 30 日，组合累计实现盈利 8.24%，其间最大回撤仅为 1.87%，整体表现优于很多机构的稳健基金组合，投资效果良好（见图 14－1）。

日常，如果大家有 3 个月及以上的稳健理财需求，可以考虑上述“固收 +”基金。这类基金中长期可以提供约 8% 的年化收益率。

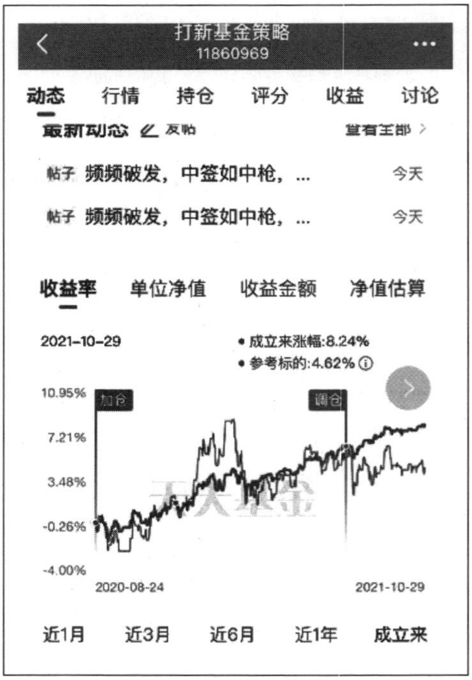

图 14－1 “打新基金策略”组合走势

股票打新

股票在发行时，需要向机构询价确定发行价格，这个价格相当于一级市场的批发价。日常散户打新，就是按照上述批发价参与，中签后缴款。由于询价需要符合一定的要求，特别是监管部门做了特殊的控制，多数时间上述发行价格低于同类股票二级市场的正常交易价格。此时中签就相当于用较低的“批发价”购买新股，然后在企业上市后，以较高的“零售价”卖出，较为稳健地赚取差价。

这个差价有多可观呢?

《每日经济新闻》根据 Wind 数据做过一次统计，结果如下。

自 2016 年新股申购新规落地至 2021 年 10 月 26 日，共有约 1770 只新股上市。以新股上市首日收盘涨跌幅计算，这些新股首日平均涨幅高达 96.57%。若进一步以发行制度来区分，2016—2021 年核准制下（首日最大涨幅 44%）新股首日平均涨幅为 43.70%，注册制下（首日不设涨跌幅限制）新股首日平均涨幅为 208.17%。

核准制下的新股中有近 41% 上市后连续一字涨停板数量不少于 10 个，其中有 28 只新股连续涨停板数量不少于 20 个，比如海天精工、万泰生物和至纯科技的一字涨停板天数分别为 29 天、26 天和 26 天。

注册制下出现了大批首日涨幅超 3 倍、5 倍、10 倍，甚至近 20 倍的新股。注册制下发行的新股中有近 20% 上市首日涨幅超过 300%，其中读客文化、纳微科技、力量钻石和康泰医学上市首日收盘涨幅分别达到 1942.58%、1273.98%、1112.42% 和 1061.42%。

伴随新股上市的剧烈上涨，中一签上市首日即可赚超万元的新股比比皆是。上述约1770只新股中，有近30%上市首日即盈利超过1万元，这其中甚至包含13只上市当日即可赚10万元以上的新股。在科创板上市的极米科技、普冉股份和国盾量子“造富效应”格外显著，每签在上市首日即可分别盈利19.81万元、16.81万元和16.71万元。

正是这种高确定性以及惊人的收益，让股票打新成为一种非常流行的低风险投资方式。

下面我就具体介绍一下打新的规则。

1. 打新的门槛

只要开通证券账户并持有一定底仓，即可参与股票打新。底仓是指持有其他老股，设置这个门槛的目的，是各证券交易所希望将打新作为参与福利，送给老股投资者。

具体额度上的规定如下。

股票打新，需要申购前22日（交易日）持有的股票市值日均在1万元以上，沪深两市分开计算。

打新额度根据申购前22日至前2日的日均市值分配。沪市规定为：0.5万元日均市值=500股科创板，1万元日均市值=1000股沪市主板。深市规定为：0.5万元日均市值=500股深市主板/中小板/创业板。

打新当日无须缴款，申购日后两日公布中签结果。投资者需要在中签公布日16点前缴纳款项，账户有钱会自动扣款。

需要注意的是，参与创业板、科创板、北交所打新时，需要开通相应的交易资格。

2. 打新信息查看

我们可以通过以下几个渠道查看股票打新信息。

第一个渠道是证券客户端。很多证券客户端在登录后会显示“新股/新债申购”或“打新神器”等菜单，在这里我们就可以看到打新的相关信息。下面以华宝证券的客户端为例进行展示，见图 14－2。

点击客户端的“交易”按键登录，我们会看到新股/新债申购菜单，点击进入可以看到打新的相关内容。同时，新股/新债申购菜单中会显示当日可以参与打新的新股和可转债数量，没有时则显示今日没有可申购品种（见图 14－3）。

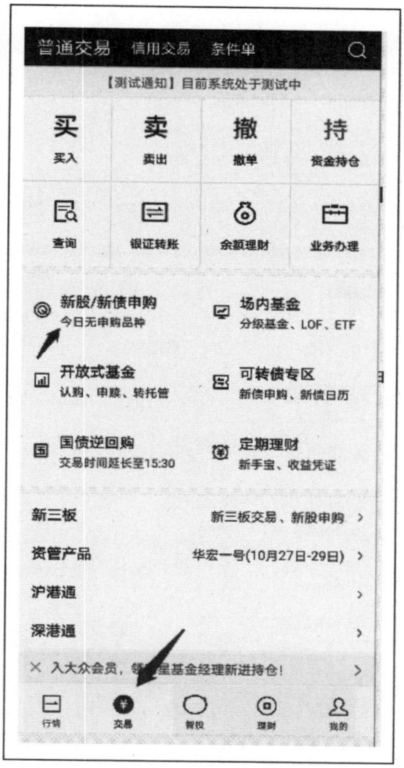

图 14－2　证券账户打新菜单

图 14－3　新股/新债申购菜单

新股/新债申购菜单的顶端有三个子菜单，分别为今日申购、预约申购和记录查询，对应当日的打新、未来的打新和已经打新的情况。

今日申购品种中，选择“显示可转债”可以同时显示今日能参与打新的股票和可转债，点击左下方的“全选”可以一起选择，点击右下方的“一键申购”即可提交打新。

此外，我们可以在今日申购子菜单下方看到一行字，显示当前的配售额度。图 14－3 显示，沪市 A 股主板和科创板的申购额度都是 2. 7 万股，而深市主板和创业板的打新额度都是 9000 股。

在如图 14－4 所示的预约申购子菜单中，我们可以对未来即将开始打新的个股进行预约，后期会由系统按照预约时间自动提交打新，省时省力。我们可以设置统一的申购时间，这对打新来说影响不大。但根据券商的统计，在 10：30 和 14：00 等时间段，即上午和下午交易时间的中间位置，中签率稍高。①

在“待预约品种”一栏选择“显示可转债”可以一并对可转债打新进行预约。

勾选“全选”然后点击“保存预约”即可提交。

在记录查询子菜单可以查看已经参与打新的情况。

“已配号”表明已经参与打新，但是尚未公布中签结果；

图 14－4　预约申购子菜单

① 此处仅谈作者认知，不作为投资建议。

“未中签”表明已经公布中签结果，但是未中签；“已中签”表明已经公布中签结果，并且中签，详见图 14－5。

第二个渠道是证券网站。目前有不少网站提供股票打新的服务，我在这里重点以东方财富网[①]为例进行介绍。该网站的新股申购菜单展示了股票和可转债的打新数据。

东方财富网的网页内容非常丰富，还提供了个股相关信息和招股说明书/意向书链接等。其中参考意义比较大的是发行市盈率和行业市盈率。如果发行市盈率低于行业市盈率，说明发行定价偏低，盈利的概率更大，反之则风险比较大。

图 14－5 打新记录查询

此外，网站还提供了已经上市的新股每中一签的获利金额。注册制下个股上市首日不设涨跌停，以上市首日成交均价计算盈利。审核制以第一个（不算上市日）非涨停成交均价计算盈利。

询价累计报价倍数是指初步询价阶段的累计报价股数除以网下配售股数，该数值越大表示机构参与越积极，未来盈利的机会更大。

---

① 东方财富网股票打新信息网址为 https://data.eastmoney.com/xg/xg/，读者可自行搜索查看。

3. 底仓配置

底仓是参与打新的主要资格。底仓越多，打新时的顶格申购额度越大，越容易中签。这一点与可转债打新不同，可转债打新不需要底仓，每一只均可顶格申购，中签概率比较均匀。但是对新股而言，底仓市值越高，中签的可能性越大。同时由于摇号时，连号的可能性比较小，所以会有一个最优的参与金额。

这个最优的参与金额需要满足：一段时间内，中一签的概率比较大，同时整体的底仓金额比较小。由于具体计算较为复杂，且受新股发行数量和中签率等综合因素影响，金额并不固定。但在多数年份这一数字分布在10万~15万元，沪深两市分开计算，即两市各配置10万~15万元，合计20万~30万元较为合适。

如果资金比较紧张，可以按照最低门槛配置，即沪市配置1万元，深市配置5000元，就可参与两地市场的打新。

对于底仓，我们有以下几种选择思路：

一是保本第一，选择稳健的个股。这类投资者希望底仓不会亏损，最好是年年上涨或者在小范围波动。相对应的个股往往盈利比较稳定，抗风险能力强，估值波动区间小，每年随着利润增长而小幅上涨。比较典型的是长江电力和陕西煤业。我在这里以长江电力为例。

该企业以水电业务为主，以投资为辅。2020年境内水电业务占其营业收入91.52%，占净利润95.83%，毛利率高达66.39%。水电业务支出主要发生在水坝建设期间，一旦水坝投产，就能以低成本源源不断地赚取收益。该企业的集团公司负责水坝建设，运行成熟后由上市公司收购，所以上市公司的利润一直比较稳定。2003年上市至今，长江电力的年度利润增幅最差是-26.84%，其余多数年份保持增长。市盈率多数时间在15倍上下，波动较小。具体到股价上，2003年11月上市至2021年10月底，18年间，前复权股价仅有6年下跌，其余多数时间都在振荡或上涨，累计上涨了10.3倍（见图14-6）。

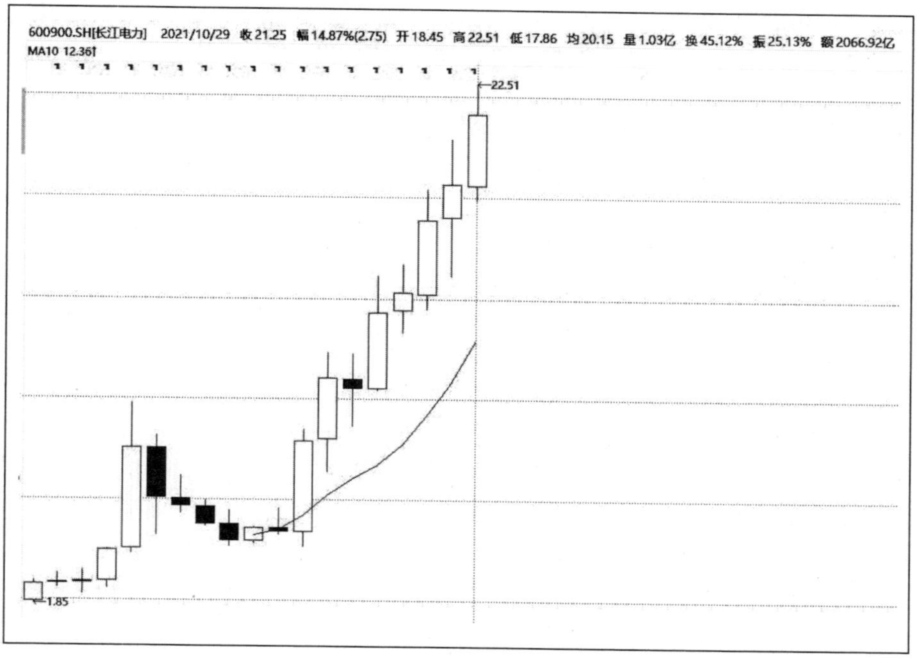

图14-6 长江电力年线走势

资料来源：Wind，2021年10月30日。

二是追求收益，选择绩优的个股。这类投资者愿意承受一定的波动，希望底仓部分资产能够实现不菲的收益。对于这类投资者，比较稳妥的方式是参考配置优质指数和长期绩优基金的重仓股或者白马股。例如白酒指数中的贵州茅台、医疗服务中的爱尔眼科、品牌中药中的片仔癀、家用电器中的美的集团、信息技术中的海康威视、新能源中的隆基股份等。这样的个股已经在相应领域内构建了较深的"护城河"，竞争力较强，业绩增长确定性高，长期股价走势较为惊人。

以贵州茅台为例。该企业主要生产酱香型白酒。新中国成立以来，其主要产品飞天茅台酒作为外宾招待用酒，在高层交际中使用频繁，知名度高，消费黏性强。

贵州茅台的毛利率常年保持在90%以上，且主流产品的过往涨价速度与人均收入基本同步，没有明显的同类竞争对手，增长确定性较强。自2001年8月上市至2021年10月底，20年间其股价下跌的仅有5年，其余时间都在上涨，累计涨幅达到394.26倍（见图14－7）。

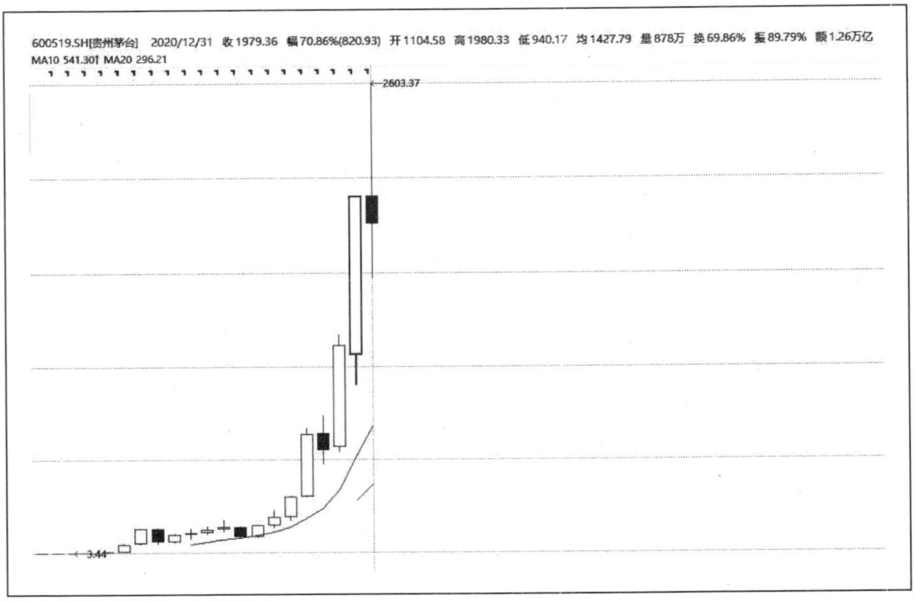

图14－7 贵州茅台年线走势

资料来源：Wind，2021年10月30日。

4. 参与技巧

股票打新的收益主要受打新制度、参与人数和二级市场走势影响。

2016年至2021年9月，打新基本全部能实现盈利，而且幅度不小。此时，比较好的策略是每一只新股都顶格申购。但是监管部门发现，为了获取更高的打新收益，部分机构存在压低新股询价的情况，影响了个股的资金募集额。

为了规范上述行为，2021年9月18日，证监会发布了《关于修改〈创业板首次公开发行证券发行与承销特别规定〉的决定》，并对科创板的报价规则做出了调整。实施注册制的创业板和科创板新股定价规则产生了变化。

变化的主要方向是推进市场化发行机制。说白了就是不再刻意压低发行价格，新股发行的定价与二级市场接轨。

例如最高报价剔除比例从“不低于10%”调整为“不超过3%”。由于剔除的高报价减少，整体的报价更高了，相应的盈利空间也变小了。毕竟，参与一级市场打新，赚的主要是一级市场低“批发价”到二级市场高“零售价”之间的差价。现在“批发价”上涨，盈利肯定会缩水。

数据显示，2021年10月22日—29日，一周左右的时间，有多达7只新股上市破发。最“厉害”的成大生物，中一签亏损13765元！破发的7只新股中，有4只科创板、3只创业板。即破发新股主要集中于实施报价修订的创业板和科创板。

另外一个特点是破发的个股，发行市盈率往往高于行业市盈率。7只破发的新股中，5只都是高估值发行。

比如成大生物，发行市盈率为54.24倍，行业市盈率为38.11倍，发行定价比行业高估42.32%，破发也就不足为奇了。该个股上市首日下跌27.27%，高估幅度大幅降低至3.89%，下跌后个股市盈率与行业基本一致。

而发行市盈率较低的个股，还是能获取较好的打新收益。典型如华润材料，发行市盈率为26.64，显著低于行业市盈率49.32，每签可以盈利2175元；拓新药业发行市盈率为22.65，显著低于行业市盈率38.02，每签可以盈利5065元。

当然，单纯的低估值也不能保证盈利。例如中自科技发行市盈率为27.94，低于行业市盈率49.68，上市依然每签亏损2290元。这主要是因为该企业业绩极差，前三季度亏损0.36亿元，业绩同比下降89%。

这里给大家一个打新技巧供参考：

求稳，可以在创业板和科创板发行市盈率低于行业市盈率20%以上时参与，并规避绩差股；如果非常谨慎，可以不参与受影响的创业板和科创板打新。

最后说一下，打新资金会有避险情绪，如果持续破发，后期机构的报价也会谨慎。毕竟，挤破脑袋去抢购，回头吃个亏损，这生意模式不可持续。

未来打新收益率有望逐步转正，但较难回到以前的高水平。很可能像如今的美股，赚钱亏钱都有可能，投资者还是要提高自己的辨别能力。

5. 卖出技巧

中签后如何卖出盈利比较多呢？先看一组统计数据。

根据《每日经济新闻》记者统计（见表14-1），核准制下，2016年至2021年10月26日的各年度新股首日平均涨幅分别为44.00%、43.99%、44.00%、42.84%、43.70%和42.71%。由于上市首日最高涨幅为44%，涨幅较大的个股基本都是首日一涨到顶。2016—2021年各年度新股上市后5日平均涨幅分别为60.42%、57.14%、50.91%、46.43%、37.38%和28.38%。整体看，新股在上市后5日依然可以保持整体上涨。

注册制下，2019—2021年各年度新股首日平均涨幅在上涨，从2019年的115.06%上涨到2021年的237.41%，但上市后5日的平均跌幅分别为0.72%、7.48%和10.33%。这说明，如果投资者没有在上市首日抛出手中的新股而选择继续持股，那么在之后的几个交易日，收益很可能会缩水。

表 14－1　2016—2021 年新股上市首日及后 5 日平均涨跌幅　单位：%

年份	核准制		注册制	
	首日平均涨跌幅	上市后 5 日平均涨跌幅	首日平均涨跌幅	上市后 5 日平均涨跌幅
2016	44.00	60.42	—	—
2017	43.99	57.14	—	—
2018	44.00	50.91	—	—
2019	42.84	46.43	115.06	-0.72
2020	43.70	37.38	198.89	-7.48
2021①	42.71	28.38	237.41	-10.33

资料来源：《每日经济新闻》。

注：①2021 年数据截至 2021 年 10 月 26 日；

②上市后 5 日指的是上市第二至第六个交易日。

常用的稳健卖出规则是：

核准制下的主板个股打开涨停板后，卖出；注册制下的科创板和创业板，开盘卖出，因当日无涨跌停限制，定价往往“一步到位”。

如果市场比较强势，或者新股属于较热门的个股，我们可以采取分批卖出的方式，采用上述方法卖出一半，后期再找机会卖出剩余部分，这样有希望卖到更好的价格。

具体卖出时，可以采用回落止盈的方式，防止盈利大幅回落。例如设置个股从高点回落 1 元或 3%～5% 卖出。

后记

投资中不是缺少美，而是缺少可转债

安慰失恋的人，我们常说“天涯何处无芳草，何必单恋一棵草”。对于投资失意的人，我也很想把这句话送给他们。

很多人投资不如意，并不是因为才学不够、技术不精、勤奋不足、缺少磨炼，而是很多品种天生就不利于赚钱，往往让人投入很多却收获寥寥，付出很多却亏损累累。

股票可以算一个。Wind 数据显示，截至 2022 年 6 月 2 日，全部近 5000 只 A 股，在过去 3 年和 5 年赚钱（收益率为正）的个股占比分别为 42% 和 24%。时间拉长，真正能赚钱的股票反而变少，如果考虑交易成本及不理性的操作，在这样的市场，亏钱太正常了。未来，随着全面注册制度的推进，这类情况还会进一步延续，甚至加重。还有机构统计，长期来看美国市场真正上涨的个股只有大约 4%，换句话说 96% 的个股都是亏损或者盈亏相当的，赚钱的难度更大。

但是我认为，投资中不是缺少美，而是缺少可转债。

同时具备债券和股票特征的可转债，能够依靠债券特性提供保底收益，依靠回售制度保护投资者利益，依靠期权和市场波动提供超额收益，依靠强制赎回制度使投资者高价兑现。可以说，可转债为投资者提供赚钱“一条龙”服务，提示了何时买、何时卖。只要理性投资，亏钱很难。

数据显示，截至2022年6月2日，过去5年新上市的607只可转债（含可交换债）中，打新赚钱的（以上市当天收盘价计算）占比为87%，平均收益率为15.54%。同期，停止交易的205只可转债（含可交换债）中，停止交易价格低于面值的仅有3只，且价格最低为99.88元，亏损幅度非常小；如果考虑到期还本付息，按照面值购买对应的盈利概率为100%。这些可转债的平均退市价格为162.32元，较面值收益率为62.32%，对应的平均存续时间为1.86年，提供的复合年化收益率达到惊人的29.75%。

我自2014年开始研究、投资可转债及可转债基金，后来日渐感觉到它的可爱，发现对其善加利用不仅能极大减少投资亏损，还能获取不错的盈利。2020年，我开始在“基少成多”自媒体持续撰写可转债分析文章，并在喜马拉雅平台播出《可转债投资宝典：怎样掘金转债?》系列理财资讯，将可转债介绍给更多的投资者。

但是，这些分享知识的方式时间跨度长，各类知识点相对零散，不利于新入门的投资者系统了解和掌握可转债知识。于是自2021年开始，我对各类可转债文章进行了系统整理，填补了大量的基础知识，对网友们迫切需要的条件单、技术投资、财务分析、套利、可转债基金、投资风险等知识内容进行了详细的整理，同时将经典的资产配置和轮动策略引入可转债投资中，丰富了可转债的投资体系和盈利模式，最终形成了这本《可转债长赢：可转债投资从入门到精通》。

希望这本汇聚可转债基础知识和系统投资方法的书籍，可以帮助更多投资者早日摆脱亏损，尽快走上稳健致富之路。

未来随着相关制度的宽松，可转债发行量将日渐增大，其中蕴藏的机会和问题也会不断涌现。我个人还会基于“基少成多”自媒体，持续输出优质内容，解答投资者的各类疑难问题，陪伴大家在致富路上越走越稳、越走越顺！

最后，再次感谢在本书写作中一直给予我支持、帮助和鼓励的各位粉丝、出版社编辑和家人，谢谢！

基少成多

2022 年 6 月